DROEMER

Über den Autor und die Autorin:

Michael Tsokos, geboren 1967, ist Professor für Rechtsmedizin und international anerkannter Experte auf dem Gebiet der Forensik. Seit 2007 leitet er das Institut für Rechtsmedizin der Charité und das Landesinstitut für gerichtliche und soziale Medizin Berlin. Seine Bücher über spektakuläre Fälle aus der Rechtsmedizin sind allesamt Bestseller, wurden zum Teil fürs Fernsehen verfilmt und lieferten Ideen für mehrere True-Crime-Thriller.

Saskia Etzold geb. Guddat, 1980 geboren, ist Fachärztin am Institut für Rechtsmedizin der Charité. Sie ist Mitglied mehrerer Berliner Kinderschutzgruppen und berät die Berliner Kinderkliniken, den Berliner Kinder- und Jugendgesundheitsdienst sowie die Ermittlungsbehörden, Gerichte und Jugendämter. Saskia Etzold ist Stellvertretende Ärztliche Leiterin der Gewaltschutzambulanz der Berliner Charité.

Michael Tsokos
Saskia Guddat
mit
Andreas Gößling und
Gunnar Schupelius

Deutschland misshandelt seine Kinder

Personen- und Ortsnamen sowie etliche Nebenumstände der geschilderten Fälle wurden verfremdet, um die Persönlichkeitsrechte der Beteiligten zu wahren.

Besuchen Sie uns im Internet:
www.droemer-knaur.de

Vollständige Taschenbuchausgabe Oktober 2019
Droemer Taschenbuch

Ein Imprint der Verlagsgruppe Droemer Knaur GmbH & Co. KG
Maria-Luiko-Straße 54, 80636 München

Redaktion: Dr. Thomas Tilcher
Covergestaltung: ZERO Werbeagentur, München
Satz: Adobe InDesign im Verlag
Druck und Bindung: CPI books GmbH, Leck
ISBN 978-3-426-30234-7

Kontaktadresse nachEU-Produktsicherheitsverordnung:
produktsicherheit@droemer-knaur.de

10 9 8 7 6 5

Inhalt

Vorwort zur Taschenbuchausgabe

Was unser Buch bewirkt hat (und was noch nicht)

Das Erscheinen unseres Debattenbuchs Anfang 2014 löste heftige Reaktionen aus – nicht nur bei Ärzteverbandsfunktionären, die unsere Kritik reflexhaft zurückwiesen, sondern vor allem bei Praktikern innerhalb des deutschen Kinderschutzsystems, die uns in unzähligen Mails und Briefen überwiegend ihre Zustimmung zu unserer Darstellung des Systems versichert haben.
Auch die Medien berichteten breit über unsere Thesen, Falldarstellungen und Forderungen. Die Illustrierte *stern* widmete unserer Thematik eine Titelgeschichte; wir wurden von unzähligen Zeitungen und Radiosendern interviewt und in diverse TV-Sendungen eingeladen bzw. von Formaten begleitet, darunter das *ZDF-Morgenmagazin*, *Frontal 21*, *37 Grad*, *stern-tv* und gleich zweimal in die Talkshow *Markus Lanz*. Zweimal waren wir auch bei *Günther Jauch* eingeladen, wurden jedoch jeweils im letzten Moment wieder ausgeladen, da sich die Redaktion für ein anderes, offensichtlich viel wichtigeres Thema entschieden hatte. Inwiefern die Schweizer Schwarzgeldkonten einer Alice Schwarzer brisanter sein sollen als das von uns angeprangerte tödliche Versagen des deutschen Kinderschutzsystems und inwiefern die Edathy-Affäre keine Überschneidungspunkte mit unserer Thematik aufweist, will sich uns allerdings bis heute nicht erschließen. Aus unserer Sicht lässt dies in Sachen

Günther Jauch einen schalen Nachgeschmack zurück. Denn gerade so ein Format mit einem Millionenpublikum zur besten Sendezeit hätte die Möglichkeit, die Öffentlichkeit wachzurütteln. Nur leider fehlte den Verantwortlichen bei *Günther Jauch* entweder der Mut, oder Kinder haben für sie schlichtweg keine Lobby.

Der Dachverband der evangelischen Einrichtungen, Verbände und Vereinigungen der Jugendhilfe, EREV, veranstaltete im Juni 2014 in Kassel ein Symposium zum Thema »Misshandelt Deutschland seine Kinder? Kinderschutz in der Diskussion«, zu dem wir beide eingeladen waren. Auf dieser Tagung setzten sich Praktiker verschiedener Fachrichtungen offen mit Missständen und Schwachstellen im deutschen Kinderschutz auseinander.

Professor Ludwig Salgo, renommierter Spezialist für Familien- und Jugendrecht an der Goethe-Universität in Frankfurt/Main und langjähriger Vizepräsident des Deutschen Kinderschutzbundes, referierte zu den Allgemeinen Grundlagen und den ersten Evaluationsergebnissen des § 8a zum Schutzauftrag bei Kindeswohlgefährdung, und ein engagierter Familienrichter aus Frankfurt erläuterte dem staunenden Publikum, dass es für Familienrichter in Deutschland keine verbindlichen Qualitätsstandards gebe. Jeder junge Richter kann mit Ende zwanzig das Amt des Familienrichters bekleiden; dafür braucht er keine spezielle Aus- oder Fortbildung über seine juristischen Examina hinaus. Er kann also über Wohl und Wehe misshandelter Kinder entscheiden, ohne auch nur die nötige Lebenserfahrung, geschweige denn eigene Erfahrung im Zusammenleben mit Kindern vorzuweisen. Das ist in etwa dasselbe, wie wenn ein Medizinstudent direkt nach seinem letzten Staatsexamen in den Operationssaal spazieren und ohne jegliche

Erfahrung Schwerstverletzte nach Verkehrsunfällen operieren oder Hirntumore entfernen würde.
Doch es fehlte auch nicht an uneinsichtigen Teilnehmern, die sich jede Kritik am deutschen Kinderschutzsystem und seinen Akteuren verbaten. Eine Landesjugendamtsmitarbeiterin aus Rheinland-Pfalz verkündete, dass der Jugendschutz in Deutschland außer in Einzelfällen vorbildlich funktioniere. Der Leiter eines freien Trägers verstieg sich gar zu der Behauptung, Kinder wollten doch eigentlich immer zu ihren Eltern zurück. Zum »Beweis« führte er die Kinder der Angehörigen der Zwölf Stämme an, die erklärt hatten, sie wollten zu ihren Eltern zurück, als sie vom Jugendamt in Obhut genommen wurden, obwohl diese sie schwer misshandelt hatten. Willkommen zurück im Wildwest-Kinderschutz, dachten wir uns nur angesichts solch hanebüchener Deutungsversuche kindlichen Verhaltens.
Bei einer Tagung des Kinderschutzbundes im Juni 2014, zu der von uns beiden Dr. Guddat eingeladen war, bot sich ein ähnlich zwiespältiges Bild. Einige Teilnehmer brachten ihre Zustimmung zu den in diesem Buch vertretenen Thesen und Forderungen offen zum Ausdruck; andere hielten mit ihrer Missbilligung uns gegenüber nicht hinterm Berg.

Auf Einladung diverser freier Träger und Ämter hin führten wir zahlreiche Fortbildungsveranstaltungen durch. Viele Jugendämter in Berlin sowie der städtische Kinder- und Jugendgesundheitsdienst nahmen unser Angebot gern in Anspruch, ihre Mitarbeiter zu schulen, damit diese dann in der Lage sind, misshandlungsbedingte Verletzungen von durch Unfällen im häuslichen Umfeld verursachten Verletzungen zu unterscheiden. Auch Kinderschutzfachkräfte, offiziell »insofern erfah-

rene Fachkräfte« (ISEF) genannt, und die Sanitäter der Berliner Feuerwehr wurden und werden von uns seither entsprechend geschult.
Wir wurden zu Botschaftern des bundesweit aktiven Deutschen Kindervereins Essen e.V. ernannt und stehen seitdem in engem Kontakt mit dessen Geschäftsführer Rainer Rettinger, mit dem derzeit eine bundesweite Aufklärungskampagne zum Thema Kindesmisshandlung in Vorbereitung ist.
Marco K. König, Vorsitzender des Deutschen Berufsverbandes Rettungsdienst, kam nach Erscheinen des Buches auf uns zu und fragte, wie die Rettungsdienste zur Problemlösung beitragen könnten. Gemeinsam haben wir einen Flyer und eine sogenannte Kitteltaschenkarte entwickelt, auf denen für die Rettungssanitäter übersichtlich zusammengefasst ist, anhand welcher typischen Verletzungslokalisationen man erkennen kann, ob es sich um eine Misshandlung oder einen Unfall handelt. Ferner informieren sie darüber, wie das weitere Vorgehen in konkreten Fällen aussehen kann.
Im September 2014 suchten uns der Dekan der Katholischen Hochschule und der Lehrbeauftragte der Evangelischen Hochschule Berlin auf, um die Einrichtung eines Curriculums »Kindesmisshandlung« zu diskutieren – ein begrüßenswertes Weiterbildungsangebot für künftige Erzieher, Sozialarbeiter, Ärzte und alle anderen Praktiker, die bei ihrer Arbeit mit Kindesmisshandlungsfällen zu tun haben. Ob diese Idee in absehbarer Zukunft Wirklichkeit wird, ist zum jetzigen Zeitpunkt jedoch ungewiss.
Das gilt genauso für etliche weitere Projekte zur Förderung des Kindeswohls, die an uns herangetragen wurden. Durch das Buch aufgerüttelt, kamen etliche Privatpersonen, Träger und Verbände mit Ideen und Projekten

auf uns zu. Wir versprachen, ihnen mit Rat und Tat zur Seite zu stehen – doch viele dieser Initiativen scheinen inzwischen wieder versandet zu sein.

Mehr der Kuriosität halber seien einige äußerst bedenkliche Beiträge zu der von uns angestoßenen Debatte erwähnt.

Ein freier Träger hatte uns zu einem Kongress zum Thema »Kinderschutz in Berlin« eingeladen. Dr. Guddat sollte den Eröffnungsvortrag halten, anschließend sollte Professor Tsokos an der Podiumsdiskussion teilnehmen. Dann übernahm ein anderer Dachverband kurzfristig die Organisation der Tagung. Plötzlich sollte Dr. Guddat nicht mehr den Einführungsvortrag halten, sondern auf dem Podium sitzen, und Professor Tsokos stand überhaupt nicht mehr auf der Teilnehmerliste. Dr. Guddat erhielt überdies vor der Tagung einen Anruf, in dem sie aufgefordert wurde, sich bei der Diskussion »zu mäßigen«.

Die Tagung war dann eine reine Schlammschlacht. Jeder zweite Satz der Referenten richtete sich gegen unser Buch und die Autoren, die es gewagt hatten, angebliche Fehler des deutschen Kinderschutzsystems offen anzuprangern. Die Teilnehmer der Tagung machten ihrem Unmut immer wieder Luft und ließen dabei tief in ihre Seelen blicken: »Warum tun wir uns das hier überhaupt an?«, war ein typischer Beitrag. »Ich will nicht hören, wenn ich einen Fehler gemacht habe. Mir müssten die Füße dafür geküsst werden, dass ich diesen harten Job überhaupt mache!«

Die abschließende Podiumsdiskussion dauerte gerade mal eine halbe Stunde; Dr. Guddat bekam keine Gelegenheit, ihre Position systematisch darzustellen. Dafür wurde nach der Tagung die Bitte an sie herangetragen, ihre Argumente aus der Diskussion und »alles, was Sie dort nicht loswerden konnten«, schriftlich zusammenzufassen; dieses Papier wolle man dann den Teilnehmern der Tagung zukommen lassen. Dr. Guddat lehnte ab; schließlich hatte sie den ganzen Tag auf dem Kongress verbracht, wo man sie kaum zu Wort kommen ließ.

Ein weiterer bizarrer Zwischenfall: Im April 2014 versuchte ein unter Mordverdacht in U-Haft einsitzender Mann, der beschuldigt wurde, ein kleines Mädchen durch wiederholte massive Schläge in den Bauch getötet zu haben, unser Buch per einstweilige Verfügung zu verbieten. Als Begründung führte er an, dass er sich selbst und die ihm zur Last gelegte Tat in einer unserer Fallgeschichten wiedererkannt habe.

In der fraglichen Fallgeschichte wie auch im gesamten Buch haben wir jedoch alle Akteure und Schauplätze so verfremdet, dass reale Personen keinesfalls zugeordnet werden können. Tatsächlich war der in seinen Grundzügen maßgebliche Misshandlungsfall zuvor in den Medien so breit und unverschlüsselt erörtert worden, dass von einer Verletzung von Persönlichkeitsrechten durch unser Buch ohnehin nicht die Rede sein konnte.

Dem Antrag auf einstweilige Verfügung wurden vom zuständigen Gericht keine Erfolgsaussichten eingeräumt, woraufhin der Mann den Antrag zurücknahm. Stattdessen wurde er wenig später wegen Mordes an der kleinen Tochter seiner Lebensgefährtin zu einer langjährigen Haftstrafe verurteilt.

Zumindest die Meinungsfreiheit wird also von der deutschen Justiz zuverlässig geschützt. Für das kleine Opfer des streitbaren U-Häftlings und seine viel zu zahlreichen Schicksalsgenossen ist das allerdings ein allzu schwacher Trost.

Um die tödlichen Fehler des deutschen Kinderschutzsystems nachhaltig zu beheben, braucht es engagierte Politiker. Nach Erscheinen unseres Buches wurden wir u. a. von der Bundes-Kinderschutzkommission, von Dr. Franziska Brantner, kinder- und familienpolitischer Sprecherin der grünen Bundestagsfraktion, und von Dr. Eva Högl (SPD), stellvertretender Fraktionsvorsitzender der SPD-Bundestagsfraktion und Vorsitzende des Edathy-Untersuchungsausschusses, zu Gesprächen eingeladen. Die Berliner CDU-Bundestagsabgeordnete Christina Schwarzer bat uns zu einer Diskussionsveranstaltung in der CDU-Parteizentrale und initiierte überdies eine Fachtagung der Konrad-Adenauer-Stiftung, bei der wir gleichfalls unsere Thesen und Forderungen vortragen konnten.

Bis auf wenige Ausnahmen hielten sich die Politiker zu diesem heiklen Thema bisher jedoch bedeckt. Bundesfamilienministerin Manuela Schwesig verkündete zwar, wir bräuchten hierzulande »eine Kultur des Hinsehens«, ließ es aber bislang bei dieser Floskel bewenden. Allerdings ist mittlerweile, über ein Jahr nach Erscheinen unseres Buches, ein gemeinsamer Termin, initiiert von Rainer Rettinger vom Deutschen Kinderverein Essen e.V., mit der Ministerin im Bundesfamilienministerium vereinbart. Das Resultat bleibt abzuwarten, aber es besteht zumindest für uns die Hoffnung auf ein stärkeres Engagement in Sachen Kinderschutz auf bundespolitischer Bühne.

Auf Einladung der Präsidentin des Landtags von Nordrhein-Westfalen verfasste Professor Tsokos eine Stellungnahme zum »Gesetz zum Ausbau des Kinderschutzes in Nordrhein-Westfalen«. Darin geht es um eine Änderung des Heilberufegesetzes, die Kinderärzten erlauben soll, sich bei Verdacht auf Misshandlung auszutauschen – eine wichtige Maßnahme, damit elterliche Misshandler nicht mehr durch Kinderärzte-Hopping ihre Spur verwischen können.

Auf der Berliner Politebene ist besonders das Engagement des ehemaligen Neuköllner Bezirksbürgermeisters Heinz Buschkowsky (SPD) und seines Stellvertreters, Bezirksstadtrat Falko Liecke (CDU), hervorzuheben. Als bislang einziger Politiker äußerte sich Liecke öffentlich zu den von uns angeprangerten Missständen. Er erklärte, dass er unsere Forderungen unterstütze, und lädt uns regelmäßig zu Fortbildungsveranstaltungen ein. Sein Ziel ist es, alle Jugendamtsmitarbeiter in Neukölln schulen zu lassen, damit sie Misshandlungssymptome erkennen können und wissen, wie sie zum Besten der Kinder zu reagieren haben.

Zusammen mit Bezirksstadtrat Falko Liecke haben wir auch das Projekt »Babylotse« am Krankenhaus Neukölln bei seiner Entstehung und Proklamation im Februar 2015 begleiten dürfen. Als eine Maßnahme der »Frühen Hilfen« wird noch im Krankenhaus mit den werdenden Eltern evaluiert, welche Risikofaktoren für ihr Kind bestehen. Je geringer die – materiellen und immateriellen – Ressourcen der Eltern sind, desto höher ist nachweislich das Risiko, dass sie ihr Kind misshandeln werden. Wenn man sie jedoch gezielt und frühzeitig unterstützt und insbesondere Wege aus der Krise und bestehende Hilfsangebote aufzeigen kann, dann steigen die Chancen, dass das Kind ohne elterliche Misshandlung aufwachsen kann.

Die Zusammenarbeit mit den Neuköllner Behörden ist vertrauensvoll und gut eingespielt. Sowohl die Jugendamtsmitarbeiter als auch die Ärzte des Kinder- und Jugendgesundheitsdienstes stellen Kinder bei Verdacht auf Misshandlung routinemäßig in der Charité-Gewaltschutzambulanz vor, wo sie dann von Rechtsmedizinern untersucht werden.

Auf Einladung von Falko Liecke haben wir an Vorschlägen für eine Weiterentwicklung und Verbesserung des Berliner Kinderschutzgesetzes mitgewirkt. Insbesondere haben wir dabei darauf hingewiesen, dass eine kinderärztliche Reaktionspflicht aus unserer Sicht gesetzlich festgeschrieben werden muss. Zudem müssen die Kinderärzte in die Lage versetzt werden, sich in Verdachtsfällen mit Kollegen über den betreffenden Fall auszutauschen. Wir haben auch angeregt, nach Hamburger Vorbild gesetzlich vorzuschreiben, dass alle Kinder, bei denen ein Misshandlungsverdacht besteht, einer Kinderschutzambulanz bzw. einem Rechtsmediziner vorgeführt werden müssen, um rechtsmedizinisch zu klären, inwieweit der Verdacht begründet ist. Des Weiteren müssen unseres Erachtens sämtliche Kinderschutzfachkräfte (ISEF) und Jugendamtsmitarbeiter zwingend rechtsmedizinisch geschult werden.

Zeitgleich mit Erscheinen unseres Buches hat der »Fall Yagmur« die Öffentlichkeit weit über die Grenzen Hamburgs hinaus aufgerüttelt. Obwohl das Kind formell unter der Aufsicht des Jugendamtes stand, wurde die dreijährige Yagmur über viele Monate von ihrer Mutter schwer misshandelt und starb schließlich an den Misshandlungsfolgen. Die Tragödie illustriert auf beklemmende Weise nahezu alle Konstruktionsfehler des deutschen Kinderschutzsystems, die wir in unserem Buch anprangern.

Doch anders als der Präsident des Berufsverbandes der Kinder- und Jugendärzte, der uns bei der Berliner Ärztekammer unseres Buches wegen anzeigte, waren die Akteure des Hamburger Kinderschutzsystems erfreulich kritikoffen. Über den Ersten Bürgermeister der Hansestadt, den jüngst in seinem Amt bestätigten Olaf Scholz (SPD), wurde uns berichtet, dass er sich im Rahmen der Untersuchungen zum Fall Yagmur auch intensiv mit unserem Buch auseinandergesetzt habe. Jedenfalls hat die Hamburger Bürgerschaft den Fall Yagmur mit einem Untersuchungsausschuss schonungslos durchleuchtet und dabei das gesamte Kinderschutzsystem des Stadtstaates auf den Prüfstand gestellt. Das Ergebnis ist nicht nur ein fünfhundert Seiten umfassender Bericht, der die verschiedenen Facetten des Systemversagens ungeschönt benennt, sondern auch ein Katalog konkreter Verbesserungsmaßnahmen, mit deren Umsetzung bereits begonnen worden ist.

Das *Hamburger Ärzteblatt* hat im November 2014 ein ganzes Heft der Frage »Wie können wir Kinder besser schützen?« gewidmet. In Berliner Fachblättern wie *KV-Blatt* oder *Berliner Ärzte* hingegen bekamen Verbandsmitglieder und selbsternannte Buchkritiker vor allem Gelegenheit, unser Buch falsch darzustellen und wegen angeblicher »Realitätsferne« und vermeintlich »überzogener Kritik« am System zu verreißen. Erstaunlich nur, dass wir, die angeblich so ahnungslosen Autoren, in Nordrhein-Westfalen um Mitwirkung an der Weiterentwicklung des Kinderschutzgesetzes gebeten wurden!
In Berlin hingegen drohte uns zwischenzeitlich wegen angeblichen Verstoßes gegen das Standesrecht ein standesrechtliches Verfahren. Der Vorwurf: »Ehrabschneidendes Verhalten gegenüber einer ganzen Berufsgruppe«. Das Standesrecht untersagt Ärzten, sich öffentlich über Zunftkollegen negativ zu äußern – auch wenn diese gar nicht namentlich genannt werden und es um allgemeine Äußerungen betreffend den Umgang einer be-

stimmten Berufsgruppe der Ärzteschaft mit einer konkreten Problematik geht. In der ersten Ausgabe unseres Buches hatten wir festgestellt, dass Kinderärzte vor dem Dilemma stehen, Misshandlungssymptome zu ignorieren oder die betreffenden Eltern als Kunden zu verlieren – und aus dieser sachlich kaum angreifbaren Aussage sollte uns nun mithilfe des Standesrechts ein Strick gedreht werden!
Es war zu keinem Zeitpunkt beabsichtigt, mit Aussagen in unserem Buch »ehrabschneidend« gegenüber der Berufsgruppe der Kinderärzte oder einzelnen ärztlichen Kollegen zu agieren. Wenn wir Einzelnen mit unseren Aussagen zu nahe getreten sind, bedauern wir das. Aber: Es ist falsch, wenn man seine Augen vor unliebsamen Wahrheiten verschließt. Zu einer aktiven Auseinandersetzung mit dem Thema Kindesmisshandlung gehören auch die kritische Selbstreflexion der Funktion der eigenen Person im System und das ständige Überprüfen von Effektivität und Effizienz des diesbezüglichen Handelns. Ist es tatsächlich zum Wohl des Kindes? Oder ist mein Tun eher um seiner selbst willen? Um überhaupt etwas zu tun? Und dient es nicht vielleicht doch eher (oder vielmehr nur) dem Wohl der Eltern und damit dem System eines nicht kindzentrierten, sondern auf Unterstützung der Eltern ausgerichteten Systems? Unterstütze ich vielleicht ein System, das – auch unter den Vorzeichen des Kostendrucks und zunehmender Delegation staatlicher Aufgaben an private Träger – in die Jahre gekommen und nicht mehr zeitgemäß ist?
Angesichts einiger deutlich überzeichneter öffentlicher Reaktionen auf unser Buch fragt man sich in der Tat, ob diese nicht eher Ausdruck und Eingeständnis eigener Unzulänglichkeiten sind und mit dieser Erkenntnis zugleich ein Verhaltensmuster an den Tag tritt, das schon in

der Antike bekannt war, nämlich den Überbringer schlechter Nachricht stellvertretend für deren Ursache zur Verantwortung zu ziehen.

Uns wurde vorgeworfen, den Begriff des »Kinderärzte-Hoppings« nicht in seinem eigentlichen Kontext zu verwenden bzw. modifiziert zu haben. Dem ist mitnichten so. Gemeint ist hier nicht etwa das »Ärzte-Hopping« oder »Doktor-Hopping«, ein von den Krankenkassen geprägter Begriff, der den Umstand beschreibt, dass bestimmte Patienten bei mehreren unterschiedlichen Ärzten vorstellig werden und sich so eine zweite, dritte oder vierte Meinung bzw. Diagnose einholen oder auch Alternativtherapien parallel beginnen, ohne dass die involvierten Ärzte voneinander wissen. Das »Kinderärzte-Hopping« ist ein in der Rechtsmedizin und insbesondere Kriminalistik gebräuchlicher Begriff (siehe www.riskid.de) für das, was täglich in Deutschland passiert: Kinderärzte, die Misshandlungen gegenüber den Eltern offen ansprechen, werden von ebendiesen Misshandlern nicht mehr aufgesucht; sie wechseln dann den Kinderarzt.

Wenn es um das »Kinderärzte-Hopping« geht, haben wir es mit einer ganz anderen Intention und damit auch Qualität des Handelns der dafür Verantwortlichen zu tun. Die rechtsmedizinische Erfahrung zeigt, dass sehr viele Kinder, die von körperlichen Misshandlungen betroffen sind, eine langjährige »Arzt-Patienten-Karriere« durchmachen bzw. hinter sich haben. Aus unserer Sicht ist allein schon der Umstand ein Skandal, dass diejenigen, die Kinder misshandeln und sich der Strafbarkeit dieser Handlung sehr wohl bewusst sind, in Deutschland die Möglichkeit haben, die betroffenen Kinder einer genaueren Exploration und nachfolgenden Intervention zu entziehen. Es bedarf dringend einer Änderung des

Heilberufsgesetzes dahingehend, dass Ärzte sich interkollegial über misshandlungsverdächtige Befunde austauschen dürfen, ohne hierdurch ihre Schweigepflicht zu verletzen. Nur so kann dem Wohl der kleinen Patienten gedient werden und Misshandlung als einer Form einer »chronischen Krankheit« entgegengewirkt werden.

Was den Versuch des Präsidenten des Berufsverbandes der Kinder- und Jugendärzte, bei der Berliner Ärztekammer ein standesrechtliches Verfahren gegen uns einleiten zu lassen, anbelangt, bat der Präsident der Berliner Ärztekammer Professor Tsokos und den Vorsitzenden des Kinder- und Jugendärzteverbandes in Berlin zu einem »Konsensgespräch«, und damit war der Konflikt auch tatsächlich schon entschärft.

Am fehlenden Willen von Verbandsfunktionären, auf anderer Ebene das mangelhafte Kinderschutzsystem von Grund auf zu reformieren, hat sich jedoch dadurch leider wenig geändert. Das gilt bedauerlicherweise auch für unsere eigene Standesorganisation, die Deutsche Gesellschaft für Rechtsmedizin (DGRM). Deren Präsident war sich nicht zu schade, Anfang Februar 2014, wenige Tage nach Erscheinen unseres Buches, in einer offiziellen Stellungnahme zu behaupten, dass wir bloße Einzelfälle aufgebauscht hätten und von Systemversagen keine Rede sein könne.

Erwähnt sei hier allerdings auch, dass sich daraufhin zahlreiche Kollegen aus anderen rechtsmedizinischen Instituten bei uns meldeten und uns versicherten, dass der Präsident der DGRM nicht in ihrem Namen spreche. Auch viele Kinderärzte schrieben uns, dass sie mit dem Vorgehen ihres Verbandsoberen nicht einverstanden seien und unserer kritischen Analyse uneingeschränkt zustimmen würden.

Andrea Titz, stellvertretende Vorsitzende des Deutschen

Richterbundes, wies namens ihrer Zunft die Kritik an oftmals ahnungslosen Familienrichtern und haarsträubenden Fehlurteilen gleichfalls zurück. Unsere kritische Bestandsaufnahme sei »populistisch«, argumentierte sie – doch gerade das ist sie definitiv nicht. Populistisch sind Behauptungen und Forderungen, mit denen man wider besseres Wissen auf den Beifall einer bestimmten Klientel setzt. In unserem Buch aber werden keine Institution, kein Akteur und keine Berufsgruppe von Kritik verschont, die zum System des fehlkonstruierten deutschen Kinderschutzes gehören.

Wichtiger als Abwehr- und Abwiegelungsreflexe sind die positiven Impulse und Initiativen, die wir mit unserem Buch anstoßen konnten.

Zahlreiche kleinere freie Träger machten und machen von unserem Angebot Gebrauch, ihre Mitarbeiter – ob Familienhelfer oder Kita-Mitarbeiter – zu schulen. Auch von diversen städtischen Arbeitskreisen, in denen teilweise auch Familienrichter sitzen, wurden wir zu Fortbildungsveranstaltungen eingeladen.

Positiv hervorzuheben ist zudem das Engagement einiger Grundschulleiter, die uns gebeten haben, ihre Lehrer zu schulen. Auch etliche Notarzt- und regionale Kinderarztverbände zeigten sich offen für unsere Kritik und luden uns zu Symposien in Berlin und Brandenburg ein, um ihre rechtsmedizinischen Wissenslücken zu schließen.

Mit gutem Beispiel geht die GESOBAU, ein kommunales Wohnungsunternehmer und mit einem Bestand von über 37 000 Wohnungen einer der größten Vermieter in Berlin, voran. Aufgerüttelt durch unser Buch, rief der Vorstand dieses Unternehmens Ende 2014 die »Kooperation Kinderschutz« ins Leben und schloss bereits mit mehreren Bezirksämtern, die für die Berliner Jugendämter zuständig sind, Kooperationsvereinbarungen zum Kinderschutz. Damit werden konkrete Maßnahmen zum aktiven Kinderschutz geregelt, wie zum Beispiel die Erarbeitung gemeinsamer Standards und Verfahrensweisen in Krisensituationen, die Benennung eines Verantwortlichen pro GESOBAU-Kundencenter, der das Jugendamt über mögliche Kindeswohlgefährdungen informiert und als Ansprechpartner dient, die Einbeziehung der GESOBAU in lokale Kinderschutzkonzeptionen, die fallunabhängige Zusammenarbeit und der Austausch in regionalen Netzwerken sowie die Schulung von GESOBAU-Mitarbeitern durch uns. Dies ist ein gutes Beispiel für Engagement dort, wo es vor Ort gebraucht wird und direkt auch ankommt.

Solange die grundlegenden Konstruktionsfehler des Kinderschutzsystems fortbestehen, werden sich Fälle wie die in unserem Buch geschilderten oder wie der Fall Yagmur landauf, landab wiederholen.
Im Januar 2015 beispielsweise erlag in Süddeutschland der dreijährige Alessio seinen Verletzungen. Die Familie war vom Jugendamt betreut worden, da das Kind bereits mehrfach mit massiven Misshandlungssymptomen in der Kinderklinik behandelt worden war. Doch einmal mehr scheinen weder die Jugendamtsmitarbeiter noch die Familienhelfer bemerkt zu haben, dass der kleine Junge buchstäblich vor ihren Augen zu Tode geprügelt wurde. Zumindest kam niemand auf die Idee, das Kind aus der Familie nehmen zu lassen, solange es noch am Leben war. Und das, obwohl Kinderärzte und Rechtsmediziner mehrfach gemeinsam auf die Lebensgefahr, in der sich der kleine Junge bei seinen Eltern befand, hingewiesen hatten.
Gespenstisch klingt auch in diesem Fall der Kommentar

der verantwortlichen Politikerin, Landrätin Dorothea Störr-Ritter: »Wir haben alles umgesetzt, was machbar war. Unsere Arbeit war richtig, war gewissenhaft.« (*Stuttgarter Zeitung*, 22.1.2015)

Also haben wieder einmal alle alles richtig gemacht. Doch das Kind, das so aufwendig »beschützt« wurde, hat sein ganzes kurzes Leben in einer Hölle auf Erden verbracht, bevor es wie eine Katze totgeschlagen wurde. Wie eine Katze? Tiere genießen hierzulande einen weit wirkungsvolleren Schutz als Kinder. So kann sich die kleine Lara glücklich schätzen, dass man sie irrtümlich für eine Katze hielt. Ihre Eltern und die beiden älteren Geschwister hatten die Zweijährige einfach in der Wohnung zurückgelassen. Die Nachbarn hörten ein Wimmern und sagten sich, dass die Leute nebenan wohl versehentlich ihre Katze eingeschlossen hätten. Dass zu der unauffälligen Familie auch noch ein kleines Mädchen gehörte, wussten sie nicht. Die Eltern hatten ihren schulpflichtigen Kindern untersagt, ihre Schwester jemals zu erwähnen. Als die Nachbarn beim Tierschutz anriefen und erzählten, dass nebenan womöglich eine Katze verhungere, reagierten die Tierschützer sofort. Sie riefen die Feuerwehr an, und die rückte aus und brach die Tür auf.

Die Tierschützer müssen sich wie in einem Horrorfilm gefühlt haben, als sie sahen, was dort in dem Zimmer lag – keine Katze, sondern ein Wesen, wie sie es noch nie gesehen hatten. Einer der Retter sprach nachher davon, dass er bei dem Anblick des kleinen Mädchens an Bilder aus Konzentrationslagern erinnert wurde.

Die Kleine war mit zwei Jahren nicht größer als ein wenige Monate altes Baby und wog auch nur wenig mehr. Sie war nicht nur völlig verdreckt, sondern auch in ihrer Entwicklung so weit zurückgeblieben, dass sie noch

nicht einmal alleine sitzen konnte. Und das mit zwei Jahren! Sie war so mager, dass jede Rippe, jeder Wirbel unter ihrer Haut deutlich zu sehen war. Lara war kurz vor dem Verhungern gewesen. Nachdem sie in der Kinderklinik gelernt hatte, feste Nahrung zu sich zu nehmen, legte sie innerhalb einer Woche eineinhalb Kilo zu.
Die Eltern sagten später aus, sie hätten sich nichts dabei gedacht, dass die Kleine so winzig und mager gewesen sei. Es habe schon früher in der Familie Fälle von Kleinwüchsigkeit gegeben. Aber sie hätten sich geschämt, weil Lara so klein und hässlich sei, und sie deshalb vor den Nachbarn versteckt.
Die Verantwortlichen beim Familiengericht und im Jugendamt sahen keine Gefährdung für die beiden älteren Kinder. Die jungen Eltern seien unterdurchschnittlich intelligent, aber zumindest ihre beiden älteren Kinder hätten sie ja ordentlich ernährt.
Also beschloss das Familiengericht, die beiden Kinder, die das zuständige Jugendamt mittlerweile in Obhut genommen hatte, den Eltern wieder zurückzugeben. Der Argumentation, dass beide psychisch auffällig und durch das Erlebte schwer traumatisiert seien, wollten sich die Richter nicht anschließen.
Dies geschah im Sommer 2014, ein halbes Jahr nach Erscheinen unseres Buches. Wie viele Kinder müssen noch unter den Augen oder gar mit tätiger Mithilfe der »Kinderschützer« sterben, bis die tödlichen Systemfehler endlich behoben werden?

Voller Dankbarkeit sei hier der Mäzen Volker Mascheski aus Rosengarten gewürdigt, der sich nach Lektüre unseres Buches entschlossen hat, unsere Arbeit mit einer großzügigen Spende zu unterstützen. Die von ihm gegründete Mascheski Foundation sichert die Miete der am

Institut für Rechtsmedizin angesiedelten Gewaltschutzambulanz der Charité für zunächst drei Jahre. Hier sehen wir regelmäßig Kinder, bei denen es unsere Aufgabe ist, festzustellen, ob Verletzungen tatsächlich durch körperliche Misshandlung oder vielleicht doch durch einen Unfall im häuslichen Umfeld entstanden sind oder ob Gedeihstörungen durch Vorenthalten von Nahrung oder auf eine innere Erkrankung zurückzuführen sind. Darüber hinaus beraten wir Mitarbeiter von Jugendämtern hinsichtlich des weiteren Vorgehens in den konkreten Fällen. Aber das ist alles nur ein Tropfen auf den heißen Stein, und es bedarf noch vielerlei Einsicht bei allen Verantwortlichen und politischen Entscheidern im deutschen Kinderschutz, bis vielleicht irgendwann einmal Entwarnung gegeben werden kann.
Natürlich hoffen wir sehr, dass Volker Mascheskis Beispiel von Nächstenliebe und großzügigem Stiftertum Schule macht. Gesetze und Behörden allein können das Übel zigtausendfacher Kindesmisshandlung in unserer Gesellschaft nicht besiegen – ebenso wichtig ist privates Engagement in Form von konkreten Initiativen und finanzieller Unterstützung.

Das Problem mit den offiziellen Zahlen

In der jährlich veröffentlichten Polizeilichen Kriminalstatistik des Bundeskriminalamtes zur Kriminalitätsentwicklung in Deutschland sind u. a. auch die Zahlen der kindlichen Gewaltopfer aufgeführt. Diese werden dort unterteilt in tödliche und überlebte Misshandlungen und aufgeschlüsselt nach Deliktart: vollendete Morddelikte, vollendete Totschlagsdelikte, vollendete fahrlässige Tötungsdelikte sowie Körperverletzungen mit Todesfolge, entsprechend PKS-Schlüssel 010000, 020000, 030000 und 221000, zusammengefasst als *tödliche Misshandlungen* in einer Gruppe und Misshandlung von Kindern (PKS-Schlüssel 223100) als *Misshandlungsopfer*. Zudem erfolgt in der Polizeilichen Kriminalstatistik eine Aufschlüsselung in drei Altersgruppen der betroffenen Kinder: 0 – <6 Jahre, 0 – <14 Jahre, 6 – <14 Jahre.

Dabei ist die Zahl der in Deutschland durch Misshandlungen getöteten Kinder laut Polizeilicher Kriminalstatistik – und durch die entsprechende mediale Verbreitung der genannten Zahlen damit auch in der öffentlichen Wahrnehmung – seit Jahren rückläufig. Was die Zahlen der überlebenden Kinder anbelangt, so liegen die Zunahmen von Jahr zu Jahr allenfalls im niedrigen einstelligen Prozentbereich, für einige Jahre wurde auch ein Rückgang des Deliktes Kindesmisshandlung vermeldet. Also kein Grund zur Panik, mag man denken. Das Phänomen Kindesmisshandlung ist eher ein marginales und die Situation wohl kaum dramatisch.

Weit gefehlt! Schaut man sich dieses offizielle Zahlenwerk einmal genauer an, hält diese Statistik nicht lange stand. Denn die Beobachtung der Kriminalitätsentwicklung, betreffend verschiedene Deliktgruppen im zeitlichen Verlauf, erfolgt in der Polizeilichen Kriminalstatistik durch den Vergleich absoluter Fallzahlen mit Angabe der jeweiligen Veränderung in Prozent (Zunahme/Abnahme) zu den Vorjahren.

Die Kriminalitätsentwicklung durch den Vergleich absoluter Zahlen abzubilden ist zwar die gängige Praxis, hierbei handelt es sich allerdings um eine wenig informative Kennzahl, die gerade im Hinblick auf kindliche Gewaltopfer der Komplexität der Thematik nicht gerecht wird. Warum nicht? Weil die Demographie der deutschen Bevölkerung dabei überhaupt nicht berücksichtigt wird. Wir alle wissen, dass die Bevölkerungsstruktur der Bundesrepublik Deutschland seit Jahrzehnten einem erheblichen demographischen Wandel unterliegt. Seit 1991 geht die Anzahl der Geborenen mit Ausnahme einzelner Jahre beständig zurück, und seit drei Jahrzehnten sinkt zudem die endgültige durchschnittliche Kinderzahl der Frauenjahrgänge kontinuierlich. In Deutschland ist jede nachwachsende Generation ein Drittel kleiner als die ihrer Eltern. Im Jahr 2009 war mit 665 000 Geburten ein historischer Tiefpunkt erreicht. Insofern nehmen die Anzahl an Kindern in absoluten Zahlen, aber auch ihr prozentualer Anteil an der bundesdeutschen Gesamtbevölkerung kontinuierlich ab.

So macht es denn auch wenig Sinn, die absolute Zahl von 2400 Misshandlungen von Kindern, die zum Beispiel im Jahr 2000 polizeilich erfasst wurden, mit den 2411 Kindern, die dies offiziell im Jahr 1998 betraf, zu vergleichen. Bei Betrachtung dieser absoluten Zahlen (1998: 2411 Misshandlungen, gegenüber 2000: 2400 Misshandlungen) muss man unweigerlich zu dem Schluss kom-

men, dass im Jahr 2000 weniger Kinder in Deutschland misshandelt wurden als noch zwei Jahre zuvor – denn genauso weist es die Polizeiliche Kriminalstatistik ja aus. Dies ist leider schlichtweg falsch. Legt man nämlich die Bevölkerungsstruktur zugrunde, sieht es wie folgt aus: Im Jahr 2000 lebten in Deutschland laut Statistischem Bundesamt 11 841 487 Kinder unter 14 Jahre; dagegen waren es im Jahr 1998 noch 12 084 491 Kinder – knapp eine Viertelmillion Kinder mehr in der Gruppe der unter Vierzehnjährigen. Bei einer adäquaten Darstellung, also unter Berücksichtigung dieser demographischen Veränderung, ergibt sich für das Jahr 1998 ein Gefährdungsrisiko von durchschnittlich 19,95 pro 100 000 Kinder (unter 14 Jahre), für das Jahr 2000 steigt das Gefährdungsrisiko auf durchschnittlich 20,27 pro 100 000 Kinder. Statt eines Rückgangs liegt hier ein Anstieg um 1,6% von 1998 zu 2000 vor, wenn man das Gefährdungsrisiko berechnet. Bei dieser auch als Opfergefährdungszahl bekannten Kennzahl wird die Anzahl der Opfer mit 100 000 multipliziert und dieses Produkt durch die Einwohnerzahl der jeweiligen Altersgruppe dividiert. Somit erhält man eine vom demographischen Einfluss bereinigte Kennzahl, die gut vergleichbar ist.
Auf Basis der Bevölkerungsstatistik, und damit unter Berücksichtigung des demographischen Wandels in Deutschland, haben wir für die drei in der Polizeilichen Kriminalstatistik ausgewiesenen Altersgruppen (0 – <6 Jahre, 0 – <14 Jahre, 6 – <14 Jahre) das Gefährdungsrisiko von Kindern, Opfer von Misshandlung zu werden, im zeitlichen Verlauf berechnet. Die Ergebnisse sind erschreckend. Bei alleiniger Betrachtung der absoluten Zahlen, wie sie die Polizeiliche Kriminalstatistik ausweist, stellt sich die Steigerungsrate überlebter Misshandlungen wie folgt dar: Im Vergleich zu 1995 nahm die

Anzahl der Misshandlungen insgesamt im Jahr 2010 um 108,55% zu; bei isolierter Betrachtung der Gruppe der Sechs- bis Vierzehnjährigen um 97,42% und der unter Sechsjährigen um 126,01%. Ein ganz anderes Bild ergibt sich, wenn man das Gefährdungsrisiko (Opfergefährdungszahl, s. o.) betrachtet. Hier betragen die Steigerungsraten im Jahr 2010 jeweils im Vergleich zu 1995: unter 14 Jahre 153,55%, in der Gruppe 6 – <14 Jahre 140% und bei den unter Sechsjährigen sogar 174,83%! Dieser dramatische Anstieg der Steigerungsraten ist anhand der Gefährdung pro 100000 Kinder ablesbar. Während in der Gruppe unter 6 Jahre im Jahr 1995 etwa 16,35 Kinder pro 100000 gefährdet waren, ergab sich für das Jahr 2010 bereits ein Wert von 44,93. In der Gruppe 6 – <14 Jahre konnten wir die Gefährdung pro 100000 im Jahr 1995 mit 17,43 quantifizieren, für das Jahr 2010 berechnete sich ein Wert von 41,83. Mit anderen Worten: Im Jahr 2010 waren knapp 42 von 100000 Kindern von massiver, polizeilich zur Anzeige gebrachter Gewalt betroffen. Und man darf nicht vergessen: Es wird in der Polizeilichen Kriminalstatistik nur das sogenannte Hellfeld – also die der Polizei bekannt gewordene Kriminalität – erfasst. Aufgrund fehlender statistischer Daten kann das sogenannte Dunkelfeld – die der Polizei nicht bekannt gewordene Kriminalität – in der Polizeilichen Kriminalstatistik nicht abgebildet werden. Insofern können diese Steigerungsraten, die die demographische Entwicklung einbeziehen, zwar einen guten Hinweis geben auf die tatsächliche Dimension von Kindesmisshandlung, was ihren sprunghaften prozentualen Anstieg von Jahr zu Jahr betrifft, aber über wie viele Fälle wir wirklich reden, wie viele Fälle nie zur polizeilichen Anzeige kommen, das bleibt spekulativ. Wenige sind es jedenfalls nicht.

Für tödlich verlaufene Kindesmisshandlungen ergibt der Vergleich der Steigerungsraten auf Basis der Gefährdung pro 100 000 Kinder einen geringeren Rückgang als in der Polizeilichen Kriminalstatistik ausgewiesen, wenn der Geburtenrückgang in den Jahren 1995–2010 berücksichtigt wird. Diese Diskrepanz besteht insbesondere für die Altersgruppe unter 6 Jahre. In dieser Gruppe wird ein lediglich leicht rückläufiger Trend verzeichnet. Bei alleiniger Betrachtung der absoluten Zahlen stellt sich der Rückgang tödlicher Misshandlungen wie folgt dar: Im Vergleich zu 1995 nahmen die tödlichen Misshandlungen im Jahr 2010 um 31,97% ab; bei isolierter Betrachtung der Gruppe 6 – <14 Jahre sogar um 40%. Ein ganz anderes Bild ergibt sich, wenn man das Gefährdungsrisiko betrachtet. Es ergibt sich lediglich eine Abnahme um 17,29% im Vergleich von 2010 zu 1995 und um 12,37% in der Altersgruppe unter 6 Jahre.

Diese Abnahme tödlich verlaufener Kindesmisshandlungen ist, wie oben aufgeführt, mit einer massiven Zunahme überlebender Misshandlungsopfer assoziiert. Dass kontinuierlich seit 1995 weniger tödliche Fälle von Kindesmisshandlung registriert werden (dafür aber mehr Kinder auch schwerste Misshandlungen überleben), ist mit der stetigen Verbesserung intensivmedizinischer Maßnahmen und besserer Möglichkeiten lebensverlängernder Maßnahmen auch schwer verletzter Kinder zu erklären.

Kinder unter 6 Jahre sind gegenüber Kindern im Alter von 6 bis 14 Jahren überproportional gefährdet, Opfer von Misshandlung zu werden. Ein noch höheres Gefährdungsrisiko besteht für die unter Sechsjährigen im Vergleich zu den anderen Altersgruppen, Opfer einer tödlichen Misshandlung zu werden. Das deckt sich mit einer im Auftrag des Statistischen Bundesamtes erstellten Studie, nach der Säuglinge in Deutschland seit Jahren dem höchsten Risiko ausgesetzt sind, durch Gewalt zu sterben. Laut Statistischem Bundesamt kann mehr als ein Drittel aller tödlichen Verletzungen bei Säuglingen, die sich im Zeitraum von 2001 bis 2010 ereigneten, auf Gewalthandlungen zurückgeführt werden – im Gegensatz zur tendenziell abnehmenden Unfallmortalität in dieser Altersgruppe.

Als Fazit ist festzustellen, dass das in der öffentlichen Wahrnehmung suggerierte Bild, die Zahlen der kindlichen Gewaltopfer würden sich von Jahr zu Jahr im einstelligen Prozentbereich nach oben oder unten bewegen, und dabei haben wir es immer nur mit geringfügigen Schwankungen zu tun, schlichtweg falsch ist. Durch die in der Bundesrepublik Deutschland kontinuierlich sinkende Geburtenrate, die keinerlei Berücksichtigung in der derzeitigen Gewaltopferstatistik der Polizeilichen Kriminalstatistik findet, zeigt sich ein verzerrtes Bild der Häufigkeit des Phänomens Kindesmisshandlung, insbesondere was die Steigerungsrate anbelangt. Die Steigerungsrate kindlicher Misshandlungen von 2010 im Vergleich zu 1995 beträgt je nach Betrachtung der verschiedenen Altersgruppen zwischen 140% und 175%! Die Dimension ist dramatisch, trotzdem versuchen offenbar zahlreiche Interessenverbände, Berufsverbände und sogar staatliche Institutionen nach wie vor, die desolate Situation des deutschen Kinderschutzsystems zu verharmlosen und insbesondere das institutionelle Versagen der Verantwortlichen zu vertuschen. Wenig hilfreich ist dabei, wenn durch die Polizeiliche Kriminalstatistik ein falsches Bild, jedenfalls was die Kriminalitätsentwicklung Gewalt gegen Kinder betreffend, erzeugt wird.

Statistiken sollen Sachverhalte leicht überschaubar zur Darstellung bringen. Der Vergleich absoluter Fallzahlen von kindlichen Gewaltopfern in der Polizeilichen Kriminalstatistik wird dem demographischen Wandel der Bundesrepublik Deutschland jedoch nicht mehr gerecht. Wer Gewalt gegen Kinder verhindern will, muss sich mit solchen Schwachstellen des Systems aktiv und konstruktiv auseinandersetzen. Und dazu gehören nun mal auch unliebsame Wahrheiten und eine kritische Auseinandersetzung mit Statistiken.

Schicksale

Die Opfer des Systems berichten

Ein Gastbeitrag von Gunnar Schupelius, Chefkolumnist der B.Z. Berlin

Es war ein Buch, das Wellen schlug. Die erste Ausgabe von *Deutschland misshandelt seine Kinder* hatte der Öffentlichkeit die Augen geöffnet. Den Lesern löste sie die Zunge. Als ungewöhnlich vielfältig und heftig erlebten die Autoren Michael Tsokos und Saskia Guddat, was an E-Mails und Briefen über sie hereinbrach. Eltern, Verwandte und Angehörige der Opfer oder Menschen, die in ihrer Kindheit selbst Gewalt erfahren hatten, wollen ihre Geschichten erzählen, sich die drückenden Erinnerungen von der Seele schreiben. Einige bitten um Rat; viele wollen einfach nur Gehör finden, wünschen sich, dass das, was sie erlebten oder was ihnen selbst widerfuhr, bekannt werde, damit die Öffentlichkeit vom Unrecht weiß und eine bessere Zukunft kommen möge. Die Leser erzählen intime Geschichten und bitten meistens um Anonymität. Deshalb greifen wir ihre Berichte mit geänderten Namen auf, um die Privatsphäre zu schützen. Die echten Namen sind uns bekannt, und die Dokumente liegen uns vor.

Es sind Berichte von Erwachsenen, die von grausamen Erinnerungen der Kindheit eingeholt werden. Es sind Beschreibungen von Pflegeeltern, die nicht fassen können, was den Kindern angetan wurde, bevor sie in ihre

Obhut gelangten. Von grausamen Vätern wird berichtet, gleichermaßen aber auch – und vielleicht überraschender – von gewalttätigen Müttern. Und schließlich wird in den Zuschriften ein vielfaches und erschreckendes Versagen der Instanzen erkennbar, von Ärzten, Richtern und Jugendämtern, die durch falsche und unqualifizierte Entscheidungen das Leid der Opfer noch verschlimmerten.

Maria ist wegen posttraumatischer Belastungsstörungen bereits in Rente, obwohl sie das Rentenalter noch lange nicht erreicht hat. Als sie bei *Markus Lanz* im ZDF ein Interview mit Michael Tsokos sah, hörte sie nicht mehr auf zu weinen. Alles kam zurück.
Ihre Mutter, schreibt Maria, war sehr gewalttätig. Aus nichtigem Anlass geriet sie in Wut und außer Kontrolle. Ein falscher Blick, ein Lachen im falschen Moment, und sie schlug auf Maria oder ihren Bruder ein. Sogar nachts. Sie kam ins Kinderzimmer, wenn beide Kinder schon schliefen, und verprügelte sie. Wenn am nächsten Tag blaue Flecken zu sehen waren, behauptete die Mutter, ihre Kinder seien von Schulkameraden auf dem Heimweg verdroschen worden. Maria und ihr Bruder schlossen die Tür des Kinderzimmers von innen ab, weil sie fürchteten, die Mutter könnte mit einem Messer kommen und auf sie einstechen, denn so, wie sie sich verhielt und äußerte, war sie vollkommen unberechenbar. Nach außen hin und gegenüber allen Fremden gab sich die Mutter als liebenswerte, freundliche Frau. Deshalb trauten sich die Kinder über lange Jahre nicht, mit anderen Menschen über das zu sprechen, was ihnen geschah. Sie schämten sich und meinten, dass ihnen niemand Glauben schenken würde. Die Mutter schirmte beide Kinder stark ab, so dass sie keine Freunde hatten. Zum Geburts-

tag kamen keine Gäste. Marias Bruder blieb lange Zeit ein Bettnässer und hatte sehr große Schwierigkeiten in der Schule. Als kleine Kinder glaubten beide, ihr Leben verlaufe normal, weil sie nichts anderes kannten. Der Vater war so gut wie nie zu Hause, nur manchmal am Wochenende.

Beide Eltern unterhielten sich nie mit ihren Kindern. Sie gaben allenfalls Anweisungen, denen gehorcht werden musste. Das Einzige, was diese außer den Anordnungen von ihren Eltern hörten, waren die Flüche und Verwünschungen der Mutter. »Was hätten wir uns nicht alles leisten können, wenn es euch nicht gäbe«, sagte sie besonders häufig. Solche Sätze taten fast noch mehr weh als die Prügelorgien.

Maria und ihr Bruder sollten auch nicht im Wohnzimmer auf der Couch sitzen, damit sie dort keinen Schmutz hinterließen. Der Vater stellte einen Fernseher ins Kinderzimmer, damit sie dort blieben und Ruhe gaben. Von dem Ausmaß der Gewalt, dem seine Kinder während seiner Abwesenheit ausgesetzt wurden, wusste er offenbar nichts. Wenn er zu Hause war, änderte seine Frau ihr Verhalten. Als Maria bereits eine erwachsene Frau war, nahm sie all ihren Mut zusammen, denn es fiel ihr immer noch schwer, über die Vergangenheit zu sprechen, und erzählte dem Vater, was geschah, wenn er nicht zu Hause war. Er glaubte ihr kein Wort, und sie war darüber so verunsichert und erschüttert, dass sie dann keinen Kontakt mehr mit ihm wünschte.

In dem Haus, in dem Maria mit ihrem Bruder aufwuchs, wohnten auch noch die Eltern der Mutter und ein Onkel mit seiner Frau. Maria ist davon überzeugt, dass sie alle mitbekommen haben mussten, was die Mutter tat. Doch keiner kam auf sie zu, keiner half ihr. Später, kurz bevor ihre Tante an Krebs verstarb, richtete diese ein einziges

Mal das Wort an Maria und gab zu erkennen, dass sie von der prügelnden Mutter wusste. Sie sagte: »Ich habe dich immer schreien hören!« Mehr nicht – doch in ihrer Stimme lag ein großes Bedauern, und Maria meint heute, dass ihre Tante einfach nie gewusst hatte, was sie hätte tun sollen und wie sie den Kindern hätte helfen können. Vermutlich hatte sie Angst vor Marias Mutter, der niemand jemals eine Grenze setzte.

Als Maria heranwuchs, kam es hin und wieder vor, dass sie mit Erwachsenen über ihre Mutter sprach. Wenn sie dann berichtete, was ihr und ihrem Bruder als Kinder widerfahren war und immer noch widerfuhr, schenkte man ihr keinen Glauben und reagierte ohne jedes Mitgefühl. Viele verletzende und beleidigende Phrasen musste sie sich anhören: »Ein Klaps kann manchmal helfen!« – »Deine Eltern meinten es doch nur gut mit euch!« – »Du musst jetzt nach vorne schauen!« – »Du willst wohl dein eigenes Versagen den Eltern nachträglich in die Schuhe schieben?« – »Hättest du selber Kinder, dann wüsstest du, wie belastend und unausstehlich Kinder sein können.«

Eigene Kinder hat Maria nicht bekommen. Als wenn ein böser Wunsch der Mutter in Erfüllung gegangen wäre. Die empfahl ihr, als Maria den ersten Freund hatte, gleich einen Frauenarzt: Damit es dir nicht so geht wie mir und du dir mit Kindern nicht das Leben versaust! Maria entgegnete, ihr Leben sei bereits ruiniert, wegen der vielen Schläge und Erniedrigungen. Da verhöhnte die Mutter sie und sagte, bitter lachend, die Prügel hätten ihr alle Tage gutgetan.

Maria versteht nicht, warum Eltern in Deutschland immer noch eine Art Immunität genießen, dass sie im Schutz der Familie im Grunde tun und lassen können, was sie wollen, dass sie sich an ihren hilflosen Kindern vergreifen können, wann es ihnen gerade in den Sinn kommt. Sie kann das vierte Gebot nicht ertragen: Du sollst Vater und Mutter ehren! Dieser Aufforderung kann sie nicht nachkommen, das will sie auch gar nicht. Sie kann doch nur jemanden ehren und respektieren, der sie ebenfalls mit Respekt behandelt. Sie hat den Kontakt zu beiden Eltern abgebrochen. Sie weiß, dass ihre Eltern in einem schönen Haus mit Swimmingpool leben und jedes Jahr einmal Urlaub in der Karibik machen. Während sie mit Angstzuständen zu Hause sitzt, unter Alpträumen, Schlafstörungen und Depressionen leidet, während sie müde und erschöpft von einer kleinen Rente lebt. Maria glaubt, dass es dieser Gesellschaft an Empathie, Sensibilität und Verständnis fehlt, vor allem für die Schwächsten – für Kinder, die Liebe, Schutz und Fürsorge brauchen und stattdessen von den eigenen Eltern Hass, Gewalt und Willkür erfahren.

Ganz ähnliche Erfahrungen hatte auch Lilly gemacht, eine heute 23-jährige Frau aus Bremen, die durch einen TV-Bericht auf das Buch *Deutschland misshandelt seine Kinder* aufmerksam wurde. Sie ist fest davon überzeugt, dass die Mitmenschen einfach wegschauen, wenn sie mit häuslicher Gewalt konfrontiert werden. Lilly hat diese furchtbare Enttäuschung am eigenen Leib erfahren. Sie wuchs als Einzelkind bei der allein erziehenden Mutter auf, die sie schon in der Kindheit mit Verboten überzog und sie von Freunden und Verwandten fernzuhalten suchte. Als sie etwa zehn Jahre alt war, begann die Mutter, sie regelmäßig zu schlagen, immer dann, wenn sie aus irgendwelchen Gründen in Rage geriet. Woher die Wut eigentlich kam, konnte das Kind nie genau feststellen. Lilly versuchte, sich in der Wohnung zu verstecken; die Mutter stöberte sie auf und schlug auch mit harten Ge-

genständen zu, mit Regenschirmen und Kochtöpfen. Als Lilly in die Pubertät kam, wurde es so schlimm, dass sie überlegte, sich das Leben zu nehmen, doch sie wusste nicht, wie man das macht. Mit 15 Jahren deutete sie einem Lehrer gegenüber an, in welcher Lage sie sich befand. Das Jugendamt wurde eingeschaltet, und Lilly fand Unterstützung im Betreuten Wohnen.
Viel später kam sie zufällig mit einer früheren Nachbarin in Kontakt, die unter der Wohnung gewohnt hatte, in der Lilly mit ihrer Mutter lebte. Die Nachbarin bestätigte ehrlich, dass sie fast jeden Wutausbruch der Mutter durch die Wände des Hauses mit angehört hatte, dass sie sogar die Schläge hörte und die schnellen Schritte zu deuten wusste, wenn Lilly von der Mutter durch die Wohnung gejagt und dabei beschimpft wurde. Lilly bekam keine Antwort auf die Frage, warum die Nachbarn nicht zu Hilfe eilten oder wenigstens Hilfe holten. Das empfindet sie nachträglich als besonders erniedrigend, dass da jemand um ihr Leid wusste und das Ausmaß des Schreckens sehr gut ermessen konnte und dennoch keinen Finger rührte. »Wie gefühllos und gleichgültig sind die Menschen?«, fragt Lilly. Und warum sind sie es? Sie hat das Gefühl, über diese bohrende Frage nie mehr hinwegzukommen.

Mit seinem Schicksal hadert auch Bertold aus Koblenz. Er ist 63 Jahre alt und fühlt sich nur dann wirklich wohl und sicher, wenn er sich in einem Raum einschließen und die Tür im Auge behalten kann. Er war vier Jahre alt, als die Mutter einen neuen Partner mit nach Hause brachte. Wenn sie nicht anwesend war, hieb der Mann mit einem Wanderstock auf den kleinen Jungen ein und vergewaltigte ihn mehrfach. Bertold wollte sein Gesicht schützen und brach sich den Arm. Die Mutter glaubte an einen

Unfall, ihm glaubte sie nicht. Mit sieben Jahren lief Bertold von zu Hause weg, die Polizei griff ihn auf. Der Vermieter der Wohnung war couragiert und machte eine Aussage gegen den Peiniger. Doch die Polizei reagierte nicht. Der Gemeindepfarrer fragte nach, denn ihm fiel auf, dass sich der kleine Bertold so ungewöhnlich stark für den Tod und die Hölle interessierte. Alles umsonst.
Da geschah es, dass Bertold, als er wieder einmal in einem verzweifelten Kampf den Partner der Mutter abwehren wollte, diesem die Fingerkuppe abbiss. Er glaubte, er würde nun getötet werden, rannte auf ein Garagendach und sprang in die Tiefe. Er fiel nur wenige Meter und überlebte den Sturz. Nach diesem Selbstmordversuch kam er ins Kinderheim und später abwechselnd zu verschiedenen Verwandten. Die Mutter wollte ihn nicht mehr sehen. Bertold gelang es, einen Beruf zu ergreifen, er heiratete und führte, wie er sagt, ein glückliches Leben.
Im Alter von etwa fünfzig Jahren meldete sich die Vergangenheit dennoch zurück – mit unvorstellbarer Wucht. Bertold leidet unter Angstzuständen und Verfolgungswahn, er versinkt in Depressionen und ist suizidgefährdet. Mehrmals unterzog er sich Therapien, mit mäßigem Erfolg. Als wäre es gestern gewesen, spürt er den Mann ständig hinter sich, der ihn fünf Jahre lang quälte. Dann muss er sich zusammenreißen, damit er nicht laut schreit und um sich schlägt, um den Angreifer abzuwehren. Statt sich mit der Zeit abzuschwächen, werden die Bilder wieder stärker. Bertold kann den Partner der Mutter riechen; er vergisst ihn nicht, keine Sekunde. Bertold fragt sich, wie es weitergehen soll. Er weiß es nicht.

Bertold erlebte sein Martyrium in einer Zeit, in der sich die Behörden noch wenig oder gar nicht in die Angelegenheiten der Familien einmischten und es noch keine freien Träger gab, die die Betreuung übernahmen. Heute ist das grundsätzlich anders. Die Aufmerksamkeit ist größer, die Gesetzeslage eine andere, und eine engagierte Sozialindustrie kümmert sich um geschädigte Kinder. Das kann, muss aber nicht von Vorteil sein. Der Bericht der Familie Pflaume aus Niedersachsen zeigt, wie ein unprofessionelles und unkoordiniertes Verhalten der Behörden auch heute noch das Leben von Kindern zerstören kann.

Das Ehepaar Pflaume übernahm im Jahr 2010 zwei Pflegekinder, Inna und Karl. Inna war zu dem Zeitpunkt drei Jahre alt, Karl ein Jahr älter. Sie hatten bei der Mutter und deren neuem Partner gelebt, als eines Tages das Jugendamt einschritt und sie wegen des Verdachts auf Vernachlässigung und sexuellen Missbrauch aus der Familie nahm. Dennoch bekamen die Mutter und ihr Partner relativ schnell wieder ein Besuchsrecht zugesprochen. Insbesondere vor dem Stiefvater hatten die Kinder große Angst und nässten sich regelmäßig ein, wenn der Besuchstermin näher rückte.

Trotz der widrigen Umstände gelang es den Pflegeeltern, das Vertrauen der Kinder zu gewinnen. Drei Jahre ermöglichten sie ihnen ein behütetes Leben. Beide Kinder waren in ihrem neuen Heimatort integriert und wurden nebenher von der Jugendpsychiatrie betreut. Da kam ein neues psychiatrisches Gutachten plötzlich zu dem Schluss, dass das Mädchen aufgrund seiner Vergangenheit nicht in der Lage sei, bei Pflegeeltern zu leben. Es bedürfe einer Betreuung durch geschultes und spezialisiertes Personal, die Pflegeeltern seien dafür nicht geeignet. Gegen seinen Willen wurde das Mädchen nun umgehend in eine Kinderwohngruppe verpflanzt, obwohl es bei den Pflegeeltern ein gutes und akzeptiertes Zuhause hatte. Abermals erschien das Jugendamt, um nun auch den Jungen mitzunehmen; er müsse zusammen mit seiner Schwester untergebracht werden. Tatsächlich aber kamen die Kinder in getrennten Heimen unter, ein Besuchskontakt zu den fürsorglichen Pflegeeltern wurde nur noch dem Jungen gestattet. Einige Male durfte er die Pflegeeltern besuchen. Er war von der Angst besessen, dass auch ihm der Kontakt verwehrt werden könnte, und ließ sich bei jedem Abschied erneut versprechen, dass sie ihn nicht alleinlassen würden. Die Pflegeeltern beruhigten ihn: »Verlass dich darauf. Wir sind für dich da, und bald auch wieder für deine Schwester.«

Da geschah das Unerwartete, der Alptraum des Jungen wurde wahr: Als die Pflegeeltern eines Tages zum Heim kamen, um Karl abzuholen, wurde ihnen mitgeteilt, dass das Verhältnis zum Pflegesohn ab sofort beendet sei. Sie dürften ihn nicht wiedersehen. Wie vom Schlag getroffen, standen sie alle drei da. Vollkommen absurd und zynisch klingt die Begründung des Amtsvormunds noch heute in ihren Ohren: Die Bindung des Jungen an die Pflegefamilie sei in unerwünschtem Maße gewachsen und nun zu groß. Durch schlechtes Benehmen erpresse der Junge die Betreuer, um wieder nach Hause, also zu den Pflegeeltern, zu können. Ein Gutachten habe nachgewiesen, dass der Kontakt beider Kinder zu den Pflegeeltern für sie schädlich sei und deshalb abgebrochen werden müsse. Dabei blieb es.

Ein ganzes Heer von Psychologen, Therapeuten, Sozialarbeitern, Juristen, Ärzten und Betreuern hatte sich um zwei Kinder gekümmert – mit dem Ergebnis, sie der einzigen Umgebung zu entziehen, in der sie sich wohl fühlten, in der sie fast ihr halbes Leben verbracht hatten. Die Pflegeeltern waren die ersten Menschen gewesen, denen Inna und Karl Vertrauen schenkten, von denen sie glaubten, nicht verraten, sondern geliebt und beschützt zu werden. Dieses Vertrauen wurde brutal zerstört, die Liebe und der Schutz wurden ihnen genommen – von Behörden und freien Trägern, die eigentlich beauftragt sind, das Gegenteil zu tun.

Das Heer der Helfer macht systematische und prinzipielle Fehler, glaubt auch Marie-Luise aus Lörrach. Die Institutionen würden dogmatisch vorgehen und missachteten dabei das Kindeswohl, das sie eigentlich schützen sollten. Marie-Luise ist von Beruf Erzieherin und betreute ein Pflegekind in der eigenen Familie. Sie weiß, wovon sie spricht. Sie hat die Erfahrung gemacht, dass die Jugendämter Umgangskontakte erzwingen, auch wenn Kinder traumatisiert sind.

Kinder, denen von Seiten der Eltern Gewalt angetan wurde und die deshalb in einer Pflegefamilie untergebracht sind, werden Wochen oder Monate später schon wieder den Tätern zugeführt, häufig sogar und in kurzen Abständen von einem oder zwei Besuchsterminen pro Woche. Auf diese Weise soll versucht werden, die Bindung an die leiblichen Eltern aufrechtzuerhalten, immer in der Hoffnung, dass sich diese bessern und man ihnen in absehbarer Zeit die Kinder wieder anvertrauen kann. Dabei wird der Stress ignoriert, den es für die Kinder bedeutet, in die Nähe der Peiniger zu geraten. Ihre Angst wird nicht zur Kenntnis genommen oder relativiert. Selbst wenn im Anschluss an und im Zusammenhang mit solchen Kontakten deutliche Verhaltensauffälligkeiten der Kinder nachgewiesen werden, gibt es Pädagogen, die diese Fakten vom Tisch wischen. Dieser Zustand kann für Kinder bis zu zwei Jahre andauern, bis dann endlich geklärt ist, ob sie in der Pflegefamilie verbleiben sollen oder nicht.

Einrichtungen, die seit Jahrzehnten nach dieser Methode arbeiten, werden gar nicht kontrolliert, fand Marie-Luise heraus. Niemand prüft, ob dieses Verfahren überhaupt das richtige sein kann und welche Folgen es für die betroffenen Kinder hat. Auch die Entscheidungen, nach denen Kinder aus den Pflegefamilien mitunter recht plötzlich in die Herkunftsfamilie zurückgebracht werden, sind häufig wenig nachvollziehbar und werden nur selten überprüft. Oft spielt es auch keine Rolle, dass das Kind eine intensive Beziehung zu den Pflegeeltern aufgebaut hat, vielleicht die erste in seinem Leben. Dann wird nur nüchtern festgestellt, dass es gelte, dem Kind eine Lebensperspektive zu geben, die nicht darin bestehen könne, dass es bei der Pflegefamilie bleibt. »Warum eigentlich nicht?«, fragt Marie-Luise. Warum soll die Rückkehr zu den Peinigern die bessere Perspektive sein?

Sie selbst nahm ein zwei Jahre altes Kind zur Pflege. Die Polizei hatte es aus einer vollkommen verwahrlosten Wohnung geholt, wo es inmitten von Hundekot und Zigarettenkippen vegetierte. Es war wund, vom Becken abwärts bis zu den Fußgelenken. Ein Gutachten ergab, dass die Mutter erziehungsunfähig sei und das Kind langfristig in der Pflegefamilie bleiben müsse. Die Mutter durfte das Kind einmal pro Woche unbegleitet aufsuchen. Nach diesen Besuchen war das Kind regelmäßig verhaltensauffällig. Dieser Umgang reichte der Mutter nicht aus, und sie klagte häufigere Besuche ein. Dabei wurde sie anwaltlich erstaunlich gut vertreten. Das Kind aber bekam keinen Anwalt, sondern nur eine Verfahrenspflegerin. Diese Helfer springen nach einer Kurzausbildung ein und sind studierten Rechtsanwälten in der Regel nicht gewachsen. Die Verfahrenspflegerin in diesem Fall legte es erst gar nicht auf eine Konfrontation an, sondern folgte den Argumenten der Gegenseite und

plädierte ebenfalls dafür, dass das Kind zur Mutter gehöre, die es so grausam vernachlässigt hatte. Nun wurde ein zweites Gutachten in Auftrag gegeben. Um dem Gutachter einen Eindruck zu ermöglichen, wurde der Umgang der Mutter mit dem Kind gleich noch erweitert.
Vergeblich wies Marie-Luise das Jugendamt darauf hin, dass das Kind nach jedem Umgang aggressiv oder apathisch reagierte und nicht mehr schlafen konnte. Der Gutachter befragte die Mutter und deren Lebensgefährten, die zu Protokoll gaben, dass die Pflegemutter lüge. Marie-Luise teilte nun allen Beteiligten, also dem Gericht, dem Jugendamt, dem Landesjugendamt und der Verfahrenspflegerin, mit, dass es für sie schwierig wäre, unter diesen Bedingungen für das Wohl des Kindes zu sorgen und ihm Schutz zu bieten, wozu sie sich verpflichtet hätte. Daraufhin wurde ihr das Kind wenige Tage später kommentarlos und ohne Vorankündigung entzogen. Es hatte sich mehr als ein Jahr bei ihr eingelebt, es hatte ein normales, behütetes Leben in einer guten Familie kennengelernt. Aus! Vorbei.
Das Kind wurde für einige Wochen einer Pflegerin übergeben und dann zur Mutter zurückgebracht. Das ausstehende Gerichtsverfahren wurde sogar eingestellt, obwohl sich an der Sachlage gar nichts geändert hatte. Die Mutter nahm das inzwischen dreieinhalbjährige Kind kurze Zeit später aus dem Kindergarten, in den es sich eingewöhnt hatte. Damit waren alle mühsam aufgebauten Kontakte abgeschnitten; die heile Welt, die man für das geschundene Kind hatte aufbauen können, war wieder zerbrochen. Marie-Luise hat ihr Pflegekind nie wiedergesehen. Sie befragte Experten, die alle der Meinung waren, hier sei wohl eine Fehlentscheidung getroffen worden. Sie arbeitete sich hoch bis zum Familienministerium, wurde aber wieder zurück an das Jugendamt

verwiesen, das ihr das Kind ohne Vorankündigung weggenommen hatte. Marie-Luise hatte zuvor mehrfach davon gehört, dass solch absurde Entscheidungen getroffen werden, dass man Kinder aus Pflegefamilien reißt, um sie Jahre später den Tätern zurückzugeben, auch wenn deren Verhalten keinen Hinweis auf eine Änderung gibt. Sie hatte diese Geschichten nicht glauben können, bis sie am eigenen Leib erfuhr, wie selbstherrlich und gleichzeitig unprofessionell ein Jugendamt eine Entscheidung trifft und ein Kind in sein Martyrium zurückführt. »Wer schaut diesen Jugendämtern auf die Finger?«, fragt sie. »Wer überprüft solche Entscheidungen? Wollen wir warten, bis wieder ein Kind in der Gerichtsmedizin landet?«

Auffallend viele Betroffene berichten, dass Psychologen und Pädagogen eine regelrechte Rückführungsideologie vertreten würden. Einem durchaus als hoch eingestuften Risiko zum Trotz würden Kinder aus Pflegefamilien zu den leiblichen Eltern zurückgebracht, auch wenn sich die Verhältnisse, die dazu führten, dass die Kinder aus den Familien genommen werden mussten, kaum veränderten oder besserten. Marcel aus Essen wurde Opfer einer solchen bedingungslosen Rückführung. Die Mutter war bei seiner Geburt erst 16 Jahre alt und lebte mit dem Baby in einer Mutter-Kind-Einrichtung. Doch sie kümmerte sich nicht um Marcel. Sie verließ das Heim auf eigene Faust und ließ Marcel zurück. Er kam in eine Bereitschaftspflege. Dann verschwand die Mutter und tauchte gar nicht mehr auf.

Ein Ehepaar wurde für die Dauerpflege gefunden. Dieses Ehepaar sagt aus, bei der Übergabe von Marcel sei seitens des Jugendamts angedeutet worden, dass der leiblichen Mutter das Sorgerecht entzogen werden müsse.

So seien sich die Pflegeeltern sicher gewesen, dass sie schließlich endgültig für Marcel würden sorgen können. Sie nahmen also den Jungen in ihre große Familie auf, zu der auch Großeltern gehörten. Marcel nannte sie Opa und Oma und seine Pflegeeltern Mama und Papa. Er ging in den örtlichen Kindergarten und führte ein sorgenfreies Leben. So wurde es vom Jugendamt dokumentiert.

Nach zwei Jahren meldete sich die Mutter plötzlich wieder, und augenblicklich wurde ihr nahgelegt, einen Umgang mit dem Kind zu suchen. Die Umgangstermine hielt sie teilweise ein, teilweise vergaß sie das Kind. Dann zog sie mit einem Mann zusammen und wollte nun Marcel zu sich holen. Ein Verfahrensbeistand kam ins Spiel und tauchte bei den Pflegeeltern auf. Er fand heraus, dass Marcel bei ihnen ganz hervorragend aufgehoben war, und kündigte an, vor Gericht dafür zu plädieren, dass Marcel bei »Mama und Papa« bleiben müsse und der leiblichen Mutter lediglich umfassende Besuchsrechte eingeräumt werden sollten. Mit dieser Auffassung erklärten sich die Pflegeeltern einverstanden. Sie waren sich sicher, dass das Gericht ebenfalls so entscheiden würde, auch deshalb, weil Marcels Mutter genauso wie ihr neuer Partner nachweislich ein großes Drogenproblem hatten. Doch es kam alles anders. Im gerichtlichen Verfahren änderte der Verfahrensbeistand plötzlich seine Meinung und plädierte dafür, das Kind zur Mutter zurückzuführen. Seine Meinung deckte sich ganz eindeutig mit dem Ergebnis eines Gutachtens, das die Familienrichterin in Auftrag gegeben hatte. Plötzlich war nun keine Rede mehr davon, dass Marcel die Pflegeeltern als Mama und Papa bezeichnete, dass es ihm sehr gut ginge und alle Zeugen und sogar zwei Psychologen ausgesagt hatten, dass er in der ihm vertrauten Familie verbleiben sollte. Die Pflegeeltern selbst wurden überhaupt nicht gehört. Das Gericht entschied streng, dass ein halbes Jahr lang der Umgang mit der Mutter zu verstärken sei, dann müsse Marcel den Wohnort wechseln. Ob den Pflegeeltern danach noch ein Besuchsrecht eingeräumt werden könne, hänge davon ab, ob das dem Kindeswohl zuträglich sei. Darüber wolle das Gericht separat noch einmal entscheiden.

Marcel ahnt noch nichts von seinem drohenden Schicksal, das ihn abermals heimsuchen soll. Als uns die Schilderung der Pflegeeltern erreicht, besucht er regelmäßig seine Mutter und fragt immer vorher, wann ihn denn Mama und Papa wieder abholen werden. Dass diese Welt des absoluten Vertrauens bald für ihn zusammenbrechen wird, das hatte ohne Begründung das Jugendamt empfohlen. Ein Gutachter hatte dem zugestimmt, ein Verfahrensbegleiter hatte seine Meinung geändert, und eine Richterin hatte dem der einhelligen Meinung folgend entsprochen. Das abstrakte Ziel der Rückführung war ja erreicht, wird sie sich gesagt haben. Sie hat vielleicht gar nicht oder eben viel zu wenig darüber nachgedacht, was es für Marcel bedeutet, im Alter von vier Jahren aus seiner Familie gerissen zu werden – der ersten und einzigen, die er jemals hatte.

In welchem Staat leben wir? Geht hier das Erwachsenenrecht über das Kindesrecht? Kann es sein, dass Kinder der häuslichen Gewalt ausgeliefert werden? Dies fragt sich auch das Ehepaar Blume aus dem Schwarzwald. Die Blumes nahmen ihre beiden Enkel Johann und Sophia zu sich, nachdem ihre Tochter psychisch erkrankt war und sich nicht mehr um die Kinder kümmern konnte. Johann war zu dem Zeitpunkt vier und Sophia zwei Jahre alt. Alles schien glimpflich abzulaufen, die Kinder akzep-

tierten den Umzug zu den Großeltern. Doch die hatten die Rechnung ohne das Jugendamt gemacht, das sich einschaltete und einen ganz anderen Plan verfolgte.
Eigenmächtig ließen die amtlichen Pädagogen ein Gutachten erstellen, das beweisen sollte, dass die Kinder vom leiblichen Vater aufgezogen werden müssten, um eine gute Entwicklung zu nehmen. Der lebte zu diesem Zeitpunkt schon zwei Jahre von der Mutter und den Kindern getrennt, die kleine Sophia kannte ihn gar nicht. Das alles zählte aber nicht. Die beiden Kinder wurden den Großeltern weggenommen und in eine Pflegefamilie verbracht. Von dort aus sollte sie der Vater, der sie ja erst einmal kennenlernen musste, im Rahmen einer Probephase tageweise zu sich nehmen.
Schon nach wenigen Besuchsterminen hatten die neuen Pflegeeltern, die vom Jugendamt engagiert worden waren, den Verdacht, dass Johann vom Vater sexuell missbraucht worden war. Sie informierten das Jugendamt, das den Vater mit den Vorwürfen konfrontierte. Ein Ermittlungsverfahren wurde nicht eingeleitet, der Vater bekam aber begleiteten Umgang mit den Kindern verordnet. Ohne Aufsicht durfte er sie nicht mehr bei sich haben. Doch nach wenigen Wochen wurde die Aufsicht wieder abgezogen.
Die Großeltern hingegen, die den Enkeln ein Zuhause geben wollten, durften nur einmal pro Woche mit den Pflegeeltern telefonieren. Sie berichteten von furchtbaren Reaktionen der Kinder, wenn sie nach den Besuchskontakten mit dem Vater zurückgebracht wurden. Nach jeder Begegnung mit dem Vater wären sie auffallend aggressiv, würden sich die Haare ausreißen, das Bett nässen und nicht schlafen können. Johann erzählte seinen Großeltern von seltsamen Annäherungen des Vaters. Die wiederum berichteten davon den Pflegeeltern. Schließlich zeigte die

leibliche Mutter den Vater an, worauf die Polizei Ermittlungen aufnahm. Als der Vater davon erfuhr, verprügelte er Johann und drohte ihm Schlimmeres an, wenn er noch einmal »das Geheimnis« verraten sollte, wie er es ausdrückte.

Als die Kriminalpolizei Johann befragt, schwieg er. Offenbar fürchtete er die Rache des Vaters. Die Staatsanwältin unterdessen verdächtigte die Mutter, die Beschuldigungen frei erfunden zu haben, um ihrem ehemaligen Lebensgefährten zu schaden. Auch die Gedächtnisprotokolle der Pflegefamilie interessierten sie wenig, die über das Verhalten der Kinder nach den Besuchskontakten Aufschluss gaben und deren Inhalt den Vater ebenfalls belastete. Der Jugendrichter im Sorgerechtsstreit zeigte sich von den Vorwürfen stärker beeindruckt und verfügte, dass die Kinder nicht wie geplant zum Vater ziehen, sondern in der Pflegefamilie verbleiben sollten.

So weit wäre alles noch halbwegs glimpflich verlaufen, denn die Pflegeeltern hatten nichts dagegen einzuwenden, dass die Kinder den Kontakt zu den Großeltern aufrechterhalten. Doch da machte sich ein neu mit dem Fall betrauter Mitarbeiter des Jugendamtes daran, die Kinder doch noch aus der Pflegefamilie herauszubringen. Er argumentierte mit den hohen Kosten, die sich die öffentliche Hand ersparen könne, wenn die Kinder bei einem der Elternteile leben würden. Diese Argumentation entbehrt von vornherein der Logik, da ja ganz zu Anfang der Tragödie sich die Großeltern bereit gefunden und die Kinder aufgenommen hatten, ohne dafür Kosten erstattet bekommen zu wollen. Nach langem Kampf und in höchster Instanz erwirkte der engagierte Pädagoge des Jugendamtes schließlich eine Entscheidung, mit der niemand gerechnet hatte: Der leibliche Vater erhielt das alleinige Sorgerecht – derselbe Mann, dem nach dem letzten Gerichtsbeschluss die Kinder erst entzogen worden waren! Er nahm sie beide dann zu sich und verbot ihnen den Kontakt zu den Großeltern sowie zu den bisherigen Pflegeeltern, bei denen die Kinder inzwischen schon sechs Jahre gelebt hatten. Fassungslos nahmen die kranke Mutter, die treu sorgenden Großeltern und die Pflegeeltern dieses Urteil zur Kenntnis und verloren ihren Glauben an Recht und Gesetz. Sie kämpften weiter und wandten sich an das Ministerium. Das winkte ab. Man habe kein Weisungsrecht gegenüber einem Jugendamt. Das stimmt sogar. Unterdessen war in diesem Jugendamt wieder eine neue Mitarbeiterin mit den beiden Kindern betraut. Sie beurteilte den Fall diametral entgegengesetzt zu ihrem engagierten Vorgänger, der das sagenhafte Gerichtsurteil herbeiführte. Sie fürchtete, dass Johann permanenter Gewalt durch den Vater ausgesetzt sein würde. Zu spät! Die Entscheidung war gefallen – über das Leben eines kleinen Kindes, das nun keinen Schutz mehr bekommt.

Keinen Schutz mehr genießt auch der kleine Tristan aus Uelzen. Als er zwei Jahre alt war, starb seine Mutter an Blutkrebs. Die Großeltern kümmerten sich intensiv um den Jungen, der nun allein mit dem Vater lebte. Irgendwann stellten sie fest, dass es Tristan nicht gutging. Er war still und in sich gekehrt und hatte Angst vor seinem Vater. Es stellte sich heraus, dass er vom Vater gedemütigt wurde. Er warf Gegenstände nach ihm und schloss ihn stundenlang in seinem Zimmer ein. Tristans Gesicht zeigte Spuren von Gewalteinwirkung. Die Großeltern stellten den Schwiegersohn zur Rede, der aber alle Vorwürfe abstritt. Da bezogen sie die Schwester des Schwiegersohns mit ein, weil sie wussten, dass sie als Pädiaterin Erfahrung mit allen möglichen Formen der Gewalt

gegen Kinder hatte. Die Großeltern wollten das Problem zunächst in der Familie klären und zu diesem Zeitpunkt noch keine externe Hilfe holen.
Doch ihre Rechnung ging nicht auf. Die Schwester des Schwiegersohns stellte sich sofort auf die Seite des Bruders und denunzierte die Großeltern beim Jugendamt. Sie würden dem Jungen Unwahrheiten einreden und damit das Verhältnis zum Vater beschädigen. Sofort machte sich ein Schwarm von Betreuern, Psychologen und Verfahrenshelfern über die völlig unvorbereiteten Großeltern her. Das Umgangsrecht wurde sofort drastisch eingeschränkt, zahlreiche Kontaktverbote wurden erlassen. Zeugen wurden vernommen, die aber allesamt positiv für die Großeltern aussagten. Und das, obwohl sowohl der Schwiegersohn als auch dessen Schwester längst damit begonnen hatten, mittels übler Nachrede unwahre Behauptungen über die Großeltern zu verbreiten. Der Junge tat immer wieder seinen Wunsch kund, mehr Umgang mit Oma und Opa zu haben, so wie früher, als er fast jeden Tag zu ihnen hatte gehen dürfen. Alles umsonst: Das Familiengericht übernahm die Version des Jugendamtes. Und obwohl die Großeltern ihrem Enkel nun praktisch zuwinken können, wenn sie zum Einkaufen gehen, denn so nah liegen Spielplatz und Schule an der Straße, in der sie wohnen, dürfen sie nicht mehr mit ihm sprechen, ausgenommen an einem Tag in der Woche, an dem sie noch Umgang haben dürfen – und dann auch nur für ein paar Stunden. Hin und wieder treten auch wochenlange Pausen ein, in denen ihr Enkel gar nicht mehr auftaucht. Die Gewaltvorwürfe gegen den Vater wurden nie aufgeklärt, die Indizien nicht widerlegt. »Wie konnte es sein«, fragen die Großeltern, »dass wir plötzlich keinerlei Hilfe bekamen, sich die vielen Helfer aber vollkommen auf die Gegenseite schlugen?« War das im

Sinne des Kindeswohls? Erst hatte das Kind die geliebte Mutter verloren, dann die sorgenden Großeltern. Und nie sind die Entscheidungen des Jugendamtes noch einmal einer gründlichen Prüfung unterzogen worden.

Auch Yvonne aus Rostock hat den Kampf um ihre beiden Enkelkinder verloren. »Wir haben viele Schicksalsschläge erlebt, an diesem werden wir zerbrechen.« Die Tochter ist gestorben, die Enkel leben beim Schwiegersohn, ein siebenjähriges Mädchen und ein neunjähriger Junge. Vor zwei Jahren vertrauten sie sich der Großmutter an. Es gab handfeste Hinweise auf sexuellen Missbrauch und Vergewaltigung durch den Schwiegersohn. Die Schwiegermutter zeigte ihn an. Der verbot daraufhin den Kindern jeden weiteren Kontakt mit ihrer Großmutter. Die Ermittlungen der Polizei kamen nicht voran. Die Kinder machten keine Aussage mehr, vermutlich aus Angst vor dem Vater. Und auch die Kinderärztin, die zuvor gegenüber der Großmutter mündlich den furchtbaren Verdacht bestätigt hatte, schwieg plötzlich und machte keine Angaben mehr. Schließlich wurde das Verfahren eingestellt. Yvonne wandte sich in ihrer Not an eine örtliche Zeitung. Journalisten griffen den Fall auf und wollten sogar berichten. Da belegte sie der Vater der Kinder mit einer einstweiligen Verfügung und konnte vor Gericht erstreiten, dass nicht berichtet werden durfte. Yvonne hat die beiden Enkel seit Jahren nicht mehr gesehen. Sie muss davon ausgehen, dass sie noch Gewalt erleben. Und sie weiß, dass ihnen niemand hilft, dass sie ihnen auch selbst nicht helfen kann. »Warum«, fragt sie, »wird ein Verfahren so schnell eingestellt, wenn es um das Schicksal von hilflosen Kindern geht, die einem kranken, perversen Vater ausgeliefert sind?«

Dem Vater ausgeliefert sind auch Amalia und Julian aus Gladbeck. Er hatte beide schon im Kleinkindalter geohrfeigt, gekniffen und geschüttelt und immer wider angeschrien. Als die Kinder fünf und sieben Jahre alt waren, trennte sich die Mutter vom Vater und erteilte ihm Hausverbot. Eine Zeit des Friedens hätte nun für die Kinder anbrechen können, doch kam alles anders: In insgesamt fünf Umgangsrechtsverfahren erstritt sich der Vater den Zugang zu den Kindern. In allen Verfahren sagten beide Kinder einhellig und immer wieder aus, dass sie keinen Umgang mit dem Vater wünschten. Sie berichteten auch glaubwürdig über ihre Gewalterfahrungen. Aus mehreren Krankenhäusern wurden Beweise dafür erbracht, dass die Kinder tatsächlich dieser Gewalt ausgesetzt waren. Es wurden Griffhämatome nachgewiesen und große Hämatome an Rücken und Beinen. Die Mutter hatte die Kinder regelmäßig ins Krankenhaus gebracht. Das medizinische Personal hatte die Verletzungen diagnostiziert und dokumentiert, aber trotz der eindeutigen Gewaltspuren die Polizei nicht eingeschaltet.

Dem Familiengericht reichten die dokumentierten Nachweise nicht aus, um einen Umgang des Vaters mit seinen Kindern zu unterbinden. Er bekam das Umgangsrecht. Vollkommen traumatisiert gingen nicht nur die Kinder aus diesen Verhandlungen hervor, sondern auch die Mutter. Sie hatte erleben müssen, dass ihr im Prozess die Rolle der Statistin zugewiesen wurde. Sie, die Mutter, durfte über ihre Kinder keine Auskunft geben, sie wurde nicht gefragt. Stattdessen beantwortete die Verfahrensbeiständin alle Fragen, obwohl sie die Kinder erst zweimal zuvor gesehen hatte. Sie stimmte der Form, der Art und der Dauer des Umgangs des Vaters mit seinen Kindern zu und teilte von vornherein die Auffassungen des Jugendamtes, denen sich wiederum der von der

Richterin bestellte Gutachter anschloss. Und es kam noch schlimmer: Als die Mutter im Prozess dennoch das Wort erhob und forderte, dass man sie hören möge, wurde sie des Raumes verwiesen. Anschließend formulierte ein neues Gutachten den Verdacht, die Mutter habe die Kinder manipuliert, damit sie gegen den Vater aussagen sollten. Ihr wurde vorgeworfen, durch die häufige Dokumentation der Hämatome im Krankenhaus den Kindern suggeriert zu haben, einem gefährlichen Vater gegenüberzustehen, vor dem man sich in Acht nehmen müsse. Ihr wurde bescheinigt, dass sie zur Überängstlichkeit und Hysterie tendiere, und es wurde ihre nahegelegt, sich einer Therapie zu unterziehen. Sie selbst hat nun nicht nur das Gefühl, einer eingeschworenen Front von Experten gegenüberzustehen, die längst eine Strategie für ihre Familie festgelegt hatten und nicht bereit waren, sich dabei von ihr stören zu lassen. Sie hat auch das Gefühl, dass man sie dafür bestrafen wollte, dass sie die hochherrschaftliche Linie von Ämtern und Gericht in Frage gestellt hatte, dass sie es gewagt hatte, zu widersprechen. »Als leibliche Mutter zählte ich nicht. Ich war wie Dreck für sie alle«, sagt sie.

Es war am Telefon. Andreas aus Garmisch wollte auflegen, da hörte er ein klatschendes Geräusch und Schreie. Was sich dann abspielte, ist sieben Jahre her, aber für Andreas so präsent, als wäre es gestern gewesen. Er hörte seinen eigenen Sohn schreien, dann betteln, dann weinen. Und immer wieder dieses Geräusch, erst klatschend, dann stumpfer. Dann wurde es still. Andreas konnte seinem Sohn nicht helfen, denn er hörte ja alles nur am Telefon. Der Sohn lebt seit der Trennung der Eltern bei seiner Mutter. Andreas hatte sie angerufen. Man war mal wieder in Streit geraten und hatte das Gespräch beendet. Die Frau musste die rote Taste verpasst haben. Die Verbindung blieb erhalten, und Andreas legte deshalb auch nicht auf, vor allem deshalb nicht, weil die Mutter offensichtlich begonnen hatte, den Sohn zu schlagen.

Der Sohn war damals sieben Jahre alt. Schläge sind seitdem für ihn der Alltag; sogar die Großmutter beteiligt sich, wenn es gilt, den vermeintlich aufmüpfigen Jungen zu züchtigen. Er wird stundenlang in eine dunkle Kammer gesperrt, darf in der schulfreien Zeit tagelang das Haus nicht verlassen oder bekommt nichts zu essen. Andreas hatte damals sofort reagiert und die Prügelei, die über das Telefon an sein Ohr drang, aufgezeichnet. Er spielte die Szene seinem Anwalt vor, der ganz sicher war, dass man mit diesem Beweismittel vor Gericht Erfolg haben würde. Aber weit gefehlt. Das Verfahren wurde niedergeschlagen, das Beweismittel nicht anerkannt, dem Vater kein Glauben geschenkt – und der Junge wurde nicht vernommen. Andreas muss seitdem mit der Vorstellung leben, dass sein Kind Gewalt, Schmerzen und Erniedrigung ausgesetzt ist. Er wandte sich immer wieder an das zuständige Jugendamt. Doch dort wurden seine Versuche als unangemessene Einmischung gewertet, und er wurde ermahnt, sich zurückzuhalten. Schließlich verlor er noch seinen Teil des Sorgerechts, das nun vollständig auf die Mutter überging. Er hatte einer psychiatrischen Behandlung des Jungen nicht zugestimmt. Diese Haltung wurde ihm als destruktiv ausgelegt. Die Richterin senkte den Daumen. Die Mutter versuchte dann auch noch, das Umgangsrecht zu beschneiden, aber erfolglos. Seitdem muss sich Andreas während der abgesteckten Zeiten, wo er seinen Sohn treffen kann, hilflos anhören, was ihm widerfährt. Alle Mittel scheinen ausgereizt. Als Vater kann er seinem eigenen Sohn nicht helfen. Ein solches Gefühl der Ohnmacht sei unvorstellbar, sagt Andreas, dem es jedes Mal einen Stich ins Herz gibt, wenn er an seinen Sohn denkt.

Wenn es die Mütter sind, die ihre Kinder schlagen oder sogar quälen, dann scheint uns der Abgrund noch tiefer zu sein, in den wir blicken. Viele von uns werden glauben, dass mütterliche Gewalt gar nicht möglich ist, dass die gesunden Instinkte das verhindern würden. Die bittere Wahrheit sieht aber anders aus. Und Andreas aus Garmisch ist nicht der Einzige, der davon berichten kann. Auch Torsten berichtet in einem langen Brief mit vielen Details, wie seine Kinder unter der Gewalt der Mutter leiden. Beide Eltern leben in der Nähe von Mainz. Nach der Scheidung blieben die Kinder Lukas (8 Jahre) und Anna (5 Jahre) bei der Mutter, doch sie wollten dort nicht leben. Lukas rannte mehrmals aus der Wohnung und wurde von der Polizei aufgegriffen. Beide Kinder sagten beim Jugendamt gegen die Mutter aus. Nach diesen Aussagen wurden sie häufig geohrfeigt und auf den Kopf geschlagen, auch mit einem hölzernen Kleiderbügel. Sie sollten falsche Aussagen zu Lasten des Vaters machen, unter anderem auch, dass er sie misshandele. Das Jugendamt entschied, dass diese Angaben nicht wahrheitsgemäß wären. Lukas wurde angedroht, er würde in ein Kinderheim eingewiesen, sollte er nochmals versuchen, von der Mutter wegzulaufen. Der Umgang mit dem Vater wurde sogar eingeschränkt, weil man vermutete, dass er einen schlechten Einfluss auf die Kinder nähme, der das Leben mit der Mutter abermals erschweren würde. Was Torsten dann vollkommen aus der Bahn warf, war die Entscheidung des Familiengerichts, von dem er sich wenigstens ansatzweise Aufklärung und Gerechtigkeit erhofft hatte. Doch das Urteil übernahm die

Darstellung des Jugendamtes Punkt für Punkt, zu hundert Prozent. Es war, als ob das Jugendamt selber zu Gericht gesessen hätte. Wozu gibt es die Gewaltenteilung, wenn ein Richter beim Kläger abschreibt?

Läuft da etwas schief an den Gerichten? Sind sie überfordert oder nicht qualifiziert besetzt? Schwere Vorwürfe erhebt ein ehemaliger Familienrichter im Ruhestand in seiner Zuschrift an die Autoren dieses Buchs. Es gebe keine Ausbildungs- oder Weiterbildungspflicht für Familienrichter, bemängelt er. Jeder Richter könne sich dafür bewerben, auch wenn er aus einem noch so fernen Sachgebiet kommt. Viele Kollegen würden das Familiengericht temporär als Schritt auf der Karriereleiter nutzen. Sogar Richter auf Probe würden in vielen Fällen schon mit komplizierten Verfahren im Umgangs- und Sorgerecht betraut. Außerdem sei die Machtfülle des einzelnen Familienrichters viel zu groß. Zum Beispiel könne der Richter darüber bestimmen, wer die alles entscheidenden Gutachten erstellt. Wen der Richter für einen Gutachter halte, der sei es dann einfach, ohne dass er seine Qualifikation im Einzelnen nachweisen müsse. Er habe mit eigenen Augen sogenannte »psychologische Gutachten« gesehen, die von Heilpraktikerinnen, Sozialarbeitern und Kindergärtnerinnen angefertigt wurden. Oder von Diplom-Psychologen, die selbst noch gar keine Therapieerfahrungen hatten, also nicht wussten, worüber sie das Urteil fällten, das in jedem Gutachten angelegt ist. »Warum gibt es keinen verbindlichen Standard für die gutachterliche Tätigkeit?«, fragt der Richter.

Verheerend kann es werden, wenn derart allmächtige, aber gleichzeitig unprofessionelle Juristen mit den übrigen Helfern eine Allianz eingehen, um sich gegen die

Betroffenen zu verbünden. Von einem regelrechten Kartell der betreuenden Behörden, gegen deren gemeinsames Vorgehen sie keine Chance zu haben glauben, berichten die Betroffenen. Mitarbeiter der verantwortlichen Behörden und Einrichtungen bestätigen diese Erfahrungen – leider meistens zu spät, nämlich erst dann, wenn sie aus dem Dienst ausgeschieden sind. So zum Beispiel Inge aus Aachen, die ihr ganzes Berufsleben in sozialen Diensten tätig war. Jetzt im Ruhestand will sie auspacken, die erste Ausgabe von *Deutschland misshandelt seine Kinder* hat sie elektrisiert.

Es seien schon fast mafiöse Strukturen, die zwischen Jugendämtern, Gerichten, Krankenhäusern, Gutachtern und allen anderen Helfern gewachsen sind, sagt sie. In diesen Strukturen, die für das Kindeswohl sorgen sollen, würden Kinder zu Opfern werden, behauptet sie und schildert einen prekären Fall, an den sie sich nur zu gut erinnern kann: Eine alleinerziehende Mutter mit drei Kindern aus einem Problemgebiet ist objektiv nicht in der Lage, für die Kinder zu sorgen. Das Jugendamt bringt zwei der Kinder in eine Tagesgruppe. Das dritte leidet an einer unheilbaren Krankheit, kann nicht mehr laufen und sprechen und wird künstlich ernährt. Anstatt sich nun auch um dieses Kind zu kümmern, belässt man es bei der Mutter. Die Mutter wiederum lässt das Kind in einem vollkommen verdreckten Bett und im eigenen Kot liegen. Dann unterbricht sie die künstliche Ernährung, denn sie hat beschlossen, das Kind auf natürliche Weise sterben zu lassen. Mitarbeiter des Jugendamtes und zahlreiche Familienhelfer gehen in der Wohnung ein und aus. Keiner von ihnen will das sterbende Kind bemerkt haben; keiner betritt das Zimmer, in dem das Kind im schmutzigen Bett liegt. Schließlich öffnet ein Handwerker zufällig die Tür zu diesem Zimmer und alarmiert die

Polizei. Das fast bis zum Skelett abgemagerte Kind stirbt wenige Tage später im Krankenhaus. Die Mutter wird zu siebeneinhalb Jahren Haft wegen Vernachlässigung mit Todesfolge verurteilt. Sämtliche Mitarbeiter des Jugendamtes und der übrigen Dienste werden freigesprochen. Sie hätten sich nichts zuschulden kommen lassen, lautete das Urteil, das Inge bis heute nicht begreifen will. Hier vermutet sie das Kartell am Werke, dass eine Krähe der anderen nicht die Augen aushackt, also das Gericht nicht dem Jugendamt. Weil man ja so gut zusammenarbeitet. Inge betont, dass sie das immer wieder erlebt hat, wie die Behörden zusammenhalten und Fehler gemeinsam unter den Teppich kehren.

Vertuscht, verkannt und ignoriert wird auch in den Krankenhäusern. Das medizinische Personal trägt häufig eine Mitschuld, wenn Gewaltdelikte an Kindern nicht aufgeklärt werden können. Das behauptet Matthias aus Hamburg. Viele Ärzte sind ihm zufolge offenbar gar nicht ausreichend ausgebildet, um die Spuren der Gewalt am Körper des Kindes erkennen zu können. Matthias arbeitet als Psychiater in der Pädiatrie und hat mehrfach erlebt, dass Ärzte, selbst wenn sie in der Lage sind, die Gewalteinwirkung zu diagnostizieren, zögern, einem Verdacht nachzugehen, weil sie Sorge haben, als Zeuge in eine unangenehme Auseinandersetzung vor Gericht hineingezogen zu werden. Viele Ärzte sähen es auch gar nicht als ihre eigentliche Aufgabe an, Verdachtsfälle zu melden, oder sie hätten Sorge, vorschnell in die Familien einzugreifen.
Matthias schildert ein drastisches Beispiel aus seinem Berufsalltag. Ein Baby mit schweren Kopfverletzungen liegt im Koma. Auffällig häufig erscheint ein Mann aus der Verwandtschaft am Krankenbett und will sehen, wie

es dem Kind geht. Aufgrund seines Verhaltens sind sich Ärzte und Pflegepersonal einig, dass es sich um den Täter oder jedenfalls einen Tatbeteiligten handeln könnte. Sie erteilen dem Mann sogar Hausverbot. Sie gehen aber keinen Schritt weiter; sie erstatten keine Anzeige und schalten die Polizei nicht ein. So weit will man nicht gehen. Das ist es, was Matthias nicht versteht und auch nicht mehr ertragen kann: dass sich viele Ärzte nicht dafür verantwortlich fühlen, eine schwere Straftat aufzuklären, selbst wenn sie sehr wohl dazu beitragen könnten.

Das mangelnde Verantwortungsbewusstsein der handelnden Personen führt dazu, dass Gewalt gegen Kinder nicht aufgeklärt und deshalb auch nicht bestraft werden kann. Noch schlimmer ist es, wenn die zuständigen Behörden, Ämter und freien Institutionen eigene Interessen verfolgen, sich routiniert in die Hände arbeiten und Hinweise ignorieren, die das untereinander abgesprochene Bild stören könnten – die die Arbeit erschweren oder sogar erprobte Geschäftsmodelle im Betreuungsbereich gefährden könnten.

Das Schicksal des vierjährigen Justus aus einer süddeutschen Kleinstadt wirft ein Schlaglicht auf diese fatalen Mechanismen. Seine Eltern heirateten nach Jahren des schwierigen und unregelmäßigen Zusammenlebens, als er geboren wurde. Nicht aus Liebe, wie sie später zu Protokoll geben werden, sondern aus Gründen der Vernunft. Der Junge sollte ein behütetes Zuhause haben.

Das Gegenteil sollte ihn erwarten. Als Justus drei Jahre alt wurde, zeigte es sich, dass der Vater, der sich bereits zweimal einer entsprechenden Therapie unterzogen hatte, sein Gewaltproblem nicht in den Griff bekam. Mehrfach wurden psychische Störungen diagnostiziert. Als er einmal einen Rückfall erlitt, ging er an mehreren Tagen auf die Mutter des Jungen los. Sie trug schwere Prellungen und zwei Frakturen davon. Die Verletzungen wurden als Folge einer Gewalteinwirkung diagnostiziert. Sie erstattete Anzeige und verließ mit dem Kind die gemeinsame Wohnung.

Justus' Mutter kontaktierte das Jugendamt, wollte aber eigentlich nur einen Gewaltschutz erreichen. Sie kannte sich mit dem, was sie nun erwartete, nicht aus; sie war auch keine Pädagogin oder Juristin. Das geriet ihr vielleicht zum Nachteil. Man erklärte ihr von Amts wegen alles Mögliche, zum Beispiel, dass nun über das Aufenthaltsbestimmungsrecht entschieden werden müsste. Der verlassene Ehemann stellte seinerseits rund ein Dutzend Anträge beim Familiengericht. Schnell wurde ihm ein geregelter Umgang mit dem Sohn ermöglicht, zweimal wöchentlich. Die Eltern gingen sich dabei aus dem Weg; man holte und brachte das Kind zur Kita. Aus Sicht der Mutter war das zumindest eine akzeptable Lösung. Sie war in Sicherheit, das Kind auch. So glaubte sie zumindest, bis Justus eines Tages behauptete, er habe gar keinen Papa. Dann bat er die Mutter immer schon einen Tag vor dem »Papa-Tag«, dass er nicht mehr in die andere Wohnung gehen müsse. Und es kam noch schlimmer. Die Kita-Leiterin berichtete, dass Justus nach dem Papa-Tag und der Papa-Nacht regelmäßig würgte, obwohl dem Würgereiz nichts Erbrochenes folgte. Ärzte wurden aufgesucht; man stellte den Würgereiz fest, aber keine Krankheit, die dazu passte. Die Mutter wurde beruhigt: Solche Reize gäbe es in bestimmten Altersgruppen, sie ließen dann auch wieder nach.

Die Mutter konnte sich damit nicht abfinden, denn nun zeigte Justus auch bei ihr zu Hause nach den Papa-Tagen immer mehr Auffälligkeiten. Manchmal blieb er ganz stumm, dann wieder wurde er aggressiv. Er schlief schlecht, klammerte sich an sie und berichtete von einem Monster. Dann folgte der Abend, den die Mutter nie mehr vergessen wird. Plötzlich nach dem Abendbrot fragte der kleine Justus unvermittelt, warum Papas Kindern ihren Puller in den Mund stecken würden. Das tun sie nicht, sagte die Mutter. Aber im Badezimmer tun sie es, erwiderte Justus. Die Mutter war so überrascht, dass sie das Gespräch nicht weiterführen mochte. Aber zwei Tage später zeigte das Kind auf seinen Schritt und erklärte der Mutter, dass der Puller auch groß werden könne und Haare hätte. Woher er das wisse, fragte sie ihren Sohn. Viele Haare habe er gesehen, antwortete er. Justus gab dann bruchstückhaft, doch unzweideutig zu erkennen, dass es sich um den Penis des eigenen Vaters handelte. Auch von einer Flüssigkeit in seinem Mund berichtete er und dass der Vater hinterher seinen Mund auswaschen würde.

Die Mutter verständigte die Polizei und stellte Strafanzeige. Der Umgang des Vaters mit dem Kind wurde sofort ausgesetzt. Justus wurde vom Sozialpädiatrischen Dienst untersucht. Zwei erfahren Kinderärzte, zwei Kinderpsychiater und drei Therapeuten kamen eindeutig zu einem identischen, bedrückenden Ergebnis: Justus war Opfer regelmäßigen sexuellen Mißbrauchs. Es wurde kein einziger Anhaltspunkt gefunden, der die Experten an den Berichten des Kindes zweifeln ließ. Hervorgehoben wurde im Untersuchungsbericht, dass der Junge zu unerwarteten Zeitpunkten und immer gänzlich unaufgefordert von den Ereignissen zu berichten begann – immer wieder, immer sachlich und mit Details, die er nach dem Urteil der Experten so nicht schildern könnte, wenn kein reales Erlebnis zugrunde läge.

Die Polizei hatte die Ermittlungen unterdessen verblüffend schnell abgeschlossen. Die Umgangsbetreuerin wurde befragt. Sie zeichnete von der Mutter das Bild einer Frau, die es auf die nachträgliche Bestrafung ihres Ehemannes angelegt hätte. Deshalb würde sie ihm vieles zur Last legen, dessen er sich vielleicht gar nicht schuldig gemacht hätte. Der mit dem Umgangsstreit befasste Richter schloss sich dieser Auffassung an, obwohl er die Mutter selbst noch nie vernommen hatte. Der beschuldigte Vater wies erwartungsgemäß alle Vorwürfe strikt zurück; das Kind wiederum wurde nicht befragt, mit der Begründung, es wäre möglicherweise von der Mutter manipuliert worden und seine Aussage wäre deshalb wenig hilfreich und kein Beweismittel.

Noch seltsamer als die Vorgehensweise der Kriminalpolizei mutet die Entscheidung des Richters an: Er überging die Untersuchungen des Sozialpädriatischen Dienstes und bestellte stattdessen einen Gutachter seiner Wahl. Dieser Gutachter, ein Psychologe, besuchte die Eltern und befragte schließlich auch das Kind. Anschließend kam er auf 25 DIN-A4-Seiten zu dem Schluss, dass die Berichte des Jungen über den sexuellen Missbrauch »nicht erlebnisfundiert« wären. Er hatte sich mit Justus deutlich weniger intensiv befasst als die sechs Experten zuvor. Er hatte ihn direkt zum Thema befragt und ihn in mehrere Gespräche verwickelt, worauf der Junge teilweise keine Antworten fand, was den Gutachter misstrauisch stimmte. Der Mutter wies er nach ein paar kurzen Gesprächen auch noch nach, wohl durchaus um den Sohn bemüht zu sein, nicht aber immer genau zu wissen, was für ihn eigentlich gut und geeignet wäre.

Der Richter berief sich daraufhin auf das Ergebnis aus dem neuen Gutachten des Psychologen, ohne den Expertenbericht der Kinderfachärzte noch weiter zu erwähnen. Die Umgangssperre mit dem Vater hob er auf

und verfügte, dass der Vater den Sohn im betreuten Umgang sehen dürfe, zu dem ihn die Mutter bringen und von dem sie ihn auch abholen musste.
Es folgten abenteuerliche Szenen, in denen der sich heftig wehrende Junge dem Umgangsbegleiter übergeben wurde. Justus versteckte sich unter Tischen und Stühlen, um den Vater nicht sehen zu müssen, der jetzt betont freundlich und verständig auftrat. In dieser Phase des Dramas unterlief dem Jugendamt offenbar auch noch ein schwerer Fehler: Es bestellte einen betreuenden Verein für die Gestaltung des Umgangs von Justus mit seinem Vater, dessen Mitarbeiter in keiner Weise für Fälle von sexuellem Missbrauch geschult waren. Es war offenbar ein freier Träger, mit dem das Jugendamt gerne und oft zusammenarbeitete. Und es ist auch unwahrscheinlich, dass im Jugendamt nicht bekannt war, dass im Fall von mutmaßlich vorangegangenem sexuellem Missbrauch unbedingt Experten gefordert sind, wenn der begleitete Umgang des Täters mit dem Opfer wieder begonnen werden soll.
Der Umgangsbegleiter, der über die erforderliche Schulung nicht verfügte, berichtete nach einigen Wochen, dass sich Justus beruhigt hätte und gerne mit dem Vater spielen würde, besonders gerne mit Lego-Steinen. Die Mutter widersprach der Behauptung, dass sich Justus beruhigt hatte, ganz vehement. Ihre Anwältin brachte Stapel von Nachweisen ins Gericht, nach denen der Junge in schwerster Form gestört auf die Begegnungen mit dem Vater reagieren würde. Dennoch war sich der Richter sicher, dass der Vater bewiesen hätte, sorgfältig mit dem Kind umzugehen, und entschied nun tatsächlich auf einen unbegleiteten Umgang. Justus musste nun wieder zum Vater nach Hause gebracht werden, durfte allerdings dort noch nicht übernachten. An dieser Stelle blieb

das Gericht misstrauisch, da der Vater nachts unbekleidet schlief und den Jungen dabei immer zu sich ins Bett geholt hatte.
Die Mutter reagierte panisch und klagte auf den Entzug des Sorgerechts. Dies wurde ihr vom Gericht als Akt des Widerstandes ausgelegt. Sie wäre nun für die abermalige Eskalation der Lage verantwortlich. Als der Vater im Gegenzug beantragte, der Mutter das Sorgerecht zu entziehen, deutete der Richter an, auch eine solche Möglichkeit in Betracht zu ziehen. Vollkommen verzweifelt und in großer Sorge um ihren Sohn wechselte die Mutter zum vierten Mal den Anwalt. Die Honorar-Abrechnungen hatten den Stand von 37000 Euro erreicht. Bis zu diesem Zeitpunkt wurde die Mutter kein einziges Mal vor Gericht gehört. Sie musste schweigen, wenn in der nicht öffentlichen Anhörung ein eingeschworenes Team aus Richter, Gutachter, Jugendamtsvertreter und Verfahrensbeistand über das Schicksal ihres Jungen entschied. Als sie unter großem psychischem Stress doch einmal das Wort ergriff, ging es ihr wie vielen anderen Müttern in derselben Lage: Man verwies sie umgehend des Raumes und drohte ihr im Falle einer Wiederholung mit dem Ausschluss von allen weiteren Verhandlungen.
Wie kann es sein, schreibt sie, dass man im Gericht nur die hören will, die gegen mich arbeiten? Und gegen mein Kind? Mit welchem Recht drohen sie mir an, das Sorgerecht zu verlieren, wenn ich nicht kooperiere? Warum gibt es keine Instanz mehr, die ich noch anrufen kann?

Einleitung

Auf das Thema »Kindesmisshandlung« angesprochen, reagieren erstaunlich viele Menschen mit reflexartiger Abwehr. Oft durch Bagatellisierung nach dem Muster: »Ein Klaps hat noch keinem geschadet« oder auch durch glatte Verleugnung: »So etwas macht doch heutzutage in Deutschland niemand mehr!«

Doch dieser »Niemand« lebt hunderttausendfach mitten unter uns. Und mit dem redensartlichen »Klaps« hat Kindesmisshandlung so viel zu tun wie eine Schreckschusspistole mit einer Kalaschnikow. Natürlich kann es bei Raufspielen zwischen Eltern und Kindern auch einmal etwas ruppiger zugehen. Aber wir reden hier nicht von liebevollem Knuffen, sondern von Handlungen, die Kindern Schmerzen bereiten, sie demütigen und ängstigen. Von Handlungen, die zu Blutergüssen, Knochenbrüchen und Schlimmerem führen.

Verantwortungsbewusste Eltern erschrecken ihre Kinder nicht einmal mit Platzpatronen. Der Kindesmisshandler aber gibt nicht bloß Warnschüsse ab, sondern schießt scharf. Seine Attacken verursachen schmerzhafte, teilweise lebensgefährliche Verletzungen, psychisch wie physisch. Und er greift immer wieder an, täglich, wöchentlich, meist über viele Jahre hinweg. Mit Faustschlägen und Fußtritten, mit maßlosen Beschimpfungen und Herabsetzungen. Er sperrt seine Opfer in Kellerlöcher oder Zimmer, deren Fenster mit schwarzer Folie verklebt sind. Er lässt sie hungern, dursten, frieren. Er zerstört ihre Körper und Seelen.

Das alltägliche Verbrechen

Laut offizieller Polizeistatistik sterben in Deutschland jede Woche drei Kinder an den Folgen ihrer Misshandlung. Jede Woche werden rund siebzig Kinder so massiv malträtiert, dass sie ärztlich behandelt werden müssen. Das sind 3600 krankenhausreif geprügelte, in die lebenslange Behinderung geschüttelte, mit glühenden Zigaretten verbrannte oder auf andere Weise schwerstgeschädigte Kinder Jahr für Jahr. Und das sind 160 Kinder, die alljährlich bei uns getötet werden – nicht durch Unfälle oder kindlichen Übermut, sondern durch erwachsene Täter – in aller Regel Vater oder Mutter oder der aktuelle Lebenspartner eines Elternteils.

Experten gehen zudem von einer hohen Dunkelziffer aus. Nur ein Bruchteil der Misshandlungen von Schutzbefohlenen wird angezeigt, noch weitaus weniger dieser alltäglichen Gewaltdelikte gelangen jemals vor Gericht. Auf einen Misshandlungsfall, der in der Polizeistatistik auftaucht, kommen – je nach Schätzung – fünf bis fünfzig *(Handbuch gerichtliche Medizin)*[1] oder sogar vierhundert und mehr Fälle *(Deutscher Kinderschutzbund, Kriminologisches Forschungsinstitut Niedersachsen)*, die von Kinderärzten oder Kliniken als Unfälle ohne Fremdverschulden falsch verbucht oder die außerhalb der familiären vier Wände gar nicht erst ruchbar werden. Und auf ein totes Kind, das offiziell aufgrund von Misshandlung gestorben ist, kommt mindestens ein weiteres kindliches Opfer (*Kindesmisshandlung*, S. 4), bei dem die tatsächliche Todesursache nicht ermittelt worden ist. Denn anders als in den USA oder in Großbritannien gibt es bei

---

[1] *Kurztitel in Klammern verweisen auf das ausführliche Literaturverzeichnis auf Seite 313.*

uns keine generelle Leichenschaupflicht bei kindlichen Todesfällen (siehe Kapitel 6).

Multipliziert man die offiziellen Fallzahlen zurückhaltend »nur« mit dem Faktor 2 beziehungsweise mit dem Faktor 60, dann bedeutet das 320 durch Misshandlung getötete und mehr als 200 000 misshandelte Kinder pro Jahr. Stellen Sie sich das bitte einmal bildlich vor: An jedem einzelnen Tag eines Jahres werden in Deutschland rund fünfhundertfünfzig Kinder von Erwachsenen aus ihrem familiären Umfeld massiv misshandelt – das ist eine ganze Schule mit rund 27 Schulklassen. Und jedes Jahr werden 16 Schulklassen – 320 Kinder – durch körperliche Gewalt getötet. Nicht in Kriegs- oder Bürgerkriegsregionen, aus denen wir täglich via TV und Internet blutige Bilder geliefert bekommen. Sondern in Ihrer Stadt oder Gemeinde, in Ihrer Straße, vielleicht sogar in Ihrer unmittelbaren Nachbarschaft.

Jährlich mehr als 200 000 misshandelte Kinder – das bedeutet auch, dass ebenso viele erwachsene Täter Jahr für Jahr diese Verbrechen begehen. Streng genommen laufen also Hunderttausende Gewaltverbrecher in unserem Land frei herum – Männer und Frauen, die Kindern die Knochen gebrochen, sie verprügelt, verbrannt, verbrüht oder schwerst geschüttelt haben. Und die diese Verbrechen an hilflosen Opfern in vielen Fällen regelmäßig wiederholen, Woche für Woche oder sogar Tag für Tag. Immer und immer wieder. Ein großer Teil der misshandelten Kinder, die wir als Rechtsmediziner untersuchen, hat ein oft langjähriges Martyrium hinter sich. Davon künden die verheilten Knochenbrüche, die Narben und die unheilbaren seelischen Wunden.

Auf die typischen Verhaltensweisen chronisch misshandelter Kinder gehen wir in Kapitel 1 ausführlich ein. Bleiben wir hier noch einen Moment bei den Tätern.

Kindesmisshandler sind Serientäter

Selbst bei zurückhaltender Schätzung kommt man auf eine siebenstellige Anzahl von Gewalttätern, die hierzulande ein ihnen anvertrautes Kind schon mindestens einmal misshandelt oder sogar getötet haben oder die solche Gewaltverbrechen immer wieder begehen. Diese Täter sind in aller Regel eben nicht der zwielichtige Fremde – der sprichwörtliche »schwarze Mann«, der nachts durchs Fenster ins schützende Heim einsteigt. Diese Millionen von Tätern sind vielmehr fast immer die Väter und Mütter (einschließlich Stief-, Zeit- und Patchwork-Elternteilen) der misshandelten oder getöteten Kinder.

Sie glauben nicht an Serientäter? Wir Rechtsmediziner schon. Wir wissen nur zu genau, dass Serientäter keine Erfindung der Unterhaltungsindustrie sind. Schließlich haben wir es Woche für Woche mit ihren minderjährigen Opfern zu tun. Nur werden diese Serientäter leider viel zu selten angezeigt, vor Gericht gestellt oder gar verurteilt. Meist bleiben sie unbehelligt, und wenn doch einmal ein Verdacht auf sie fällt, schlagen sich ausgerechnet die offiziellen Wächter und Hüter des Kindeswohls – ob Jugendamt oder Familienhelfer (siehe Kapitel 3), Richter (siehe Kapitel 4) oder Kinderärzte (siehe Kapitel 5) – oftmals auf ihre Seite. Frei nach dem Motto: Es kann nicht sein, was nicht sein darf.

Eine Mutter, die ihr eigenes Kind mit siedend heißem Wasser absichtlich verbrüht? Ein Vater, der seinen kleinen Sohn mit glühenden Zigaretten malträtiert? So etwas kann es vermeintlich nur in schlechten Kriminalromanen geben. Aber die Realität ist vielfach sogar brutaler als der grausamste Psychothriller. Und das kostspieligste Kinderschutzsystem muss allzu oft wirkungslos bleiben, wenn dessen Akteure nicht willens

oder imstande sind, sich der erschreckenden Wahrheit zu stellen:
Gewalt gegen Kinder ist (nicht nur) hierzulande keineswegs die seltene Ausnahme. Kindesmisshandlung findet von Passau bis Flensburg und von Aachen bis Frankfurt/Oder tagtäglich hundertfach statt. Bei Arm und Reich, in Villen- und Brennpunktvierteln, in bildungsfernen und Akademikerfamilien. Und die Täter sind fast immer die Eltern.

Was ist eigentlich Kindesmisshandlung?

Als Kindesmisshandlung im weiteren Sinn werden alle Erscheinungsformen von Gewalt gegen Kinder bezeichnet:

- physische Misshandlung
- Vernachlässigung
- psychische Misshandlung
- sexueller Missbrauch

Als Rechtsmediziner haben wir es vor allem mit den beiden erstgenannten Formen zu tun. Die Übergänge sind allerdings teilweise fließend. C. Henry Kempe, ein Pionier der modernen Kindesmisshandlungsforschung (siehe Kapitel 2), definierte 1972 die physische Misshandlung als *»nicht zufällige körperliche Verletzung eines Kindes infolge von Handlungen von Eltern oder Erziehungsberechtigten«*.
Bei der gegen Kinder ausgeübten physischen Gewalt lassen sich wiederum sechs Formen unterscheiden:

- Stumpfe und schürfende Gewalt durch Schlagen, Treten, Kratzen usw.
- Scharfe und spitze Gewalt durch Messer, Scheren o. Ä.
- Halbscharfe Gewalt durch Bisse (siehe Kapitel 7)
- Strangulation (Würgen und Drosseln)
- Thermische Verletzungen durch Verbrühen und Verbrennen (siehe Kapitel 5)
- Tödliches oder schwerstschädigendes massives Schütteln von Säuglingen (Schütteltrauma – siehe Kapitel 4)

Die häufigsten Misshandlungsformen sind Schläge mit der flachen Hand oder der Faust, Schläge mit Gegenständen (z. B. Gürtel) und grobes Anpacken und Kneifen. Noch einmal: Wir reden nicht von dem berühmten »Klaps« – hier geht es um massive Gewalteinwirkung, die Hämatome, Platzwunden oder sogar Hirnverletzungen verursacht.

Säuglinge und Kleinkinder bis zum vierten Lebensjahr sind am stärksten gefährdet, an den Folgen von Kindesmisshandlung zu sterben. Das ergibt sich bereits aus der offiziellen Kriminalstatistik – aber, wie gesagt, laut aktuellen Studien werden fünfzig bis sechzig Prozent der tödlich misshandelten Kinder in diesen Statistiken gar nicht erfasst.

Null Toleranz gegenüber Misshandlern

Dies ist ein Debattenbuch aus rechtsmedizinischer Sicht: Im Mittelpunkt unserer Fallberichte, Überlegungen und Forderungen stehen die unterschiedlichsten Formen *körperlicher Kindesmisshandlung* mit oder ohne Todesfolge. Um die reine *psychische Kindesmisshandlung*

(»seelische Grausamkeit«) durch Verachtung, Demütigung oder Liebesentzug geht es in diesem Buch nur am Rande: Sie ist das Fachgebiet der Kinder- und Jugendpsychiater. Minderjährige, die von uns begutachtet werden – Lebende und Tote –, weisen manifeste physische Verletzungen auf. Indes schlägt körperliche Misshandlung stets auch seelische Wunden – und die heilen oftmals noch schwerer als Platzwunden und Knochenbrüche.

Die *Kindstötung* ist gleichfalls nicht Gegenstand dieses Buches: Weit überwiegend sind es hier die Mütter, die ihren neugeborenen Kindern das Leben nehmen. Bei diesen Fällen haben wir es mit ganz anderen Motiven und Voraussetzungen als bei der Kindesmisshandlung zu tun.

Das gilt mehr noch für den *Kindesmissbrauch.* Sexueller Missbrauch geht gewiss oftmals mit körperlicher Misshandlung einher (mit seelischer sowieso), gleichwohl handelt es sich um ein ganz eigenes Feld. Täterprofile, Motive und Täter-Opfer-Beziehungen sind bei Kindesmissbrauchsdelikten fast immer gänzlich andere als bei Kindesmisshandlung. Folgerichtig ist das Berliner Landeskriminalamt (LKA 125), mit dem wir bei der Aufklärung von Kindesmisshandlungsdelikten eng zusammenarbeiten, auf *»Gewaltdelikte an Schutzbefohlenen und Kindern ohne sexuellen Hintergrund«* spezialisiert. Bei Kindesmissbrauchsdelikten ermittelt in Berlin ein eigenes LKA. Diese Fallgruppe ist gleichfalls nicht Gegenstand unseres Buches.

Wir möchten die deutsche Öffentlichkeit über unerträgliche Missstände aufklären und eine längst überfällige Debatte anstoßen. Wir berichten von Konstruktionsfehlern des deutschen Kinder- und Jugendschutzsystems und von ihren oftmals tragischen Folgen für die vermeintlichen Schützlinge, die von den »Wächtern des Kindeswohls« tausendfach im Stich gelassen werden. Personen- und Ortsnamen sowie etliche Nebenumstände der geschilderten Fälle wurden verfremdet, um die Persönlichkeitsrechte der Beteiligten zu wahren. Im Übrigen haben sich die hier dargestellten Fälle tatsächlich so zugetragen, wie von uns dargestellt. In allen diesen Fällen – mit zwei entsprechend hervorgehobenen Ausnahmen – waren wir als rechtsmedizinische Sachverständige beziehungsweise Gutachter involviert.

Mit diesem Debattenbuch möchten wir jedoch nicht nur Missstände aufzeigen und eine öffentliche Diskussion anstoßen. Wir machen auch konkrete Vorschläge zur Verbesserung des Kinder- und Jugendschutzes (siehe Kapitel 11). Am Schluss des Buches finden Sie überdies eine Reihe von Empfehlungen, wie wir alle dazu beitragen können, dass Kinder in unserer Gesellschaft aufwachsen können, ohne tagtäglich um ihre körperliche Unversehrtheit und ihr Leben fürchten zu müssen (siehe Kapitel 12).

»Kinder haben ein Recht auf gewaltfreie Erziehung«, heißt es im Bürgerlichen Gesetzbuch (BGB). *»Körperliche Bestrafungen, seelische Verletzungen und andere entwürdigende Maßnahmen sind unzulässig.«* (§ 1631, Abs. 2 BGB) Wer dagegen verstößt, indem er Kindern schwere, oftmals bleibende Schäden zufügt, ist ein Verbrecher und gehört – sofern er schuldfähig ist – dafür bestraft. Vor allem aber, und das ist das Wichtigste, dürfen Misshandler keine Gelegenheit mehr erhalten, Kindern weiterhin Schäden zuzufügen!

Wir fordern nicht »mehr Staat«, »strengere Gesetze« oder »Denunziantentum«, doch nach unserer Überzeugung werden immer dort rote Linien überschritten, wo Kinder zu Schaden kommen. Das Selbstbestimmungsrecht der Eltern – oder gar ihr Recht auf Selbstverwirklichung – darf niemals auf Kosten der Kinder gehen. Überall dort, wo ein Kind zu Schaden kommt, trifft einen Erwachsenen die Schuld. Jedes misshandelte oder gar durch Misshandlung getötete Kind ist eines zu viel. Wir fordern *»zero tolerance«* gegenüber Kindesmisshandlern – und gegenüber all denen, die die alltägliche Misshandlung von Kindern durch Wegschauen, durch Verharmlosen und Tabuisieren begünstigen.

1
Generation Kevin – aus Opfern werden Täter

Schon aus den Vornamen mancher Kinder lässt sich die Risikolage ableiten: Kinder mit Namen wie Collin Joe, Jayden oder Tyler Reese wachsen meist in sozial benachteiligten Umgebungen auf – und sind entsprechend gefährdet, als Säuglinge Schütteltraumata zu erleiden, als Kleinkinder zu Tode geprügelt, mit glühenden Zigaretten gefoltert oder vom Balkon geworfen zu werden. Ihre Väter oder die Freunde der Mütter sind häufig ihrerseits als Kinder misshandelt worden – die »Generation Kevin«, die mittlerweile selbst im zeugungsfähigen Alter ist. So ziehen wir uns gerade die nächste gewalttätige Problemgeneration heran.
Erfahrene Rechtsmediziner sehen oft deutliche Anzeichen dafür, dass ein Kind misshandelt worden ist – auch wenn es auf den ersten Blick keine körperlichen Verletzungen aufweist. Ein Baby oder Kleinkind, dem man sich nachts als Fremder nähert, schreit instinktiv aus voller Kehle. Sein Geschwister aber, das schon Misshandlungen erlitten hat, sieht den Fremden mit einem Ausdruck versteinerter Wachsamkeit an. So wie der zweijährige Noah, den wir in einer Berliner Klinik rechtsmedizinisch untersucht haben.

Tierisch gedemütigt

An einem Sommertag wird Noah in eine Klinik im Nordosten Berlins eingeliefert. Seine Mutter, Jessica Michalczik, hat ihn selbst zur Notaufnahme gebracht. Die junge Frau gibt an, dass sie »nur ein paar Einkäufe gemacht« habe. Als sie in ihre Wohnung zurückgekehrt sei, habe Noah im Wohnzimmer auf dem Boden gelegen und gewimmert.

Sein linker Arm war seltsam verdreht. Als Jessica Michalczik den Jungen hochheben wollte, schrie er wie am Spieß. »Irgendwas ist mit ihm passiert, während ich nicht da war«, sagt die erst 18-jährige junge Frau zu Dr. Julia Hambach, der diensthabenden Ärztin in der Notaufnahme.

Dr. Hambach stellt fest, dass Noah zwei gebrochene Rippen und einen komplizierten Bruch am linken Arm hat. Außerdem Blutergüsse im Gesicht und auf den Armen.

»War Noah denn allein in der Wohnung, als Sie unterwegs waren?«, fragt die Ärztin.

Jessica Michalczik presst die Lippen aufeinander. »Kevin war da – mein Freund«, antwortet sie schließlich. »Bestimmt ist Noah irgendwo runtergefallen, als Kevin gerade nicht im Zimmer war.«

Dr. Hambach hört der jungen Mutter an, dass sie ihren eigenen Worten nicht glaubt. Sie veranlasst, dass der Junge auf der kinderchirurgischen Station versorgt wird. Dann verständigt sie das Jugendamt. Seine zahlreichen Verletzungen kann sich Noah keinesfalls bei einem Sturz von der Wohnzimmercouch zugezogen haben. Allem Anschein nach wurde der kleine Junge schwer misshandelt.

Meik Simmering, der zuständige Sachbearbeiter in einem

Jugendamt im Berliner Osten, bekommt den Fall kurz vor Feierabend auf den Tisch. Vor ihm stapeln sich bereits gut 120 Fallakten – das ganz normale Alltagspensum von Jugendamtsmitarbeitern in Berliner Problembezirken.

Kein Wunder, dass Simmerings ältere Kollegen mindestens drei Tage pro Monat wegen Krankheit fehlen. Ab Mitte vierzig sind die meisten total ausgebrannt. Von den Jüngeren hat jeder Zweite einen Versetzungsantrag laufen – zu einer anderen Behörde oder in ein anderes Bundesland. Hauptsache, raus aus dieser Mühle tagtäglicher Überforderung, in der man irgendwann nur noch durch Abstumpfung überleben kann.

Auch Meik Simmering beginnt der ständige Kampf mit Aktenbergen, laschen Gesetzen und knappen Kassen zu zermürben. Doch mit seinen 27 Jahren hat er sich noch einiges an Idealismus bewahrt. Schließlich hat er sich nach dem Abitur für die Sozialpädagogik entschieden, weil er Kindern und Jugendlichen in Bedrängnis helfen wollte. Damit es ihnen nicht so erging wie ihm selbst als kleinem Jungen: Jahrelang war er von seinem Stiefvater verdroschen worden, und weit und breit war niemand gewesen, um ihn zu beschützen. Als angehender Sozialarbeiter hatte sich Meik Simmering geschworen, dass es den Kindern in seinem Zuständigkeitsbereich besser gehen sollte.

Doch nun ist es wieder passiert. Noah, zwei Jahre alt, in seinem eigenen Zuhause krankenhausreif geprügelt. Wo auch sonst, sagt sich Simmering: Der sprichwörtliche »schwarze Mann«, vor dem sich die Kinder in Acht nehmen sollen, ist fast immer ihr eigener Vater oder der Lebenspartner ihrer Mutter.

Meik Simmering füllt die erforderlichen Formulare aus und erstattet bei der Polizei Meldung wegen »Verdachts auf Körperverletzung zum Nachteil von Noah Michalczik«, wohnhaft im Berliner Osten.

Am nächsten Tag erhalten wir einen Anruf vom Landeskriminalamt. Das LKA 125, zuständig für Gewaltdelikte an Kindern und Schutzbefohlenen, hat die Ermittlungen an sich gezogen. Der zuständige Sachbearbeiter beauftragt unser Institut, Noah rechtsmedizinisch zu untersuchen.

In unserem Gutachten sollen wir vor allem die Fragen beantworten, welche Verletzungen der Junge aufweist, ob sie durch ein Unfallgeschehen entstanden sein können und, wenn nicht, wodurch sie tatsächlich hervorgerufen wurden. Ferner geht es darum, wie alt die Verletzungen sind: Die Mutter hatte in der Klinik angegeben, dass ihr bis dahin noch nie Verletzungen an Noah aufgefallen seien.

Noch am selben Tag machen wir uns auf den Weg zu der Großklinik im Berliner Nordosten. Das LKA entsendet gleichzeitig zwei Polizeibeamte und einen Polizeifotografen, der die äußerlich sichtbaren Verletzungen am Körper des Jungen fotografisch dokumentieren soll.

Als wir den Untersuchungsraum in der Klinik betreten, sitzt Noah schon auf dem Behandlungstisch und sieht uns mit starrer Wachsamkeit entgegen. Diese Haltung »gefrorener Aufmerksamkeit« *(frozen watchfulness)* ist typisch für akut oder chronisch misshandelte Kinder. Selbst bei der Untersuchung durch eine fremde Person halten sie vollkommen still, und auch wenn eine Berührung oder Bewegung ihnen Schmerzen verursacht, zucken sie höchstens kurz zusammen.

Mit großen, traurigen Augen sieht Noah zu, wie er von einer Kinderkrankenschwester entkleidet wird und wir ihn untersuchen. Sein Körper ist mit Schwellungen und Blutergüssen übersät. Als wir behutsam seinen gebrochenen Arm berühren, schießen ihm die Tränen aus den Augen. Aber er gibt weiterhin keinen Ton von sich.

Bei dem Knochenbruch in Noahs linkem Oberarm handelt es sich um einen Spiralbruch. Der Oberarmspiralbruch ist eigentlich eine typische Wintersportverletzung. Sie entsteht, wenn die Skier am Berg blockieren und der Fahrer sich beim Sturz um seine Bretter quasi herumwickelt. Aber Noah war nicht beim Skilaufen im Berliner Hochsommer.

Wenn die Betreuer keine glaubwürdige Erklärung vorbringen können, ist der Spiralbruch immer ein klarer Hinweis auf Kindesmisshandlung. Und selbst wenn Jessica Michalczik und Kevin Büttner, ihr 19-jähriger Lebensgefährte, eine solche Erklärung liefern könnten – die zahlreichen Hämatome am Körper des Jungen lassen sich durch kein Unfallgeschehen erklären.

Verräterisch sind unter anderem die rundlichen Unterblutungen, die wir am linken Arm des Jungen feststellen. In der Rechtsmedizin bezeichnen wir solche Verletzungen als »Griffspuren«. Sie zeigen deutlich, wo die Hand eines Erwachsenen zugepackt hat, um den kindlichen Arm zu brechen. Darüber hinaus finden wir ältere Hämatome, die dem Jungen während der letzten Wochen zugefügt wurden.

In unserem Gutachten stellen wir dementsprechend fest, dass Noah nicht nur einmal, sondern über einen längeren Zeitraum immer wieder schwer misshandelt wurde. Weder die Hämatome noch gar der Oberarmspiralbruch lassen sich durch ein Unfallgeschehen erklären, wie von der Mutter behauptet.

Aufgrund unseres Gutachtens bringen die Beamten des LKA 125 Jessica Michalczik und ihren Lebensgefährten Kevin Büttner ins Landeskriminalamt. Dort werden sie in getrennten Räumen vernommen.

Jessica Michalczik wiederholt nur immer wieder: »Noah muss gestolpert oder von der Couch gefallen sein. Anders kann ich mir das einfach nicht erklären!« Sie wirkt verängstigt, aber die Ermittler haben nicht den Eindruck, dass sie sich sonderlich um ihren Jungen sorgt. Sehr viel mehr scheint sie zu befürchten, dass sie ihren Freund wegen dieser Angelegenheit verlieren könnte. Die beiden haben sich erst vor ein paar Wochen kennengelernt, und Jessica ist in den muskulösen jungen Mann offenbar schwer verliebt.

Weder Jessica noch ihr Lebensgefährte haben einen Schulabschluss vorzuweisen. Die junge Frau bezieht Sozialleistungen nach Hartz IV für sich selbst und ihren Sohn. Der 19-jährige Kevin Büttner arbeitet als Lagerist und Gabelstaplerfahrer.

Nachdem aufgrund von Zeugenaussagen feststeht, dass Jessica zum Tatzeitpunkt in einem drei Kilometer entfernten Einkaufscenter war, richtet sich der alleinige Tatverdacht auf Büttner. »Sie waren mit Noah in der Wohnung, als der Junge sich die Verletzungen zugezogen hat«, hält ihm Kriminaloberkommissarin Marion Henske vor. »Da müssen Sie doch gehört haben, wie der Kleine gestürzt ist und dann vor Schmerzen geschrien hat!«

Kevin Büttner zuckt mit den Schultern. Er habe im Zimmer nebenan Musik gehört und nichts mitbekommen.

Doch die erfahrene Kriminalbeamtin glaubt ihm kein Wort. Inzwischen hat sie eine umfangreiche Akte auf dem Tisch, gefüllt mit Anzeigen gegen Kevin Büttner. In seinem jungen Leben wurde er schon dutzendfach wegen Körperverletzungs- und Eigentumsdelikten angezeigt. Er hat bereits diverse Jugendstrafen und musste mehrfach Sozialstunden ableisten. Schon als Hauptschüler verprügelte er auf dem Pausenhof Mitschüler und raubte mit seiner Bande alten Frauen im Park die Handtasche. Zweimal wurde er sogar von seiner eigenen Mutter angezeigt: Sie gab zu Protokoll, dass ihr Sohn sie krankenhausreif geschlagen habe.

»Aber jetzt sieh dir das an«, sagt Marion Henske zu Kriminaloberkommissar Jens Polder, mit dem zusammen sie die Ermittlungen führt. »Kevin Büttner hat auch umgekehrt jede Menge Anzeigen erstattet – gegen seine Mutter und deren jeweilige Freunde.«

Die Kriminalbeamten vertiefen sich erneut in die Akte. Die letzte Anzeige von JoAnn Büttner, Kevins Mutter, gegen ihren eigenen Sohn liegt gut ein Jahr zurück. Darin beschuldigte sie ihn, sie »aus nichtigem Anlass zusammengeschlagen« zu haben.

Nur wenige Tage später stellte Kevin Büttner Gegenanzeige. Was er dort zu Protokoll gab, liest sich wie ein Auszug aus einem Horrorroman. Nur mit dem Unterschied, dass Büttner angibt, diese Schockszenen als Kind und Jugendlicher wirklich erlebt zu haben.

Seine Mutter hatte alle paar Monate einen neuen Liebhaber, erklärte Kevin Büttner in der Strafanzeige. Aber für ihn selbst machte es kaum einen Unterschied: Sie misshandelte ihn zusammen mit ihrem aktuellen Freund, egal wie der gerade hieß. Sie verprügelten ihn, sperrten ihn in eine fensterlose Kammer, ließen ihn hungern, drückten ihre Zigarettenkippen auf seinem Arm aus. »Wir hatten einen Schäferhund, einen Rüden, der wie wild gebellt hat, wenn er nervös war«, gab Kevin weiter zu Protokoll. »Ich musste dem verdammten Vieh immer einen runterholen, damit es Ruhe gab. Wenn ich mich geweigert habe, wurde ich so lange verdroschen, bis ich gemacht habe, was sie von mir wollten.«

Marion Henske und Jens Polder wechseln einen Blick. Diese Geschichte ist selbst für abgebrühte Ermittler nicht leicht zu verdauen.

»In der Familienhierarchie«, sagt die Oberkommissarin, »war sogar der Köter wichtiger als der Sohn. Erst kam die Mutter, dann der jeweilige Lover, dann der Hund – und ganz unten in der Hackordnung stand Kevin.«
Bei der erneuten Vernehmung konfrontieren sie Kevin Büttner mit ihren Ermittlungsergebnissen.
»So wie Sie als Kind vom jeweiligen Freund Ihrer Mutter verprügelt worden sind, ganz genauso haben Sie den Sohn Ihrer Freundin misshandelt«, hält ihm Marion Henske vor.
Kevin Büttner zuckt mit den Schultern. »Die verdammte Kröte hat ständig rumgenervt«, gibt er zurück. »Kann schon sein, dass ich dem Kleinen mal eine gelangt habe.«
»Sie haben ihm nicht nur eine gelangt!«, entgegnet Jens Polder in scharfem Ton. »Sie haben ihm den Arm gebrochen – so!«
Er hält ihm seine beiden Fäuste vor die Nase und verdreht sie ruckartig gegeneinander. Kevin Büttner sieht ihm mit ausdruckslosem Gesicht dabei zu …
Ein krasser Einzelfall? Leider nicht. Einige Details mögen ungewöhnlich sein, das Grundmuster ist es keineswegs.

Generation Kevin: Fast ein Viertel ist gewalttätig

Die Zahl der gefährlichen und schweren Körperverletzungsdelikte durch jugendliche und heranwachsende Gewalttäter steigt in Deutschland seit vielen Jahren mit alarmierenden Zuwachsraten. Eine wesentliche Ursache hierfür ist die alltägliche Gewalterfahrung von Kindern und Jugendlichen in den Familien – nicht zu Kaisers Zeiten, als die »Erziehung mit dem Rohrstock« noch gang und gäbe war, sondern im 21. Jahrhundert in Deutschland.

Seit November 2000 haben Minderjährige hierzulande ein gesetzlich verbürgtes *»Recht auf gewaltfreie Erziehung«*, doch das scheint die Eltern in vielen Fällen nicht zu kümmern. *»Körperliche Bestrafungen, seelische Verletzungen und andere entwürdigende Maßnahmen sind unzulässig«*, heißt es unmissverständlich im Bürgerlichen Gesetzbuch (§ 1631 BGB).

Um dieses Recht gegen gewalttätige Eltern oder deren jeweilige Lebensgefährten durchsetzen zu können, sind die Kinder auf die Jugendämter angewiesen, die vom Gesetzgeber als Wächter des Kindeswohls eingesetzt worden sind. Doch diese Wächter verschließen viel zu oft ihre Augen und Ohren vor den Verletzungen und Hilfeschreien ihrer misshandelten Schützlinge.

Eine aktuelle Studie von 2013 *(Bayer-Gewaltstudie)* zeigt, dass und wie aus kindlichen Gewaltopfern mit hoher Wahrscheinlichkeit erwachsene Gewalttäter werden:

- Fast ein Viertel der befragten Kinder und Jugendlichen (22,3 Prozent) gab an, dass sie von Erwachsenen – in der Regel Eltern oder deren Lebenspartnern – »oft« oder »manchmal« geschlagen würden.
- Bei den Kindern und Jugendlichen aus sozial schwachem Milieu macht der Anteil der oft oder manchmal Misshandelten sogar fast ein Drittel (32,5 Prozent) aus.
- 17,1 Prozent der Kinder und Jugendlichen aus sozial schwachen Familien wurden so heftig geschlagen, dass sie blaue Flecken bekamen. (Bei den Kindern und Jugendlichen aus sozial durchschnittlichen oder privilegierten Familien waren es »nur« 6,6 Prozent bzw. 1,4 Prozent.)

Andere Studien kommen zu sehr ähnlichen Resultaten. So stellen das Bundesfamilien- und das Bundesjustizministerium 2003 in einer gemeinsamen Untersuchung fest:

- In 17 Prozent aller Familien werden gesetzlich verbotene, für das Kindeswohl schädliche Maßnahmen wie schwere körperliche Strafen oder demütigende Sanktionen eingesetzt.
- 54 Prozent aller Eltern setzen zumindest »leichte körperliche Bestrafungen« wie Ohrfeigen als »Erziehungsmittel« ein.
- Lediglich in 28 Prozent der Familien kommen körperliche Strafen nicht oder so gut wie nie vor.

Diese Zahlen sollten uns nicht nur aus Mitgefühl mit den misshandelten und gedemütigten Kindern aufrütteln. Schon der schlichte Egoismus gebietet es, gewalttätigen Eltern das Handwerk zu legen. Denn aus Gewaltopfern werden Gewalttäter – und deren Prügelattacken, Messerangriffe oder Amokläufe können jeden treffen, egal ob er oder sie in einem Brennpunkt- oder in einem Villenviertel lebt.

Die Erkenntnisse der Gewaltforscher sind so eindeutig wie alarmierend: Deutlich häufiger als der Durchschnitt werden misshandelte Kinder und Jugendliche selbst gewalttätig. Und: Sie sind überzeugt davon, dass sie das Recht haben, Gewalt auszuüben. Für sie scheint es selbstverständlich, die Verhaltensmuster, die sie als Kinder und Jugendliche in ihrer Familie erlernt haben, im Konflikt mit Altersgenossen oder auch später einmal gegenüber ihren eigenen Kindern als »Erziehungsmaßnahme« anzuwenden.

So kommt die aktuelle Gewaltstudie zu dem Schluss, dass erschreckende 7 Prozent der befragten Kinder und

Jugendlichen in hohem Maß gewalttätig sind. Diese Gruppe, von den Forschern als »die Extremen« bezeichnet, wurde überdurchschnittlich häufig Opfer von Gewalt, Missachtung und Vernachlässigung in ihren Familien. Die »Extremen« stammen überwiegend aus armen und bildungsfernen Milieus. Achtzig Prozent von ihnen sind Jungen.

Bei weiteren 16 Prozent der untersuchten Kinder und Jugendlichen stellen die Forscher gleichfalls überdurchschnittliche Gewalttätigkeit fest. Diese Gruppe, genannt »die Piesacker«, entstammt eher privilegierten Milieus und besteht wiederum zu 70 Prozent aus Jungen. Die »Piesacker« haben als Kinder offenbar »moderate Gewalt« erfahren und verhalten sich ihrer Umwelt gegenüber gleichfalls überdurchschnittlich gewalttätig – was wiederum von den Eltern und anderen Erwachsenen toleriert zu werden scheint.

Zusammengefasst heißt das: Für fast ein Viertel der Kinder und Jugendlichen in Deutschland (23 Prozent) ist Gewalttätigkeit alltägliche Realität. Und diese – als Opfer wie als Täter – gewalterfahrenen Minderjährigen stammen keineswegs mehrheitlich aus sozialen Brennpunktvierteln. Auch wenn in bessergestellten Familien oftmals weniger geprügelt als emotional misshandelt wird: durch Überforderung, Feindseligkeit und Verachtung.

Auf seelische Kindesmisshandlung gehen wir weiter unten in diesem Kapitel ausführlicher ein. Hier soll zunächst anhand eines weiteren Fallbeispiels gezeigt werden, wie aus Gewaltopfern Gewalttäter werden – tagtäglich und hundertfach. Wie in einem Lehrfilm können Betreuer und Erzieher oftmals beobachten, wie sich das verprügelte Opfer in einen »verschlagenen« Gewalttäter verwandelt. Doch anstatt den Film anzuhalten, sehen sie allzu oft nur tatenlos zu.

Frühstart in die Gewaltkarriere

Sascha Schmidtke ist acht Jahre alt, als er in einer sonderpädagogischen Lerngruppe untergebracht wird. In dieser Gruppe sollen Schüler mit Entwicklungsverzögerungen und sozial-emotionalen Einschränkungen Gelegenheit bekommen, ihre Defizite abzubauen. Unter ihnen sind häufig chronisch misshandelte Kinder: Körperliche und/oder emotionale Misshandlung führt fast immer zu Entwicklungsstillstand oder sogar zu Rückschritten bei der physischen und psychischen Entwicklung.

Auch Sascha wird von seinem Vater chronisch misshandelt – abzulesen an den blauen Flecken, mit denen er immer wieder zur Lerngruppe erscheint.

Die Lehrerin beobachtet eine Zeitlang, wie der Junge jedes Mal, wenn er selbst frische Verletzungen hat, seine Mitschüler besonders brutal attackiert. Er schlägt mit der Faust auf schwächere Jungen ein und tritt sie sogar dann noch, wenn sie am Boden liegen und um Hilfe schreien.

Der Zusammenhang ist unübersehbar: Immer wenn Sascha zu Hause einstecken musste, teilt er anschließend aus. Zu Hause ist er der Schwächere, der verprügelt wird – hier in der Schule ist er in der Rolle des Mächtigen, und die anderen beziehen Dresche von ihm. So versucht er seine Opfer- und Ohnmachtserfahrungen durch Täter- und Machterlebnisse unmittelbar zu überschreiben. Und so übt er die Verhaltensmuster ein, die sicherstellen sollen, dass er selbst nie mehr zum hilflosen Opfer wird.

Sascha ist erst ein paar Wochen in der Lerngruppe, als er eines Tages mit besonders schlimmen Blutergüssen erscheint. Zu diesem Zeitpunkt ist seine Mutter mit den kleineren Geschwisterkindern zur Kur. Alle sehen ihn erschrocken und mitleidig an – und da zieht Sascha ein Messer aus seiner Jacke und bedroht seine Mitschüler mit der Waffe. Glücklicherweise wird niemand verletzt. Zumindest diesmal noch nicht. Aber ein Junge, der schon mit acht Jahren seine Mitmenschen mit dem Messer bedroht, ist nichts anderes als eine wandelnde Zeitbombe. Seine Entwicklung vom Opfer zum Täter ist schon gefährlich weit fortgeschritten (auch wenn sich das Jugendamt nach diesem gravierenden Vorfall endlich auf sein Wächteramt besinnt und den Jungen bis zur Rückkehr der Mutter von seinem brutal misshandelnden Vater trennt). Zumindest wäre in diesem Stadium schon ein enormer therapeutischer Aufwand erforderlich, um den künftigen Gewalttäter von der bereits eingeschlagenen Laufbahn abzubringen.

Doch solche Programme, die eben noch rechtzeitig die Fehlentwicklung abwenden könnten, sind im deutschen Jugendschutzsystem leider nicht vorgesehen. Und so spult sich unter den Augen der tatenlosen Betreuer immer wieder der gleiche Film ab:

Das kindliche Gewaltopfer entwickelt sich zum Gewalttäter. Je massiver die Erfahrung als Misshandlungsopfer, desto brutaler meist die vom späteren Täter verübte Gewalt. Aus dem *early starter*, wie die Jugendforscher sagen, dem Frühstarter in die Gewaltkarriere, wird mit hoher Wahrscheinlichkeit ein Intensivtäter, der bereits in seinen Jugendjahren zahlreiche schwere Körperverletzungsdelikte begeht. Und der seine aggressiven Verhaltensmuster spätestens dann so verinnerlicht hat, dass er gar nicht mehr fähig ist, ohne ständige Gewalttätigkeit zu leben.

Solche Karrieren beginnen oftmals schon im Vorschulalter. Vier- oder fünfjährige Jungen (und zunehmend auch Mädchen) bekommen in ihren Familien die immer gleiche Lektion eingeprügelt: »Der Stärkere hat die Macht. Die Schwächeren sind weniger wert als Dreck. Also sieh zu, dass du selbst niemals der Schwächere bist.« Eine Lektion wie aus dem Urwald, die die *early starters*, die Gewalttäter im Milchzahnalter, unter enormen psychischen Stress setzt. Die Wahrscheinlichkeit, dass sie später drogen- oder alkoholsüchtig werden, ist massiv erhöht, genauso wie ihr Risiko, psychisch zu erkranken. Ihre Depressionen und Angstattacken, ihre traumatischen Erinnerungen und ihr zertrümmertes Selbstwertgefühl bekämpfen sie spätestens ab dem Pubertätsalter mit Alkohol- und Drogenexzessen. Im Rausch wiederum schlagen sie noch hemmungsloser zu – so wie die jugendlichen Gewalttäter, die 2008 im Münchner U-Bahnhof Arabellapark einen Pensionär fast zu Tode prügelten.

Die Zusammenhänge sind wissenschaftlich erwiesen

Kinder- und Jugendpsychiater berichten immer häufiger von einem bedrückenden Déjà-vu: Oftmals bekommen sie dieselben Individuen zweimal zu sehen – zuerst als kindliche Opfer von Misshandlung oder Vernachlässigung und ein paar Jahre später als jugendliche Gewalttäter, deren Schuldfähigkeit sie zu begutachten haben. Die Diagnose liegt also in vielen Fällen seit Jahren vor – und alle Fachleute aus dem Kinder- und Jugendschutz wissen, dass mit ihr eine düstere Prognose verknüpft ist.
Schon 1974 wurde dieser Zusammenhang durch eine wissenschaftliche Studie belegt *(Robins):* Die Hälfte der kindlichen Patienten, bei denen eine »antisoziale« Entwicklungsstörung diagnostiziert wurde, kam später mit

dem Strafgericht in Kontakt. Durch eine aktuellere Studie *(Mannheimer Risikokinderstudie)* wurden diese Ergebnisse voll und ganz bestätigt (*Forensisch-psychiatrische Aspekte*, S. 338).

Natürlich handelt es sich nicht um eine schlichte Kausalbeziehung. Nicht jeder Mensch, der als Kind schwer misshandelt wird, entwickelt unvermeidlich psychiatrische Erkrankungen und soziale Verhaltensstörungen. Aber die Wahrscheinlichkeit, dass er oder sie selbst schwere Körperverletzungsdelikte begehen wird, ist massiv erhöht.

Die jüngere neurobiologische Forschung zeigt, dass Misshandlung in der Kindheit zu bleibenden Gehirnveränderungen führen kann. Die Fähigkeit der Misshandlungsopfer, ihre Emotionen zu steuern und ihre Umgebung realistisch wahrzunehmen, ist noch im Erwachsenenalter beeinträchtigt. Ihre Hirnströme weisen signifikante Veränderungen auf, und sogar das Hirnvolumen ist in vielen Fällen messbar verringert.

Die aggressiven Verhaltensmuster werden also nicht wie ein Schulpensum erlernt, das sich ohne weiteres durch eine andere Lektion ersetzen ließe. Misshandlungserfahrungen prägen Körper, Geist und Seele zutiefst und können sogar Genveränderungen hervorrufen.

Bei Kindern ab etwa zehn Jahren kann selbst der ungeschulte Beobachter die Folgen körperlicher Misshandlung erkennen: Diese Kinder sind auffällig unruhig und aggressiv. Je schwerer und chronischer die Misshandlung, desto deutlicher die Verhaltensstörungen. Und vor allem männliche Jugendliche, die als Kinder misshandelt wurden, fallen spätestens ab den Pubertätsjahren häufig durch Gewalttätigkeit auf.

Aus verschiedenen Studien lässt sich die Wahrscheinlichkeit sogar ziemlich genau berechnen:

- *Psychische Erkrankungen* (häufiger bei Mädchen): Das Risiko, im Jugendalter an Depressionen oder Angststörungen zu erkranken, ist nach erlittener Kindesmisshandlung um das Drei- bis Vierfache erhöht.
- *Autoaggressives Verhalten:* Die Wahrscheinlichkeit, dass Jugendliche einen Suizidversuch unternehmen, ist nach Misshandlung im Kindesalter um das Drei- bis Sechsfache gesteigert.
- *Gestörtes Sozialverhalten* (meistens bei Jungen): Zu Gewalttätern werden Jugendliche nach Kindesmisshandlung sogar drei- bis achtmal häufiger als der Durchschnitt ihrer Altersgenossen.

»Mir hat es auch nicht geschadet!«

Der dreijährige Tyler Reese wird in die Klinik eingeliefert. Der Junge ist buchstäblich von Kopf bis Fuß mit Hämatomen und Bissverletzungen übersät. Auch in diesem Fall ist die Mutter, Nadine Meller, noch keine zwanzig Jahre alt. Und ironischerweise hört auch ihr aktueller Lebensgefährte auf den Namen Kevin.

Leider war auch dieser Kevin nicht allein zu Haus: Nadine hatte Tyler Reese wie so oft in der Obhut ihres Freundes zurückgelassen, um mit einer Freundin »in Ruhe shoppen zu gehen«.

Als sie wieder nach Hause kam, lag Tyler Reese nackt und wimmernd in seinem Bett. Sie rief nach Kevin und fragte, was um Himmels willen mit dem Kind passiert sei.

Kevin gab ihr keine Antwort. Er war damit beschäftigt, vor dem Spiegel im Wohnungsflur seine Hanteln zu stemmen. Er war gleichfalls nahezu nackt, und auch sein

Körper war mit bunten Flecken übersät. Bei ihm waren es allerdings keine Blutergüsse, sondern großflächige Tattoos.
Nadine starrte ihn wütend an, doch dann beschloss sie, ihn nicht weiter zur Rede zu stellen. Sie hatte Kevin erst vor ein paar Monaten über ein Dating-Forum im Internet kennengelernt. In diesem Forum preisen sich Männer und Frauen spärlich bekleidet als »perfekter Lover« oder »leidenschaftliche Liebhaberin« an. Nadine war sofort hingerissen von dem muskelbepackten jungen Mann mit den kunstvollen Tätowierungen.
Jetzt war sie wütend auf Kevin, aber sie wollte ihn auf keinen Fall verlieren. Sie zog Tyler Reese etwas über und brachte ihn in die Klinik.
In der Notaufnahme versorgt der diensthabende Arzt die Verletzungen des Jungen. Auf seine Frage, wie sich Tyler Reese die Bisswunden zugezogen habe, bekommt er keine klare Antwort. Er nimmt den Jungen auf die Kinderstation auf, dann verständigt er das Jugendamt.
In diesem Fall ruft der zuständige Mitarbeiter direkt bei uns im Institut für Rechtsmedizin an: Nadine Meller ist für das Jugendamt kein unbeschriebenes Blatt. Sie war bereits durch eine Familienhelferin unterstützt worden und hatte die Betreuung abrupt beendet, weil sich die Familienhelferin für ihren Geschmack zu sehr in ihre Lebensführung eingemischt hatte.
Nun bittet uns der Mann vom Jugendamt, Tyler Reese in der Klinik zu untersuchen und ein Gutachten zu erstellen. Es besteht der dringende Verdacht, dass der Kleine von seiner Mutter oder deren Freund massiv misshandelt wurde. Da Tyler Reese zu Hause akut gefährdet wäre, wird das Jugendamt den Jungen in Obhut nehmen, falls unser Gutachten den Verdacht auf Kindesmisshandlung bestätigt.

Wir machen uns sofort auf den Weg in die Klinik.
Kinder, die körperlich misshandelt wurden oder etwas Schreckliches mit ansehen mussten (etwa die Misshandlung der Mutter oder eines Geschwisterkindes), verfallen häufig in eine Art Schockstarre – die schon erwähnte *frozen watchfulness.* Doch es gibt noch ein anderes Reaktionsmuster, das besonders für Opfer chronischer Misshandlung symptomatisch ist: Diese Kinder begegnen jedem Menschen in ihrer Umgebung mit distanzloser Zugewandtheit. Anstatt zu schreien, wenn sich ihnen ein Fremder nähert, strahlen sie ihn an.
Wer sich mit der Symptomatik nicht auskennt, könnte diese Distanzschwäche für ein Zeichen ungebrochenen Urvertrauens halten, doch das Gegenteil trifft zu: Die Kinder haben von frühestem Alter an die Erfahrung gemacht, dass niemand sie beschützt, wenn sie um Hilfe schreien. Also haben sie sich instinktiv darauf verlegt, jeden potenziellen Misshandler, der sich ihnen nähert, durch ihr Verhalten möglichst zu entwaffnen.
Genauso verhält sich auch Tyler Reese, als wir ihn in der Klinik untersuchen wollen. Der kleine Junge klettert uns auf den Arm, nimmt unsere Hände und streichelt sich selbst damit über das Gesicht. Er lächelt uns an und sagt immer wieder: »Nach Hause nehmen. Mit nach Hause nehmen.«
Szenen wie diese gehen auch den erfahrenen Kinderkrankenschwestern, die bei der Untersuchung assistieren, unter die Haut. Mit seinen drei Jahren ist Tyler Reese in seiner Sprachentwicklung so weit zurück, dass er sich mit Worten kaum verständlich machen kann. Aber seine Körpersprache ist nicht misszuverstehen. Er nimmt die Arme der Untersuchenden mit seinen kleinen Händen und legt sie sich um den Körper, um sich selbst zu umarmen. Unablässig lächelt er uns an. Offenbar wittert er

hier eine Chance, jemanden für sich zu gewinnen, der es gut mit ihm meint.

Wir geben ihm eine Milchschnitte, damit er abgelenkt ist und wir ihn in Ruhe untersuchen können. Doch Tyler Reese stopft sich die Leckerei in den Mund und schlingt sie blitzartig hinunter. Im nächsten Moment greift er wieder nach unseren Händen und will sich damit streicheln.

Als er eine weitere Milchschnitte bekommt, schlingt er sie gleichfalls in Sekundenschnelle hinunter. Während der ganzen Zeit, die er auf der Kinderstation verbringt, wird er sich mit der gleichen gierigen Hast auf jede Mahlzeit stürzen, egal was gerade auf dem Teller liegt.

Allem Anschein nach bekommt Tyler Reese zu Hause nur unregelmäßig zu essen – und wenn es etwas gibt, muss er es in größter Eile hinunterwürgen. Weil seine Betreuer rasch die Geduld verlieren und ihm sein Essen wieder wegnehmen, wenn er zu langsam ist. Und weil sie ihn »zur Strafe« vielleicht auch noch schlagen.

Schließlich gelingt es uns, den Jungen zu untersuchen. Er hat zahlreiche Hämatome auf Wangen und Armen, Brust und Bauch und sogar am Penis, die wie Halbmonde geformt sind. Wir messen die Hämatome aus – es handelt sich um Verletzungen durch das Gebiss eines erwachsenen Menschen. In der Rechtsmedizin sprechen wir von »Bissmarken«. Auch das Hämatom am Penis des Kindes ist eindeutig durch Beißen entstanden.

Kevin Nocke wird vorläufig festgenommen und beim LKA 125 verhört. Er ist kaum älter als seine aktuelle Lebensgefährtin Nadine Meller, eben 21 geworden. Als Beruf gibt er an: »Kfz-Mechatroniker mit abgeschlossener Lehre.« Offensichtlich ist er stolz auf seine berufliche Qualifikation.

Kriminaloberkommissarin Marion Henske befragt ihn

nach dem Geschehen am Vortag. »Sie waren allein mit Tyler Reese in der Wohnung. Was ist da passiert?«
Der junge Mann schiebt den Unterkiefer vor. »Der Bengel hat nicht gehorcht, also habe ich ihm eine runtergehauen«, sagt er schließlich. »Ich wollte, dass er schläft, damit ich in Ruhe trainieren kann. Er sollte seinen Schlafanzug anziehen, aber er ist nur die ganze Zeit nackt um mich rumgesprungen – und da habe ich die Wut gekriegt.«
Auf die Kriminalkommissarin macht Kevin Nocke keineswegs den Eindruck, als würde er seine Tat bereuen.
»Und was haben Sie dann gemacht?«, fragt sie nach.
»Ihm eine gescheuert, damit er spurt«, knurrt Kevin Nocke. »Vielleicht auch zwei oder drei. Das hat noch keinem geschadet!«, fügt er mit erhobener Stimme hinzu. »Glauben Sie vielleicht, ich hätte als Kind keine Prügel bekommen? Kinder brauchen manchmal Dresche, damit sie wieder in die Spur kommen – und Punkt. Aus mir ist ja schließlich auch was geworden!«
Allerdings, sagt sich die Kommissarin. Ein Mann, der Kindern das antut, was ihm selbst als Kind angetan worden ist.
»Sie haben Tyler Reese nicht nur zwei- oder dreimal eine gelangt«, hält sie Nocke vor. »Sie haben ihn fast zwanzig Mal *gebissen* – unter anderem in den Penis. Haben Sie das auch gemacht, damit der Kleine spurt?«
Doch davon will Nocke nichts wissen. Er schüttelt den Kopf und verweigert jede weitere Auskunft. Prügel müssten manchmal sein, wiederholt er nur immer wieder, und nichts sonst habe er gemacht.
Die Staatsanwältin sieht das jedoch anders. Da zum Tatzeitpunkt außer Kevin Nocke kein Erwachsener in der Wohnung war, kommt nur er als Täter in Frage.
Vor Gericht treten wir als rechtsmedizinische Sachver-

ständige auf und erklären, dass die Verletzungen eindeutig vom Gebiss eines erwachsenen Menschen stammten. Außerdem weisen wir auf die Distanzlosigkeit von Tyler Reese hin, ein klarer Hinweis für körperliche Misshandlung.

Doch während der Gerichtsverhandlung fällt Nadine Meller plötzlich ein, dass sie bei ihrer ursprünglichen Aussage etwas Wichtiges vergessen habe. Einen Tag bevor Tyler Reese verletzt in die Klinik gebracht wurde, seien zwei Freunde von Kevin zu Besuch gewesen. Und möglicherweise, so ganz genau könne sie sich leider nicht mehr erinnern, habe der Junge sich da schon seine Verletzungen zugezogen.

Das Gericht spricht Kevin Nocke frei. Begründung: Nach dieser Kehrtwende der Kindsmutter sei nicht mehr auszuschließen, dass einer der Besucher vom Vortag Tyler Reese verletzt habe.

Nadine Meller sieht keinen Anlass, sich von ihrem gewalttätigen Liebhaber zu trennen. Sie lebt nach wie vor mit Kevin Nocke zusammen.

Auch der kleine Tyler Reese ist nach Hause zurückgekehrt. Das Jugendamt hat lediglich die Auflage erteilt, dass sich Kevin Nocke nicht allein mit dem Jungen in der Wohnung aufhalten darf.

Die Bisswunden sind mittlerweile verheilt. Tyler Reeses seelische Verletzungen aber sind so präsent wie die seines Peinigers, der zum Täter wurde, um nicht mehr nur Opfer zu sein.

»Wer seine Kinder liebt, der züchtigt sie«

Jahrtausendelang war es in unserer Kultur gang und gäbe, Kinder durch Körperstrafen zu »erziehen«. Das Alte Testament ist reich an Lobpreisungen der Prügel, die aus heutiger Sicht höchst befremdlich klingen. Väter, die ihre Söhne mit dem Stock schlugen, handelten im Einklang mit dem Gesetz – nicht nur mit dem menschlichen, sondern auch mit dem Gesetz Gottes. *»Wen der Herr liebt, den züchtigt er, wie ein Vater seinen Sohn, den er gern hat«*, heißt es beispielsweise in den *Sprüchen Salomos.*

Noch im 19. Jahrhundert war es auch hierzulande selbstverständlich, dass Kinder zu Hause und in der Schule »körperlich gezüchtigt« wurden. Selbst Anfang der 1960er-Jahre noch sprachen sich rund 80 Prozent der Eltern dafür aus, ihre Kinder zu schlagen. Immerhin 35 Prozent befürworteten sogar Prügel mit dem Rohrstock.

Kein Zweifel: Wir leben in einer Kultur, in der Gewalt gegenüber Kindern – oder generell Gewalt – seit Anbeginn und bis vor wenigen Jahrzehnten selbstverständliche Wirklichkeit war. Bis in die 1950er-Jahre durften deutsche Ehemänner »ihre« Frauen schlagen. Das »Züchtigungsrecht für Lehrkräfte an Schulen« wurde erst 1973 abgeschafft. Und ein Recht auf gewaltfreie Erziehung auch in der Familie haben Kinder hierzulande erst seit dem Jahr 2000.

In vielen Familien mit Migrationshintergrund gehört Gewalt noch heute zu den ganz normalen Erziehungsmaßnahmen. Die jungen Väter in Neukölln und Kreuzberg heißen nicht unbedingt Kevin, sondern etwa Kemal (türkisch) oder Kamal (arabisch). Aber mit den deutschstämmigen Kevins verbindet sie, dass ihr Beitrag zur Kindererziehung vornehmlich aus Schlägen besteht.

Dabei sind sie sich meist nicht der geringsten Schuld bewusst – im Gegenteil. »Ich bin ja der Vater«, bekommen wir nicht selten von arabischen oder türkischen Männern zu hören, deren grün und blau geprügelte Kinder uns vorgeführt worden sind. »Da muss ich mich doch an der Erziehung meiner Kinder beteiligen!«
Diese alttestamentarisch anmutende Einstellung ist keineswegs nur bei bildungsfernen Arabern oder Türken anzutreffen. Am Institut für Rechtsmedizin der Charité werden häufig ägyptische Gastärzte geschult. Wenn sie unsere Vorträge über Kindesmisshandlung hören, zeigen sich viele von ihnen verwundert, dass Körperstrafen in Deutschland als Mittel der Kindeserziehung verboten sind.
»Bei uns darf man seine Kinder ja auch nicht totschlagen«, sagte einmal ein ägyptischer junger Arzt zu uns. »Aber wie erzieht ihr eure Kinder denn, wenn ihr sie nicht schlagt?« Und ein Kollege von ihm fügte hinzu: »Das ist doch schließlich mein Kind, das ich schlage, nicht das Kind meines Nachbarn.«
Prügel sind zweifellos ein bewährtes Mittel, um den kindlichen Willen zu kontrollieren und Gehorsam zu erzwingen. Aber Kindesmisshandlung ist gleichzeitig die sicherste Methode, um Gewalttätigkeit – von Körperverletzung über Mord und Totschlag bis hin zu Bürgerkrieg und Krieg – von einer Generation zur nächsten zu »vererben«.

Vererbte Gewalt?

In der Boulevardpresse ist immer wieder von einem angeblichen »Gewalt-Gen« die Rede, das die kriminelle Karriere notorischer Gewalttäter erklären soll. Das ist pseudowissenschaftlicher Unfug. Niemand wird als Gewalttäter geboren. Doch viele, viel zu viele Kinder werden in ihren Familien zu Gewalttätern gemacht – bis hin zu traumatischen Veränderungen des Erbguts.

Menschliche Säuglinge kommen bekanntlich als höchst unfertige Lebewesen zur Welt. Ihr unreifes Gehirn wird in einem hohen Maß durch die Erfahrungen in den ersten Lebensjahren konfiguriert. Es gleicht einem Computer mit nahezu unerschöpflichen Anwendungsmöglichkeiten – doch damit diese Potenziale genutzt werden können, müssen die entsprechenden Programme aufgespielt und über Jahre kontinuierlich entwickelt werden.

Das sogenannte *psychosoziobiologische Modell* kindlicher Entwicklung erlaubt es, »Gesundheit« nicht nur als körperliche, sondern auch als seelische und soziale Kategorie zu verstehen. Für eine gesunde Entwicklung in diesem erweiterten Sinn benötigen Kinder eine soziale Umgebung, die ihnen ausreichend Schutz und Ernährung, Sicherheit und menschliche Zuwendung bietet. Entsprechend brauchen sie Eltern, die zumindest diese vier Basisfähigkeiten aufweisen:

- *Empathie und Kommunikation:* Die Eltern müssen sich in ihr Kind hineinversetzen und sich mit ihm austauschen können.
- *Realistische Wahrnehmung:* Sie müssen imstande sein, ihr Kind als eigenständiges Individuum wahrzunehmen – und nicht z. B. als Projektion eigener (oft traumatischer) Kindheitserfahrungen.

- *Realistische Erwartungen:* Sie dürfen von ihrem Kind nicht mehr erwarten, als es seinem Alter und seinen Anlagen entsprechend zu leisten vermag.
- *Aggressionskontrolle:* Die Eltern müssen imstande sein, aggressives Verhalten gegenüber dem Kind zurückzuhalten – also bspw. ihre Frustration nicht unmittelbar auszuagieren, wenn sie sich überfordert oder durch »undankbares« Verhalten des Kindes enttäuscht fühlen.

Ob es sich bei Betreuern mit diesen Fähigkeiten um die leiblichen Eltern, um Adoptiv-, Groß- oder Pflegeeltern handelt, spielt für die gesunde Entwicklung des Kindes keine Rolle. Dagegen gibt es eine Reihe belastender sozialer Faktoren, die zu immensen kindlichen Entwicklungsstörungen führen können – auch dann, wenn die Kinder bei ihren leiblichen Eltern aufwachsen.
Zu diesen sozialen Risikofaktoren zählen:

- sehr junge Eltern
- alleinerziehende Elternteile
- Isolierung/soziale Verarmung
- Krankheit der Eltern, v.a. psychische und Suchterkrankungen
- materielle Armut

Mütter und Väter im Teenageralter sind keineswegs eine Seltenheit. Für die Entwicklung ihrer Kinder stellen sie aus mehreren Gründen oftmals ein hohes Risiko dar. Zum einen fehlt es ihnen in aller Regel an elementaren Kenntnissen zur Versorgung von Säuglingen. Ihre Vorstellungen der »idealen Familie« haben sie mitunter anhand von TV-Serien oder Fernsehwerbung gebildet – doch im wirklichen Leben geht es selten zu wie in der Schokoladenreklame.

Außerdem sind sie meist noch mit ihrer eigenen Entwicklung beschäftigt und daher nur eingeschränkt imstande, ihre Bedürfnisse zugunsten des Kindes zurückzustellen. Sehr junge Eltern haben ihre oftmals problematischen Kindheitserfahrungen häufig noch nicht verarbeitet – dafür ist in aller Regel ein gewisses Lebensalter erforderlich. Umso größer ist die Gefahr, dass sie nun eigene Misshandlungs- und Vernachlässigungserfahrungen an ihr Kind weitergeben.

Solche »Kurzschlüsse« werden häufig durch scheinbar banale Anlässe ausgelöst – beispielsweise, wenn das Kind nicht essen will, was die Mutter oder der Vater für es zubereitet hat. Die jungen Eltern(-teile) sagen sich dann: »Mein Kind liebt mich nicht – so wie meine Mutter oder mein Vater mich auch nicht geliebt hat.«

Schmerz und Wut, die auf diese Weise in Teenager-Eltern lebendig werden, bekommt dann oftmals das Kind zu spüren. Das Kind wiederum reagiert verstört auf die Zurückweisung und verzerrte Wahrnehmung durch seine Betreuer – und so ist gerade in Familien mit sehr jungen Müttern und Vätern die Eltern-Kind-Beziehung häufig von Anfang an gestört.

Das größte Risiko geht jedoch von Eltern aus, die in ihrer Kindheit selbst misshandelt wurden. Mehr als zwei Drittel der Eltern (70 Prozent), die als Kinder häufig geschlagen wurden, setzen bei der Erziehung ihrer Kinder Körperstrafen ein. Auf diese Weise, durch *transgenerationale Vermittlung*, werden Gewalterfahrung und Gewalttätigkeit tatsächlich zigtausendfach »vererbt«. Und aus den misshandelten Kindern der neuen Generation werden mit hoher Wahrscheinlichkeit abermals Gewalttäter.

Sind wir als Gesellschaft nicht verpflichtet, diesen Teufelskreis zu durchbrechen? Dürfen wir Kinder, deren körperliche, seelische und soziale Gesundheit *mit siebzigprozentiger Wahrscheinlichkeit* massiv geschädigt werden wird, einfach aufs Geratewohl ihren »Betreuern« überlassen – so lange, bis die Schädigung tatsächlich eingetreten ist?

Kindesmisshandler sind geisteskrank

Es spricht viel dafür, Kindesmisshandlung als *chronische Krankheit* anzusehen. Das gilt zunächst für die misshandelten Kinder, die meist nicht einmalig, sondern über lange Zeiträume hinweg misshandelt werden. Tatsächlich ähnelt der Verlauf chronischer Misshandlungen in mancherlei Hinsicht einer langwierigen Krankheit. Oftmals erstreckt sich das Leiden der Kinder über Jahre, bis sie entweder alt genug sind, um sich ihren Misshandlern zu entziehen – oder von diesen getötet bzw. so schwer misshandelt wurden, dass sie für ihr restliches Leben geschädigt sind.

Jedoch kann man Kindesmisshandlung mit noch größerem Recht als *Krankheit der Misshandler* bezeichnen. Eltern, die ihre Kinder misshandeln, sind fast ausnahmslos psychisch gestört. Die große Mehrzahl von ihnen weist Verhaltensstörungen auf, ist depressiv oder leidet an Suchterkrankungen.

Man muss wohl seelisch krank sein, um ein hilfloses Kind wiederholt schlagen, quälen und demütigen zu können, anstatt es zu beschützen und für sein Wohlergehen zu sorgen. Entsprechend rubriziert die *Internationale Klassifikation psychischer Störungen* auch *»Misshandlungssyndrome, Vernachlässigung und im Stich lassen«* als Formen von Geisteskrankheit. *»Feindseligkeit* *gegenüber dem Kind und ständige Schuldzuweisungen an das Kind«, »emotionale Vernachlässigung, unangebrachter elterlicher Druck und andere abnorme Erziehungsmerkmale«* (*Forensisch-psychiatrische Aspekte*, S. 371) sind Ausdruck seelischer Krankheit der »Erzieher«.

Bezeichnenderweise werden diese psychischen Störungen im Kapitel *Verletzungen, Vergiftungen und andere Folgen äußerer Ursachen* aufgeführt. Das ist durchaus zutreffend: Eltern, die misshandeln, sind Gift für die Kinder – Gift, das ihre Gesundheit beeinträchtigt, Gift, das ihre Entwicklung behindert, Gift, das sie in vielen Fällen tötet oder für ihr Leben schädigt.

Guter Zwilling, böser Zwilling

Hin und wieder haben wir es in der rechtsmedizinischen Praxis mit Zwillingskindern als Misshandlungsopfer zu tun. Wohlgemerkt: Fast immer ist es nur einer der Zwillinge, der von den Eltern misshandelt wird – der andere dagegen ist Papas und/oder Mamas Liebling. Das eine Zwillingskind wird verwöhnt, bekommt ständig neue Spiel- und Anziehsachen geschenkt – das andere wird verprügelt, vernachlässigt und abgelehnt. Das eine lebt wie im Himmel, das andere buchstäblich in der Hölle.

Wie in einem makabren Laborversuch zeigen solche Fälle krasser Ungleichbehandlung, wie und wodurch gewaltgeprägte Eltern ihrerseits zu Kindesmisshandlern werden. Sie tragen sozusagen die Hölle der eigenen Misshandlungserfahrungen in sich – und gleichzeitig sind sie von dem Wunsch beseelt, gute Eltern zu sein. So werden die eigenen Traumata auf das eine Zwillingskind

projiziert – das andere profitiert vom Versuch der Mutter oder des Vaters, sich selbst und ihren Nachwuchs aus dem Teufelskreis der transgenerationalen Gewaltvermittlung zu befreien.
Meist bevorzugen die Eltern das stillere Zwillingskind, das viel schläft und wenig Arbeit macht. Das lautere, schwierige dagegen bekommt allen Zorn und (Selbst-) Hass der Eltern ab, die – meist unbewusst – das Verhalten ihrer eigenen elterlichen Misshandler wiederholen.
So waren wir keineswegs überrascht, als wir einen sechs Monate alten Jungen untersuchten, der angeblich von der Couch gefallen war. Er hatte einen ausgedehnten Schädelbruch mit schweren Hirnblutungen und -verletzungen erlitten, was bei einem Sturz von einem fünfzig oder sechzig Zentimeter hohen Sofa ausgeschlossen ist. Unsere Krankenhäuser und Behinderteneinrichtungen wären mit kindlichen Unfallopfern überfüllt, wenn jeder Sturz von einer Couch oder einem Bett derart gravierende Folgen hätte.
Beim Röntgen zeigten sich dann noch diverse andere Verletzungen. An Armen, Beinen und Brustkorb entdeckten wir darüber hinaus eine Vielzahl älterer Knochenbrüche. Der Junge war zeit seines Lebens von seinem Vater misshandelt worden. Sein Zwillingsbruder dagegen bekam nie auch nur ein böses Wort zu hören.
So etwas kommt keineswegs nur in materiell schlechtergestellten Familien vor. Wohlstand und Bildung schützen durchaus nicht immer vor Gewalt. Nur wird in den besseren Vierteln nicht bloß mit Fäusten und Füßen, sondern mehr noch durch seelische Grausamkeit misshandelt.

Unsichtbare Wunden: seelische Misshandlung

Jede körperliche Misshandlung schlägt auch Wunden in die kindliche Psyche. Doch manche Eltern misshandeln ihre Kinder nicht mit Schlägen, sondern allein durch Worte, Demütigung oder sogenannte Sanktionsstrafen. Solche seelische oder emotionale Misshandlung ist oftmals noch schädlicher für die Entwicklung des Kindes, insbesondere für seine Selbstachtung. In der Kinder- und Jugendforschung gilt emotionale Misshandlung daher als der *»potenziell schwerwiegendste Einflussfaktor für eine beeinträchtigte seelische oder geistige Entwicklung des Menschen«* (*Kindesmisshandlung*, S. 198).

Eltern (oder allgemein Erzieher), die sich dem Kind gegenüber häufig feindselig oder abweisend verhalten oder das Kind schlichtweg ignorieren, sind seelische Misshandler. Liebesentzug, Einsperren, öffentliches Herabsetzen oder überzogenes Beschimpfen sind Akte emotionaler Misshandlung, die die geistig-seelische Entwicklung des Kindes massiv schädigen können. Wer ihm anvertraute Kinder seelisch misshandelt, beeinträchtigt oder zerstört ihre Fähigkeit, eine stabile, vertrauensvolle Beziehung zu einer Bezugsperson aufzubauen.

Seelische Misshandler sind Folterer der besonders perfiden Art: Die Wunden, die sie ihren Opfern zufügen, sind unsichtbar, daher Dritten gegenüber nicht ohne weiteres nachweisbar. Wenig verwunderlich daher, dass emotionale Misshandlung in Akademikerfamilien weitaus häufiger vorkommt als in bildungsfernen Haushalten.

Der gebildete Misshandler legt eben Wert darauf, keine sichtbaren Spuren zu hinterlassen. Doch auch die seelische Misshandlung hat Symptome, die man mit ein wenig Übung erkennen kann.

Kinder im Vorschulalter, die seelisch gequält oder ver-

nachlässigt werden, sind in ihrer Sprach- und Sozialentwicklung meist hinter ihren Altersgenossen zurück. Oftmals klagen sie über Bauchschmerzen unklarer Herkunft. Die Erzieherinnen im Kindergarten sollten spätestens dann nachdenklich werden, wenn sich ein Kind beim Mittagsschlaf wiederholt einnässt.
Schulkinder, deren Entwicklung durch seelische Misshandlung beeinträchtigt ist, bezichtigen sich häufig selbst, »dumm«, »schlecht« oder »hässlich« zu sein. Sie entwickeln sich zu Einzelgängern und haben Mühe, die Gefühle anderer Menschen richtig zu deuten.
Bei *Jugendlichen* führt seelische Misshandlung oftmals zu drastischen Symptomen. Vielfach leiden die Betroffenen unter Essstörungen, fügen sich selbst Verletzungen zu oder unternehmen Suizidversuche. Viele ihrer selbstschädigenden Verhaltensweisen gehorchen offenbar dem Drang, die so lange unsichtbaren Wunden endlich doch noch sichtbar zu machen.
Wir alle sollten lernen, sorgfältiger auf solche Symptome zu achten – und mutig einzugreifen, wenn wir in der Verwandtschaft oder in der Nachbarschaft auf Anzeichen für seelische Kindesmisshandlung stoßen. Was man in einem solchen Fall konkret tun kann, erklären wir am Schluss dieses Buches.

Auch in Villen wird geprügelt

Die Gebildeten der »Generation Kevin« heißen eher Maximilian, Anton oder Gustav. Das hindert bessergestellte Mütter oder Väter aber keineswegs, ihre Kinder so brutal zu misshandeln, wie man das dem Klischee nach eigentlich nur von unterprivilegierten Eltern erwartet.

Einiges spricht dafür, dass körperliche Kindesmisshandlung in gutbürgerlichen Einfamilienhäusern nicht sehr viel seltener vorkommt als in bildungsfernen Wohnsilos. Nur verstehen es die prügelnden Akademiker besser, ihre Gewalttaten zu verbergen – oder zumindest nachträglich zu bedauerlichen Unfällen umzudeuten.
Nur allzu oft lassen sich Jugendamtsmitarbeiter zudem von klangvollen Titeln und respekteinflößenden Wohnadressen beeindrucken. Was allerdings auch daran liegen mag, dass Eltern aus gehobenen Verhältnissen häufig gleich mit ihrem Anwalt zum Klärungsgespräch erscheinen.

Kaspar Metzner, Mitte 20, gilt allgemein als vorbildlicher Vater. Er ist Student der Bildenden Künste und lebt mit seiner Frau Sarah und mit Sophie, ihrer neun Monate alten Tochter, in einer schicken Maisonette in einem angesagten Berliner Szenekiez. Sarah hat einen tollen Job in einer angesehenen Kunstagentur. Ihr Leben besteht fast nur aus Vernissagen und Kunstmessen, während sich Kaspar zu Hause um die kleine Sophie kümmert.
Sein Studium kommt ob seiner Vaterpflichten etwas kurz, aber das haben die beiden ja so gewollt. Sophie ist ihr gemeinsames Wunschkind, und Kaspar kann sehr überzeugend erklären, warum er sich nichts Schöneres vorstellen kann, als Papa und Hausmann zu sein. Und so macht Sarah Karriere in der Kunstagentur, trifft Künstler und Galeristen in Hongkong und New York, während Kaspar den Kinderwagen durch den Park schiebt. Wenn er nicht gerade Sophies Windeln wechselt, die Kleine in den Schlaf singt oder ihr Obst püriert.
Eigentlich hat Kaspar geglaubt, dass er jeden Tag ein paar Stunden an seiner Skulptur arbeiten könnte, während Sophie ihren Mittagsschlaf macht. Aber Sophie ist ein

unruhiges Kind. Sie schläft schlecht und rührt meist nur in ihrem Essen herum, das Kaspar ihr aufwendig zubereitet hat. Und die halbfertige Skulptur, seine Abschlussarbeit, verstaubt unterdessen in seinem Atelier.
Als Sarah eines Tages um die Nachmittagszeit nach Hause kommt, bietet sich ihr ein schockierender Anblick: Sophie liegt reglos in ihrem Bettchen, ihre Lippen sind blau. Von Kaspar ist nichts zu sehen – Sarah hört nur leises Hämmern aus seinem Atelier im oberen Stock. Sie schreit seinen Namen, wählt gleichzeitig den Notruf, und zum Glück ist der Notarzt nach einer Minute da. Die Kleine wird intubiert, beginnt wieder zu atmen – ihr Kreislauf ist jedoch sehr instabil.
Sarah und Kaspar fahren beide mit, als der Notarzt ihr Baby mit Blaulicht und Sirene in die Klinik bringt. Sie halten sich bei der Hand und sind gleichermaßen bleich vor Angst.
In der Rettungsstelle wird Sophie untersucht und erstversorgt. »Akutes Abdomen«, sagt der diensthabende Arzt. Die Bauchdecke der Kleinen ist wie eine Trommel gespannt.
Sarah und Kaspar fahren mit hoch in die Kinderchirurgie. Wieder sitzen sie Hand in Hand da und starren auf die geschlossene OP-Tür, während Sophie operiert wird. Eine Erkrankung aus heiterem Himmel, denkt Sarah, so etwas kommt bei Babys vor. Aber zum Glück war sie ja rechtzeitig da. Die Ärzte haben ihnen versichert, dass Sophie durchkommen wird. Sarah macht Kaspar keinen Vorwurf. Er kümmert sich aufopferungsvoll um die Kleine, und auch er kann nicht ständig bei Sophie sein.
Endlich geht die Tür zum Operationssaal wieder auf. Der Chirurg macht ein ernstes Gesicht.
»Traumatische Darmrupturen«, sagt er und sieht sie nachdenklich an. »Diese Verletzungen kann sich die

Kleine nicht zugezogen haben, während sie einfach in ihrem Bettchen lag.«

»Genauso war es aber«, antwortet Sarah.

Kaspar beißt sich auf die Unterlippe und sagt gar nichts.

Drei Tage später findet in der Klinik das in solchen Fällen vorgeschriebene Konfrontationsgespräch mit den Eltern statt. Anwesend sind die Ärzte, die Sophie operiert haben, je zwei Mitarbeiterinnen vom Jugendamt und vom Psychosozialen Dienst der Klinik sowie wir Rechtsmediziner.

Auf Wunsch der behandelnden Kinderchirurgen haben wir mittlerweile die kleine Sophie begutachtet. Ihr Zustand ist stabil, obwohl sie am Vortag nochmals operiert werden musste. An ihrem Darm waren in Bereichen, die vorher nur eingeblutet waren, weitere Risse aufgetreten.

»Das Verletzungsmuster lässt sich nur durch Misshandlung erklären«, erläutern wir. »Jemand muss dem Mädchen mit der Faust oder einem stumpfen Gegenstand in den Bauch geschlagen haben – und zwar mehrfach. Die Rupturen an unterschiedlichen Darmanteilen sind ein klares Anzeichen für ein mehrfaches Tatgeschehen.«

Sarah Metzner sieht uns erschrocken an. »Mein Mann war die ganze Zeit bei Sophie«, sagt sie. »So etwas würde er ihr doch niemals antun!«

Kaspar schüttelt nur stumm den Kopf. Desto beschwörender redet seine Frau auf die Anwesenden ein. So als könnte sie den Verdacht und sogar die Misshandlung selbst zum Verschwinden bringen, wenn sie nur lange und überzeugend genug redet.

»Bei uns ist alles perfekt«, sagt sie. »Wir haben uns dieses Kind gewünscht. Mein Mann ist freiwillig in Elternzeit gegangen. Nicht nur, weil ich in meinem Job gut verdiene – er selbst wollte es so! Weil es eine wichtige Erfahrung auch für ihn als Mann ist: sich als Vater um sein Kind zu kümmern.«

Sarah redet und redet, und die Anwesenden wechseln ratlose Blicke. Ein so sympathisches Paar haben sie selten vor sich gehabt. Dass dieser junge Vater mit den feingliedrigen Künstlerhänden sein Töchterchen auch nur grob anfassen würde, kann sich niemand so richtig vorstellen. Geschweige denn, dass er die Kleine brutal in den Bauch geboxt hat.

Aber die schwere Misshandlung ist nicht wegzuerklären, das Verletzungsmuster lässt schlichtweg keine andere Deutung zu. Nach dem Konfrontationsgespräch informiert die Klinik das LKA 125. Kurz darauf erscheinen zwei Kriminalbeamte in der Klinik und lassen sich die Verletzungen von uns erklären.

Die Eltern werden in die Dienststelle des LKA 125 gebracht und getrennt vernommen. Sarah Metzner kommt als Täterin nicht in Frage: Sie war ab frühmorgens auf einer Vernissage. Sowohl sie selbst als auch ihr Mann geben an, dass es Sophie zu diesem Zeitpunkt gutging. Kaspar Metzner bestreitet auch keine Sekunde lang, dass er allein mit Sophie in der Wohnung war. Doch die Tat leugnet er desto energischer.

So wenig wie die Gesprächsrunde in der Klinik kann offenbar auch er das Geschehen mit seinem Selbstbild in Einklang bringen. Kaspar Metzner ist Pazifist, Greenpeace-Aktivist, Vegetarier.

Und Kindesmisshandler.

Nach dreistündiger Vernehmung bricht er zusammen. Unter Tränen gesteht er, dass er Sophie am späten Nachmittag ungefähr zehnmal in den Bauch geboxt hat.

»Ich war frustriert«, sagt er, »weil sie schon wieder nicht frühstücken wollte. Ich hatte ihr den Obstbrei gemacht, und sie hat den Teller runtergeschmissen. Schon wieder.

So ging das seit Tagen. Und da habe ich wohl die Nerven verloren.«

Je ungeduldiger er wurde, weil Sophie nichts essen wollte, desto quengeliger wurde sie, wenn er auch nur mit dem Breiteller in ihre Nähe kam. »Ich habe Stunden damit verbracht, sie zu füttern«, sagt Kaspar Metzner aus. »Irgendwie hatte ich das Gefühl, dass sie das extra macht – dass sie mich festnagelt mit diesem Kinderkram, nur damit ich keine Zeit mehr für meine Kunst habe.«

Er schüttelt den Kopf. »Verrückt«, sagt er wie zu sich selbst. »Genau dasselbe hat mein Vater mir und meinem Bruder auch immer vorgeworfen. Dass er sich für uns in seiner langweiligen Anwaltskanzlei aufopfern müsste, obwohl er viel lieber auf der Veranda gesessen und von früh bis spät seine Aquarelle gemalt hätte. Er hat mich mein halbes Leben lang mit seinem Hass und seiner Bitterkeit verfolgt – und jetzt mache ich es genauso!«, fügt er fassungslos hinzu. »Und dabei bin ich doch extra in Elternzeit gegangen, weil ich es anders machen wollte!«

Nur selten sind gebildete Kindesmisshandler zumindest nachträglich so einsichtig wie Kaspar Metzner. In einem anderen Fall hatte ein neun Monate alter Säugling schwere Hirnverletzungen erlitten. Aus unserem Gutachten ging eindeutig hervor, dass es sich um ein Schütteltrauma handelte *(Shaken Baby Syndrome)* – der Junge war massiv geschüttelt worden.

Die Eltern ließen sich von einem befreundeten Ingenieur ein Gegengutachten erstellen. Darin erklärte der »Sachverständige«, dass das Kind seinen Kopf in einem bestimmten Winkel gehalten haben müsse, als es unglücklich vom Wickeltisch gefallen sei. Er fügte sogar eine Skizze bei, um den genauen Winkel der angeblichen Kopfhaltung des Babys darzustellen.

Das Schütteltrauma ist eine der massivsten und lebensbedrohlichsten Formen der Kindesmisshandlung (siehe Kapitel 4). In solchen Fällen ordnet das Jugendamt daher fast immer an, das Kind in einer Pflegefamilie unterzubringen. Doch diese Regel scheint außer Kraft gesetzt, wenn die Eltern Doktortitel vorzuweisen haben und in einem gediegenen Viertel wohnen. In diesem Fall beteuerten sie zudem, dass sie beide sich das Baby gewünscht hätten. Tatsächlich hatte sich die Frau einer jahrelangen Fruchtbarkeitsbehandlung unterzogen, ehe sie endlich schwanger geworden war.

Das änderte zwar nichts am rechtsmedizinisch festgestellten Sachverhalt: Die angeblich rundum glücklichen Eltern hatten ihr Baby massiv misshandelt. Aber zuständig beim Jugendamt war nicht der immer noch einigermaßen idealistische Meik Simmering, sondern ein ausgebrannter Beamter kurz vor dem Ruhestand. Die Eltern des brutal geschüttelten Säuglings seien doch eigentlich engagierte und kultivierte Leute, befand er – und gab ihnen das schwer misshandelte Kind mit ein paar leicht zu erfüllenden Auflagen wieder mit.

2
Vorkämpferin gegen Kindesmisshandlung: die Rechtsmedizin

Nach landläufiger Vorstellung werden Rechtsmediziner immer erst dann eingeschaltet, wenn der Tod eingetreten ist. Tatsächlich aber nimmt die Arbeit mit lebendigen Menschen in unserem Fach breiten Raum ein. Dieser Bereich wird als *klinische Rechtsmedizin* bezeichnet.
Im Auftrag von Jugendämtern oder der Justizbehörden untersuchen wir lebende bzw. überlebende Opfer von Gewaltdelikten – insbesondere Opfer von Kindesmisshandlung, häuslicher Gewalt oder Vergewaltigung. Die Methoden, mit denen wir tote Körper untersuchen, um die Entstehung von Verletzungen zu rekonstruieren, lassen sich grundsätzlich auch bei überlebenden Gewaltopfern anwenden.
Gerade wenn es um Kindesmisshandlung geht, kommt unseren Befunden oftmals entscheidende Bedeutung zu. Säuglinge und Kleinstkinder können ja noch nicht schildern, was ihnen angetan wurde. Auch größeren Kindern und Jugendlichen, die eigentlich imstande wären, von ihrem Martyrium und den (meist elterlichen) Tätern zu berichten, fehlt es für einen solchen Schritt verständlicherweise oftmals am nötigen Mut. Ihr Selbstwertgefühl ist durch die oft jahrelange Misshandlung ohnehin stark beeinträchtigt. Ihre Peiniger haben ihnen meist auch noch ein Schweigegebot auferlegt. So ist es die traditionelle Aufgabe des Rechtsmediziners, gerade für miss-

handelte Kinder das Wort zu ergreifen, ihrem stummen Leid Ausdruck zu verleihen – und es dadurch möglichst auch zu beenden.

Doch in vielen Fällen kommen wir leider zu spät. Wenn wir zu Hilfe gerufen werden und der Verdacht sich bewahrheitet, ist die Misshandlung ohnehin bereits geschehen.

Zu Tode geschüttelte Säuglinge, aus dem Fenster geworfene oder im Müll entsorgte Neugeborene, verhungerte oder zu Tode geprügelte Kinder sind leider keine Seltenheit im rechtsmedizinischen Alltag. Hat ein misshandeltes Kind Glück, so ist es immerhin noch am Leben, wenn es von uns untersucht wird – soweit man es wirklich als Glück bezeichnen kann, wenn ein Kind etwa mit schwersten geistigen und körperlichen Behinderungen überlebt.

Aufgaben der klinischen Rechtsmedizin

Werden wir Rechtsmediziner bei Verdacht auf Kindesmisshandlung hinzugezogen, dann erfüllen wir verschiedene Aufgaben. Zunächst einmal untersuchen wir das Kind, fotodokumentieren alle sichtbaren Verletzungen und beschreiben sie genauestens.

Diese gerichtsverwertbare Dokumentation der Befunde dient mehreren Zwecken:

- der Prüfung, ob die Verletzungen durch ein Unfallgeschehen entstanden sein können (wie von den Eltern/Betreuern meist angeführt),
- der zeitlichen Einordnung der Verletzungen.

Neben der Kriminalpolizei und – seltener – den Jugendämtern sind es häufig die Kliniken, die uns mit einem rechtsmedizinischen Gutachten beauftragen. In diesen Fällen untersuchen wir die Kinder direkt in der Klinik. In anderen Bundesländern können die Klinikärzte mit dem Kind auch zu rechtsmedizinischen Untersuchungsstellen bzw. Gewaltschutzambulanzen gehen, doch diese äußerst sinnvolle Einrichtung gibt es in Berlin leider bisher nicht (siehe Kapitel 11). Falls der Begutachtungsauftrag von der Polizei erteilt wurde, ist bei der Untersuchung auch ein Polizeifotograf anwesend.
Bei einigen Kindesmisshandlungsformen, etwa bei Schütteltrauma, gibt es trotz schwerer innerer Verletzungen keine sichtbaren äußeren Verletzungen. Doch auch in diesen Fällen fotografieren wir das Kind auf der Intensivstation, um später vor Gericht dokumentieren zu können, wie der winzige Säugling vor einem drei Meter hohen Turm mit lebenserhaltenden Geräten lag. Das hilft der Vorstellungskraft von Richtern und Schöffen auf die Sprünge.
Organisationen wie die *Deutsche Gesellschaft für Rechtsmedizin*, die *Arbeitsgemeinschaft Kinderschutz in der Medizin* (AG KiM) u. a. haben Empfehlungen und Richtlinien herausgegeben, welche Untersuchungen bei Verdacht auf Kindesmisshandlung durchgeführt werden sollen. Mit den behandelnden Ärzten besprechen wir jeweils, welche dieser Untersuchungen im konkreten Fall erforderlich sind:

- bildgebende Untersuchungen (Magnetresonanztomographie, Ultraschall) des Kopfes,
- Röntgen des gesamten Skeletts auf Knochenbrüche,
- Bluntuntersuchung auf Blutungsneigung bzw. Gerinnungsstörungen (mögliche Erklärung für Hämatome),

- Untersuchung des Augenhintergrundes (Verdacht auf Schütteltrauma),
- Urinuntersuchung auf Stoffwechselerkrankungen, die ähnliche Symptome wie ein Schütteltrauma hervorrufen können.

Sehr bewährt hat sich auch die Teilnahme von Rechtsmedizinern an interdisziplinären Kinderschutzgruppen der behandelnden Kliniken, an Konfrontationsgesprächen und Helferkonferenzen. Aufgrund unserer alltäglichen Praxis sind wir darin geübt, unsere Befunde so zu erläutern, dass sie auch für Personen aus nichtärztlichen Berufen verständlich sind.
Darüber hinaus unterstützen wir die Klinikärzte bei der Entscheidung, ob im konkreten Fall die Ermittlungsbehörden informiert werden sollen. Dem Jugendamt muss die Klinik bei Verdacht auf Kindesmisshandlung ohnehin Meldung erstatten. Doch vor dem logischen nächsten Schritt, einer Meldung bei der Polizei, schrecken die Klinikärzte häufig zurück.
Generell ziehen die Fachkräfte in Kliniken und sozialmedizinischen Einrichtungen das Konzept »Hilfe statt Strafe« vor. Die Ärzte und Sozialarbeiter befürchten, dass die Eltern nicht mehr mit ihnen zusammenarbeiten, wenn sie die Polizei einschalten. Polizisten auf der Kinderstation mögen aus Sicht der Klinikleitung auch für das Image der Einrichtung nicht unbedingt förderlich sein. Und niedergelassene Kinder- und Jugendärzte treibt mitunter die Sorge um, ihre Patienten zu verlieren, wenn sich herumsprechen würde, dass sie Eltern bei Verdacht auf Kindesmisshandlung bei der Polizei anzeigen.
So nachvollziehbar diese Bedenken im Einzelnen sein mögen, aus unserer Sicht wiegen die Argumente *für* die Einschaltung der Polizei weitaus schwerer:

- *Die Ärzte können das misshandelte Kind nicht schützen:* Wenn sie es nach erfolgter Behandlung den Eltern einfach wieder mit nach Hause geben, wird dort die (meist chronische) Misshandlung mit hoher Wahrscheinlichkeit fortgesetzt – mit möglicherweise tödlichen Konsequenzen für das Kind.
- *Ohne Strafanzeige kein Anspruch auf Entschädigung:* Oftmals sind misshandelte Kinder für ihr Leben schwerstbehindert. Unterstützungsgelder gemäß Opferentschädigungsgesetz können sie aber nur dann erhalten, wenn zeitnah nach der Tat eine Strafanzeige erstattet worden ist (siehe Kapitel 9).

Aus rechtsmedizinischer Sicht ist die Einschaltung der Polizei noch aus einem weiteren Grund ratsam: Unsere Begutachtungskosten kann die Klinik nur mit dem Berliner Jugendamt (das hierfür meist nur ein schmales Budget hat) oder mit dem Landeskriminalamt Berlin abrechnen. Auch dafür muss eine Strafanzeige vorliegen, denn nur dann nimmt die Polizei die Ermittlungen auf. Besser sieht es in dieser Hinsicht in etlichen anderen Bundesländern aus, etwa in Niedersachsen, Rheinland-Pfalz oder Hamburg: Dort übernehmen Landesministerien oder die Regierung die Kosten für die rechtsmedizinische Begutachtung von Misshandlungsopfern, teilweise gibt es auch Unterstützung durch Stiftungen wie »Ein Herz für Kinder«.
Unser Gutachten stellen wir den Ermittlungsbehörden zur Verfügung und vertreten es im Fall einer Gerichtsverhandlung. Dort aber stoßen wir noch heute oftmals auf ähnliche Reaktionen wie die rechtsmedizinischen Pioniere vor 150 Jahren: auf Verleugnung und Tabuisierung.

»So etwas machen Eltern doch nicht!«

Die Geschichte der Kindesmisshandlung ist in weiten Teilen durch Verdrängung und Totschweigen geprägt. Väter, die ihre Kinder mit dem nackten Gesäß auf die Herdplatte setzen – mit voller Absicht? Mütter, die ihre Kinder in brühend heißes Badewasser legen und dort fixieren – nicht versehentlich, sondern »zur Strafe«? »So etwas machen Eltern nicht«, ist vielfach bis heute die Reaktion von Kinderärzten, professionellen »Kinderschützern«, von Polizisten, Staatsanwälten und Familienrichtern.

Doch Kindesmisshandlung geschah und geschieht in zigtausenden Familien, in der Mitte unserer Gesellschaft, quasi vor aller Augen. Desto angestrengter wurde und wird weggeschaut und totgeschwiegen, gleichfalls zigtausendfach. Die Omertà, die Schweigepflicht der Mafia-Angehörigen, ist im Vergleich zu diesem kollektiven Verleugnen ein Aufruf zur Geschwätzigkeit.

Rechtsmediziner waren über einen langen Zeitraum fast die Einzigen, die bei der Verschwörung der großen gegen die kleinen Bürger nicht mitspielen wollten. Vereinzelt begannen mutige Rechtsmediziner bereits im 19. Jahrhundert, die für sie offensichtliche Wahrheit in Vorträgen und Veröffentlichungen auszusprechen. Sie – und nicht Kinderärzte, Seelsorger oder Richter – waren die Ersten, die sich zu Anwälten der gepeinigten Kinder machten. Anders als diese konnten sie ihr Wissen in Worte fassen. Doch das bedeutete noch lange nicht, dass man ihren Berichten Gehör oder gar Glauben schenkte.

Auch Pioniere der modernen Medizin, deren Verdienste ansonsten unbestritten sind, taten sich als Leugner von Kindesmisshandlung unrühmlich vor. So stritt Rudolf Virchow (1821–1902), einer der bedeutendsten deutschen

Ärzte des 19. Jahrhunderts, schlichtweg ab, dass Verletzungen bei Kindern auf elterliche Gewaltanwendung zurückzuführen sein könnten.

Eine einsame Ausnahme von der Regel des Verleugnens stellt im 19. Jahrhundert Prof. Ambroise Tardieu (1818–1879) dar. Der französische Rechtsmediziner veröffentlichte 1857 eine Untersuchung über sexuelle Gewalt an Kindern. Drei Jahre später brachte er eine Studie über 32 Fälle körperlicher Kindesmisshandlung heraus – mehr als die Hälfte davon mit tödlichen Folgen für die Opfer. Weitere acht Jahre darauf, 1868, ließ er eine Untersuchung über Kindstötungen folgen.

Hellsichtig hat Tardieu schon vor 150 Jahren die typischen Merkmale von Kindesmisshandlung beschrieben – sowohl körperliche Symptome wie äußere Verletzungen als auch psychische Folgen wie extreme Deprivation (Entbehrung, Isolation) oder die heute als *frozen watchfulness* bezeichnete Schockstarre der kleinen Opfer. Tardieu schildert auch bereits, wie sich Kindesmisshandler typischerweise der Kooperation mit Ärzten und anderen Helfern verweigern und ihre Taten beharrlich leugnen. Und er beschreibt, wie einfach sich in vielen Fällen überprüfen lässt, ob es sich bei den gefundenen Verletzungen um Kindesmisshandlungsfolgen handelt: Man entferne das Kind aus der mutmaßlich misshandelnden Umgebung – und beobachte, ob Besserung eintritt.

Leidenschaftlich appellierte Prof. Tardieu an seine ärztlichen Standeskollegen, gegen den barbarischen Umgang mit den schwächsten Mitgliedern der Gesellschaft einzutreten. Doch die Mediziner in Frankreich wie auch in Deutschland zogen es vor, die Erkenntnisse und Aufrufe dieses Pioniers der klinischen Rechtsmedizin totzuschweigen – und damit die Leiden unzähliger Kinder zu verleugnen und zu verlängern. Auch innerhalb der

Rechtsmedizin fand Tardieu keine Mitstreiter: Seine Nachfolger distanzierten sich von seinen Studien auf dem Gebiet der Misshandlung und erklärten diese für »unglaubwürdig«.
Denn es kann nun einmal nicht sein, was nicht sein darf. Im Mittelalter »durfte« sich die Erde nicht um die Sonne drehen. Und noch bis weit ins 20. Jahrhundert hinein durften unzählige Schlag-, Brand-, Biss- oder Stichverletzungen der kindlichen Körper keine Folgen elterlicher Gewaltanwendung sein. So hatten alle ihre Ruhe – die Täter ebenso wie die Verleugner. Nur die misshandelten Kinder fanden häufig erst dann ihre Ruhe, wenn sie von ihren Peinigern getötet worden waren.
Erst rund ein Jahrhundert nach Tardieus Studien wagte es ein weiterer Wissenschaftler, das heiße Eisen Kindesmisshandlung anzupacken. 1961 leitete der US-amerikanische Pädiatrieprofessor C. Henry Kempe die Jahrestagung der *American Academy of Pediatrics* in Chicago. Dort hielt er den Vortrag *»The Battered Child Syndrome«* (»Das Kindesmisshandlungssyndrom«), der im Jahr darauf auch im renommierten *Journal of the American Medical Association* veröffentlicht wurde.
Dieser Vortrag, in dem die Hauptmerkmale der Kindesmisshandlung erstmals seit Tardieu umfassend dargelegt werden, erregte in der Fachöffentlichkeit großes Aufsehen. Doch auch Prof. Kempe stieß keineswegs auf überwiegende Zustimmung. Wiederum meldeten sich zahlreiche Kapazitäten zu Wort, die dem deutschstämmigen Wissenschaftler heftig widersprachen. Und die Mehrheit der Kinder- und Jugendmediziner in den USA und Europa zog es wie seit jeher vor, das Thema zu ignorieren.
Noch in den 1980er-Jahren weigerte sich die medizinische Fachwelt hierzulande, das Problem massenhafter Kindesmisshandlung in deutschen Familien zur Kennt-

nis zu nehmen. Als einsame Vorkämpferin versuchte die Rechtsmedizinerin Elisabeth Trube-Becker, Kinder- und Jugendärzte durch Vorträge und Publikationen aufzurütteln. Immerhin gelang es ihr und ihren Mitstreitern, das Thema auf die Tagesordnung einiger größerer Fachtagungen setzen zu lassen. Die Bundesärztekammer veröffentlichte erstmals Leitlinien zur Diagnostik von Kindesmisshandlung. Die Monatsschrift *Kinderheilkunde* ging mit einer Sammlung von Übersichtsarbeiten erstmals ausführlich auf den Komplex »körperliche Misshandlung, Vernachlässigung und sexueller Missbrauch von Kindern« ein. Doch in der Praxis der Kinder- und Jugendärzte wie auch auf den Kongressen der pädiatrischen Fachwelt spielte das Thema nach wie vor keine nennenswerte Rolle.

Noch bis vor wenigen Jahren waren es fast ausschließlich Rechtsmediziner sowie Kinder- und Jugendpsychiater, die sich in Forschung und Praxis mit dem Tabuthema Kindesmisshandlung befassten. Ab 1999 wurden sogenannte *Gewaltleitfäden* als Hilfestellung für Kinder- und Jugendärzte in allen Bundesländern eingeführt – auch diese Initiative wurde maßgeblich von Rechtsmedizinern angestoßen.

In jüngster Vergangenheit (seit 2008) haben zudem etliche Kliniken in deutschen Großstädten sogenannte *Kinderschutzgruppen* eingerichtet. Diese mit Ärzten und Sozialarbeitern interdisziplinär zusammengesetzten Teams nach Schweizer Vorbild sind ein Meilenstein im mühsamen Kampf gegen Kindesmisshandlung.

Doch nach wie vor wissen Kinder- und Hausärzte viel zu wenig über Formen, Merkmale und das epidemische Ausmaß von Kindesmisshandlung. Fakten und Informationsmöglichkeiten liegen seit langem vor. Gleichwohl neigen viel zu viele Ärzte, genauso wie die Mitarbeiter

von Jugendämtern und Justizbehörden, noch immer dazu, das heikle Thema teils zu bagatellisieren (»Ein Klaps hat noch keinem geschadet«), teils schlichtweg zu verleugnen.
So sind wir heutigen Rechtsmediziner im Gerichtssaal noch immer oftmals die Einzigen, die offen aussprechen, was nicht sein darf und trotzdem ist. Keineswegs selten werden wir von Verteidigern, aber auch von Staatsanwälten und Richtern verdächtigt, Opfer unserer eigenen »abwegigen« Fantasie geworden zu sein. »Sie haben wohl keine Kinder! Ich bin selbst Vater (oder Mutter) – so etwas würden Eltern ihren Kindern niemals antun!«
Aber die Opfer in diesem leidvollen Spiel sind allein die misshandelten Kinder. Und es sind Opfer nicht von rechtsmedizinischen Fantasien, sondern von brutaler, oft lebenslang schädigender, fast immer elterlicher Gewalt.

Kindesmisshandlung als Folklore?

Als Amon Mansouri in eine Klinik im Berliner Norden eingeliefert wird, sieht er übel zugerichtet aus. Der 14 Monate alte Junge hat eine schwere Kopfverletzung und zahlreiche Hämatome an Stirn und Wangen sowie im Bereich der Ohren.
Familie Mansouri lebt in einem Brennpunktviertel. Sie stammt aus Nordafrika und wird im Auftrag des Jugendamtes von einem privaten Träger betreut. (Wie dieses Outsourcing genau funktioniert – oder auch nicht –, stellen wir in Kapitel 3 dar.) In den regelmäßigen Berichten der »Familienhelfer« an den zuständigen Jugendamtsmitarbeiter sind keine besonderen Vorfälle mit elterlicher Gewalttätigkeit vermerkt.

Diensthabende Ärztin in der Notaufnahme ist an diesem Vormittag Dr. Lena Meißner. Die junge Ärztin fragt die Mutter, wie der Kleine sich die Verletzungen zugezogen habe.

»Von der Couch gefallen«, bekommt sie zur Antwort.

Die Kommunikation ist schwierig. Frau Mansouri spricht kein Deutsch und nur ein paar Brocken Englisch. Amon sei ein wildes Kind, bedeutet sie Dr. Meißner mehr mit Gesten als mit Worten. Außerdem habe sie sechs Kinder, die könne sie nicht immer alle gleichzeitig im Blick haben.

Der Ärztin kommt diese Erklärung nicht besonders glaubwürdig vor. Sie erstattet ihrer Vorgesetzten Bericht, und diese macht Meldung beim Jugendamt.

Axel Pattlow, der zuständige Fallbearbeiter, ist Mitte fünfzig und träumt von Frühpensionierung. Den Traum seiner jüngeren Jahre, Kinder zu schützen und zu fördern, hat er vor langer Zeit zu den Akten gelegt. Doch immerhin reagiert er vorschriftsmäßig auf die Kinderschutzmeldung: Er ruft bei uns im Institut an und ersucht um ein rechtsmedizinisches Gutachten.

Als wir Amon in der Klinik aufsuchen, erkennen wir schon auf den ersten Blick, dass die Ärztin mit ihrem Argwohn richtiglag: Selbst wenn der Kleine mit dem Gesicht voran in einen Haufen Legosteine gestürzt wäre, könnte er nicht derart verbeult und voller Blutergüsse sein. Amons Augen sind zugeschwollen, der gesamte Schädel- und Gesichtsbereich ist extrem berührungsempfindlich. Eine Stationsschwester berichtet uns, dass die Schwellungen im behaarten Kopfbereich, an Stirn und Wangen sogar noch zugenommen hätten, seit Amon in die Klinik gebracht wurde. Der Junge wimmert vor Schmerzen, wenn wir mit den Fingerspitzen behutsam über seine Hämatome tasten.

»Das sind klare Hinweise auf Scalping«, erklären wir dem Chefarzt der Kinderstation, nachdem wir Amon von Kopf bis Fuß untersucht haben. »Jemand hat dem Kind die Kopfschwarte vom Schädel heruntergerissen«, fügen wir hinzu, da uns der Chefarzt nur fragend ansieht.

»Aber wer macht denn so was«, murmelt der gestandene Mediziner kopfschüttelnd. Wir sehen ihm an, dass ihm unsere Diagnose Bauchschmerzen verursacht. Doch er behält seine Bedenken für sich.

In unserem Gutachten führen wir aus, dass die von den Eltern vorgebrachte Geschichte nicht stimmen kann. *»Das vorliegende Verletzungsmuster entsteht typischerweise, wenn ein Säugling brutal an den Haaren gepackt wird«*, legen wir dar. *»Daher die Bezeichnung ›Scalping‹: Das Opfer wird sozusagen skalpiert.«*

Aufgrund unseres Gutachtens meldet das Jugendamt den Fall der Polizei. Ein solcher Schritt fällt den beamteten Kinderschützern wohl selten leicht – immerhin gestehen sie damit ein, dass sie als Hüter des Kindeswohls versagt haben. Schließlich war die Familie ja im Auftrag des Jugendamtes durch einen privaten Träger »betreut« worden. Doch wegen drohender Wiederholungsgefahr bleibt ihnen keine andere Wahl – und da es sich bei Kindesmisshandlung um ein sogenanntes Offizialdelikt handelt, muss die Polizei der Sache nachgehen.

Die Ermittlungen werden auch in diesem Fall dem LKA 125 übertragen, das auf Delikte an Schutzbefohlenen spezialisiert ist. Kriminaloberkommissarin Marion Henske bittet uns, mit ihr zusammen den mutmaßlichen Tatort zu begehen.

Familie Mansouri lebt in einem Sozialbau der 1970er-Jahre im Berliner Norden. Die gesamte Vier-Zimmer-Wohnung ist unvorstellbar verwahrlost. Überall liegen leere Fast-Food-Verpackungen und Berge schmutziger Wäsche herum. Gebrauchtes Geschirr, mit Schimmel verkrustet, stapelt sich in der Küche. Hunde und kleine Kinder wühlen in den Abfallbergen. Es ist Winter, die Wohnung ist nicht geheizt, aber die Kinder sind halbnackt. Die Eltern und etliche weitere erwachsene Nordafrikaner sitzen im Wohnzimmer und halten Palaver, ohne sich um die Kinder oder um uns zu kümmern.

Auch die Familienhelferin Lisa Ruppke ist bei der Tatortbegehung dabei. Im Auftrag des Jugendamtes sollte sie zusammen mit einer Kollegin die Familie eigentlich »betreuen«.

»Wie können Sie zulassen, dass die Kinder in dieser Müllhalde vegetieren?«, fragen wir Lisa Ruppke. »Sie hätten Amon und seine Geschwister längst hier herausholen müssen!«

Die Familienhelferin ist Mitte vierzig und von robustem Auftreten. »Müllhalde?«, wiederholt sie und winkt ab. »Da war ich schon in ganz anderen Behausungen. Sie haben ja keine Ahnung, wie Wohnungen aussehen können, die wir zu Gesicht bekommen!«

»Und Sie schauen wohl zu oft Fernsehkrimis«, geben wir zurück. »In der Realität werden auch wir Rechtsmediziner nur selten an Tatorte in Villenvierteln gerufen. Wir haben schon unzählige verwahrloste Wohnungen zu sehen bekommen – aber das hier ist ein Albtraum an Kindeswohlgefährdung! Allein schon durch die hygienischen Zustände und den Mangel an Aufsicht sind die Kinder hier ständig in Gefahr.«

»Alles halb so wild«, wiegelt Lisa Ruppke erneut ab. »Das sind eben die Gebräuche in Afrika. Wir können den Leuten schließlich nicht unsere bürgerlichen Wertvorstellungen aufzwingen.«

Wie wird man so zynisch?, fragen wir uns fassungslos.

Vor allem aber: Warum lässt es das Jugendamt zu, dass derart abgestumpfte Helfer zu vollkommen überforderten, chaotisch desorganisierten Familien geschickt werden?

»Wann haben Sie die Familie denn das letzte Mal besucht?«, fragt Kriminaloberkommissarin Marion Henske.

»Das kann ich Ihnen nicht auswendig sagen«, gibt Lisa Ruppke zurück. Sie holt einen Taschenkalender hervor und blättert darin herum.

Beunruhigt beobachten wir währenddessen, wie sich ein etwa dreijähriges Geschwisterkind von Amon an einem wacklig aussehenden Wandregal hochzieht. Die Kleine ist nur mit einer Unterhose bekleidet.

»Vor sechs Wochen«, gibt die Familienhelferin schließlich bekannt. »Meine Kollegin Malu Helsing ist zurzeit in Urlaub. Sie haben ja keine Ahnung, was ich alles am Hals habe!«

»Vor sechs Wochen?« Kommissarin Henske atmet tief durch. Wir sehen ihr an, dass die zynische Helferin sie nicht weniger wütend macht als uns. »Sind die anderen Kinder wenigstens alle da?«, fragt sie weiter. »Oder müssen wir darauf gefasst sein, dass wir ein paar tote Kinder unter diesen Abfallhaufen finden?«

Lisa Ruppke wirft erneut einen Blick in ihr Notizbuch. »Es müssten sechs sein – einschließlich Amon«, verkündet sie.

Mit einiger Mühe gelingt es uns, Amons Geschwister in den Abfallhaufen aufzuspüren. Bei einer ersten Untersuchung an Ort und Stelle finden wir glücklicherweise keine schweren Verletzungen, wie sie Amon, dem jüngsten der sechs Geschwister, zugefügt wurden. Doch die drei Mädchen und zwei Jungen zwischen drei und neun Jahren sind allesamt unterkühlt, unterernährt und unfassbar verschmutzt. Einige weisen Verletzungen auf, die typisch für Kindesmisshandlung sind – zum Beispiel Hämatome mit Striemenmuster, wie sie durch heftige Ohrfeigen entstehen. Eine Vielzahl weiterer Sturz-, Schnitt- und Brandverletzungen rührt offenbar daher, dass die Kinder weitgehend sich selbst überlassen waren.

»Ihrer Ansicht nach mag das alles zur afrikanischen Folklore gehören«, wenden wir uns nochmals an Lisa Ruppke. »Aus unserer Sicht ist das hier einfach eine Umgebung, in der das Wohl der Kinder hochgradig gefährdet ist – durch Misshandlung, Vernachlässigung und fehlende Beaufsichtigung. Sie müssen alle sechs aus der Familie entfernt werden, und zwar sofort.«

Die Helferin zeigt nach wie vor keine Anzeichen von Schuldbewusstsein. »Das werden wir ja sehen«, sagt sie bloß und steckt sich eine Zigarette an.

In unserem Gutachten legen wir unsere Befunde und Schlussfolgerungen ausführlich dar. Tatsächlich nimmt das Jugendamt alle sechs Kinder wegen akuter Kindeswohlgefährdung in Obhut und lässt sie bei Pflegeeltern unterbringen. Das LKA 125 ermittelt wegen Verdachts auf schwere Körperverletzung zum Nachteil von Amon sowie auf Vernachlässigung aller sechs Kinder der Familie Mansouri.

Als unbefangener Beobachter würde man nun zumindest zweierlei erwarten: die angemessene Verurteilung des Täters oder der Täter sowie Konsequenzen für die zuständigen »Betreuer«, die offenkundig in krasser Weise versagt haben. Schließlich kann keines seiner Geschwister dem kleinen Amon die Kopfschwarte vom Schädel heruntergerissen haben – dafür ist die Kraft eines Erwachsenen nötig. Und schließlich haben Lisa Ruppke und ihre Kollegin, anstatt die Kinder auftragsgemäß zu schützen, lediglich ein paar Pflichtbesuche absolviert

und dabei nach Kräften weggeschaut. Zynische Routine anstelle von engagiertem Einsatz für die hochgradig gefährdeten Kinder.
Doch von Konsequenzen für Täter und Begünstiger keine Spur: Von Vater und Mutter des Misshandlungsopfers sind keine brauchbaren Auskünfte zu erhalten, obwohl die Eltern natürlich mithilfe von Dolmetschern in ihrer Heimatsprache befragt werden. Es lässt sich nicht einmal klären, wie viele und welche Personen außer der eigentlichen Familie Mansouri sich zum Tatzeitpunkt in der Wohnung aufhielten. Brüder, Onkel und noch entferntere Verwandte der Familie gehen dort offenbar ein und aus.
Nach mehrwöchigen Ermittlungen beschließt die Staatsanwaltschaft, keine Anklage zu erheben, da die Straftat keinem mutmaßlichen Täter zugeordnet werden kann. Die Ermittlungen *»wegen Verdachts auf Misshandlung von Schutzbefohlenen zum Nachteil von Amon Mansouri«* werden ergebnislos eingestellt.
Beim Jugendamt kommt man nach routinemäßiger Prüfung zu dem Schluss, dass alle Beteiligten korrekt gehandelt hätten. Amon und seine fünf Geschwister kehren nach dreimonatiger Fremdunterbringung in die Familienwohnung zurück. Gegen die Eltern Mansouri liegt schließlich nicht das Geringste vor. Lisa Ruppke und ihre Kollegin Malu Helsing besuchen Familie Mansouri nun einmal pro Woche. Das Zimmer, in dem sie mit den Eltern zusammentreffen, ist leidlich aufgeräumt, und die Kinder, die ihnen vorgeführt werden, sind einigermaßen gewaschen und halbwegs bekleidet.
Amons Kopfschwarte ist mittlerweile wieder angewachsen. Dem traurigen Blick und der wie versteinerten Haltung des kleinen Jungen messen die Familienhelferinnen keine Bedeutung bei. Woher sollen sie schließlich wis-

sen, dass es sich dabei nicht wieder um afrikanische Folklore handelt?
Nun, dafür müssten sie nur eines der Fortbildungsangebote besuchen, mit denen Rechtsmediziner in ganz Deutschland über typische Merkmale von Kindesmisshandlung informieren.

Das Kartell der Verleugner

Die Geschichte des Scalping-Opfers Amon Mansouri legt die Vermutung nahe, dass die »Wächter des Kindeswohls« gerade bei Familien aus fremden Kulturen gerne mal beide Augen zudrücken. Wenn dieser Verdacht zutrifft – und vieles spricht dafür –, wäre das schon skandalös genug.
Kindesmisshandlung ist Kindesmisshandlung, egal, ob sie wehrlose kleine Menschen mit schwarzer oder gelber, brauner oder weißer Hautfarbe trifft. Unsere Jugendämter sind von Gesetzes wegen dazu verpflichtet, über das Wohl aller Kinder und Jugendlichen zu wachen, die sich (legal) auf deutschem Staatsgebiet aufhalten. Selbst wenn es in anderen Ländern zu den »üblichen Gebräuchen« gehören würde, Kinder zu misshandeln oder zu vernachlässigen: In Deutschland handelt es sich um Gesetzesverstöße, gegen die die zuständigen Behörden einschreiten *müssen.*
Doch die zynische Gleichgültigkeit gegenüber Kinderleid in Migrantenfamilien ist nur ein Steinchen im Mosaik des Verleugnens, Tabuisierens und Bagatellisierens der alltäglichen Gewalt gegen Kinder.
Afrikanische oder türkische Eltern dürfen ihre krankenhausreif geschlagenen Kinder öfter mal wieder mit nach

Hause nehmen, »weil es bei denen eben so zugeht«. Kinder aus deutschen Familien werden ihren Peinigern gleichfalls wieder ausgehändigt – nur mit der entgegengesetzten Begründung.

Für die Kinder macht es keinen Unterschied. Sie werden so oder so verbrannt, verbrüht, verprügelt, vernachlässigt. In vielen Fällen werden unsere diesbezüglichen Gutachten überhaupt nicht angezweifelt – jedenfalls nicht ausdrücklich. Doch stattdessen werten die Entscheider in Staatsanwalts- oder Richterroben die Misshandlung eben als »Ausrutscher« – und liefern das Kind seinen Misshandlern wieder aus. Frei nach dem Motto: »Vielleicht ist ›es‹ ja wirklich passiert, aber eigentlich kommt so etwas in ordentlichen Familien doch nicht vor.«

Da bewahrheitet sich wieder einmal die zynische Weisheit: »Eine Krähe hackt der anderen kein Auge aus.« Wobei man allerdings hinzufügen müsste: »Außer es ist ihr Kind.«

Der sechs Monate alte Henrik wurde mit massiven Symptomen eines Schütteltraumas in die Klinik gebracht: Krämpfe, Erbrechen, Apathie. Er war von seinen Eltern betreut worden, und beide beteuerten, es sei nichts Besonderes vorgefallen. Doch die Symptome sagten etwas anderes aus.

Das Schütteltrauma führt in einem Fünftel bis einem Viertel aller Fälle zum Tod, bei unzähligen überlebenden Opfern zu schwerster geistiger und körperlicher Behinderung. Unstrittig ist es eine der massivsten Formen der Kindesmisshandlung (siehe Kapitel 4) – doch im Fall des schwerst geschüttelten Henrik beschloss der Staatsanwalt gleichwohl, das Verfahren nach kurzer Vorermittlung einzustellen.

Wäre es zur Anklage gekommen, dann hätte sich die Anklagebehörde möglicherweise nicht leichtgetan, die Tat der Mutter oder dem Vater zweifelsfrei zuzuordnen. Doch das trifft auch auf viele ähnlich gelagerte Fälle zu, die trotzdem vor Gericht gebracht werden.
Hier aber scheint sich der Staatsanwalt wieder einmal gesagt zu haben: »Die Eltern sind doch beide Akademiker – genau wie ich selbst. Und Leute wie wir machen so etwas einfach nicht.«

Nicht nur Doktortitel haben sich als Schutzschilde für Kindesmisshandler sehr bewährt. Mitunter reicht auch schon eine Wachtmeister-Uniform.
Der eineinhalbjährige Daris wird mit Knochenbrüchen an beiden Oberarmen ins Krankenhaus gebracht. Bei der rechtsmedizinischen Untersuchung stellen wir fest, dass die Bruchtypen keinesfalls mit einem Unfallgeschehen zu vereinbaren sind. In unserem Gutachten erläutern wir die Befunde und erklären, dass es sich unzweifelhaft um Folgen schwerer Körperverletzung handelt.
Der Fall kommt vor das Familiengericht. Die Richterin zweifelt unsere Darstellung des Sachverhalts mit keinem Wort an. Gleichwohl ordnet sie an, den kleinen Daris seinen Eltern zurückzugeben. Schließlich sei der Großvater von Beruf Polizist – und folglich eine Vertrauensperson! In dieser Umgebung könne »so etwas« doch eigentlich nicht passieren.
Eine entwaffnende Begründung, durch die nur leider wieder mal die Falschen entwaffnet wurden: nicht die Peiniger des Kindes, sondern alle, die sich für den Schutz des Kindes starkgemacht hatten.

Woran man Misshandler erkennt

Selbst erfahrene Rechtsmediziner können nicht immer sofort erkennen, ob die Verletzungen eines Kindes auf einen Unfall oder auf Misshandlung zurückzuführen sind. Doch es gibt drei recht sichere Anzeichen, durch die sich Misshandler meist verraten.

Misshandler lügen

Lassen sich die klinisch festgestellten Verletzungen wirklich mit der Erklärung vereinbaren, die die Eltern zum Geschehensablauf beziehungsweise zur Ursache der Verletzung vorbringen? In Verdachtsfällen ist das die wichtigste Frage, die deshalb immer vorrangig überprüft werden sollte. Lautet die Antwort nein, dann handelt es sich mit hoher Wahrscheinlichkeit um verschleierte Kindesmisshandlung.
Echte Unfälle lassen sich fast durchweg nachvollziehbar erklären. Bei 40 Prozent der Kindesmisshandlungsfälle fehlt dagegen eine plausible Erklärung. Glaubwürdig ist diese natürlich nur dann, wenn sie zum Entwicklungsstand des Kindes und seinen individuellen Fähigkeiten passt. Ein Säugling von weniger als zwölf Monaten kann nicht das einen Meter hohe Gitter seines Bettchens überklettert haben. Ein Dreijähriger wird in der Regel nicht imstande sein, sich selbst mit komplizierten Knoten zu fesseln usw. Es ist erstaunlich, wie oft ungeschulte Personen auf offensichtlich abwegige Erklärungen hereinfallen.

Misshandler sind oftmals Drogenmissbraucher

Ein weiteres Anzeichen sind auffällige Verhaltensweisen der Eltern oder sonstigen Betreuer, die sich zum Zeitpunkt des angeblichen Unfalls bei dem Kind aufgehalten haben. Häufig weisen solche Verhaltensabweichungen auf Alkohol-, Drogen- oder Tablettenmissbrauch hin – und dieser wiederum geht häufig mit Kindesmisshandlung einher.

Aus naheliegenden Gründen schränkt Drogenmissbrauch die Fähigkeit, Kinder zu betreuen, erheblich ein. Zudem sind chronische Drogenmissbraucher psychisch instabile Personen, die meist durch unverarbeitete eigene Kindheitstraumata belastet sind.

Misshandler zögern den dringend nötigen Arztbesuch hinaus

Wenn ihr Kind durch einen echten Unfall verletzt wurde, setzen die Eltern alles daran, ihm so schnell wie möglich medizinische Hilfe zukommen zu lassen. Misshandler dagegen zögern den Gang zum Arzt oder in die Klinik häufig hinaus. Schließlich haben sie allen Grund zu der Befürchtung, als Täter überführt zu werden. Daher reden sie sich zunächst ein, dass sich das Kind schon von selbst wieder erholen werde. Erst wenn sich der Zustand des kleinen Opfers nicht verbessert oder sogar verschlimmert, entschließen sie sich widerwillig, für medizinische Hilfe zu sorgen.

Oftmals geht Kindesmisshandlung auch mit Kindesvernachlässigung einher: Nicht selten bemerken solche Eltern tatsächlich erst lange nach der Misshandlung, dass das Kind krampft, verzögert reagiert oder wie leblos in seinem Bett liegt.

Entlastung unschuldiger Eltern

Wir Rechtsmediziner treten entschieden für die Rechte der Kinder ein. Das bedeutet aber keineswegs, dass wir die Eltern unter Generalverdacht stellen würden. Ganz im Gegenteil: Aufgrund unserer beruflichen Erfahrung erkennen wir oftmals genauer als andere, ob wir fürsorgliche Eltern mit einem verunglückten Kind vor uns haben – oder Misshandler mit ihrem Opfer.
Die Erklärungen, die »gute« Mütter und Väter für die Verletzungen ihres Kindes vorbringen, sind fast immer plausibel und leicht nachvollziehbar. Meist haben die Eltern so schnell wie möglich medizinische Hilfe für ihr Kind gesucht. Wenn die Ärzte in der Klinik empfehlen, zur Klärung des Unfallgeschehens einen Rechtsmediziner hinzuziehen, dann stimmen Eltern mit gutem Gewissen in aller Regel zu. Schließlich haben sie nichts zu verbergen – und natürlich wollen sie wissen, was mit ihrem Kind wirklich passiert ist. Ob sich beispielsweise hinter plötzlich aufgetretenen Hämatomen oder Knochenbrüchen eine unerkannte Krankheit verbirgt.

Sechs Wochen alt – 23 Knochenbrüche

Der junge Vater gehört der »Generation Kevin« an, und schon sein Vorname klingt wie eine Kampfansage. Mit 21 Jahren hat Bruce Ramelow bereits eine Polizeiakte so dick wie seine Oberarme. Ausnahmslos Körperverletzungsdelikte, von Schulhofschlägereien ab der sechsten Hauptschulklasse über Massenprügeleien mit seiner Jugendbande bis hin zu Faustattacken auf diverse Lebensgefährtinnen.
Seit Bruce Ramelow mit der ein Jahr jüngeren Jennifer Heinze liiert ist, scheint sein Leben in ruhigeren Bahnen

zu verlaufen. Er hat einen Job als Kurierfahrer gefunden, sie kümmert sich zu Hause um die beiden gemeinsamen Kinder. Töchterchen Celine hat gerade den zweiten Geburtstag gefeiert, und vor sechs Wochen wurde Justin geboren. Mit der Polizei hatte Bruce Ramelow schon seit gut zwei Jahren nichts mehr zu tun.

An einem Sonntag in aller Frühe erscheinen die jungen Eltern mit dem Säugling in der Notaufnahme einer Berliner Klinik. Das Baby wimmert vor Schmerzen, sein rechter Oberschenkel ist gebrochen. So etwas kommt vor, wenn junge, unerfahrene Eltern den Säugling etwas zu ruppig anfassen, denken sich die Kinderchirurgen. Der Bruch wird geröntgt und in der Kinderchirurgie genagelt. Auf die Idee, dass Mutter oder Vater das Baby misshandelt haben könnten, kommt in der Klinik niemand. Und so kehren die Eltern mit dem kleinen Justin nach Hause zurück.

Zwei Tage später sind sie wieder da: Justins Oberschenkel ist erneut gebrochen, der Nagel kommt durch die Haut. Noch immer denken sich die behandelnden Ärzte nichts Böses. Dr. Klaus Rathner von der Kinderintensivstation, der in der Klinik normalerweise Kinder begutachtet, ist im Urlaub. Justin wird zum zweiten Mal geröntgt, der Bruch erneut genagelt. Dann kehren Eltern und Kind wiederum nach Hause zurück.

Nach einigen weiteren Tagen hat Dr. Rathner seinen Urlaub beendet. Er geht die Patientenakten der letzten Wochen durch und stößt auf die Röntgenaufnahmen von Justin Ramelow. Seltsam, da ist ja noch ein weiterer Bruch im Oberschenkel, sagt er sich. Und eine Rippe hat der Säugling auch noch gebrochen.

Er berät sich mit den Kollegen von der Kinderchirurgie, die den Oberschenkelbruch genagelt haben. Der Verdacht auf Kindesmisshandlung liegt in der Luft, aber

noch spricht ihn niemand offen aus. Die Ärzte beschließen, die Familie nochmals in die Klinik zu bestellen.
Erneut erscheinen Bruce Ramelow und Jennifer Heinze, die zweijährige Celine im Buggy und den Säugling im Kinderwagen. Die Mutter kümmert sich liebevoll um ihre beiden Kinder. Der Vater macht mit seinem Irokesenschnitt, den Drachen-Tattoos und aufgepumpten Oberarmen zwar einen furchteinflößenden Eindruck. Aber auch Bruce Ramelow scheint eine enge Bindung zu seiner Tochter zu haben. Und als er Dr. Rathner fragt, was mit Justin los sei, wirkt er aufrichtig besorgt.
»Wir müssen den Kleinen noch mal röntgen«, sagt der Arzt. »Dann wissen wir hoffentlich mehr.«
Entgeistert schauen er und seine Kollegen von der Kinderchirurgie kurz darauf die Röntgenbilder an. Justins Arme und Beine, sein Brustkorb und sogar seine Wirbelsäule weisen Brüche auf. Insgesamt zählen die Ärzte 23 Knochenbrüche.
Sicherheitshalber röntgen sie auch die zweijährige Celine. Doch das Mädchen ist in gutem Gesundheitszustand: keine Knochenbrüche, keine Hämatome, keine auffälligen Entwicklungsrückstände.
Dr. Rathner ruft bei uns im Institut an und bittet uns, den Säugling möglichst umgehend zu begutachten. Außerdem erstattet die Klinik Meldung beim Jugendamt.
Der zuständige Beamte dort ist Meik Simmering. Der engagierte Sozialarbeiter sucht sich sofort die Fallakte von Bruce Ramelow heraus. Sie ist noch sehr viel umfangreicher als seine Polizeiakte. Bruce war als Kind von seinem Vater viele Jahre lang misshandelt worden. Ab seinem achten Lebensjahr wurde er von Erziehungshelfern mehrmals über längere Zeiträume betreut. Trotzdem durchlief er die übliche kriminelle Karriere – vom Gewaltopfer zum Gewalttäter, der sich für die zu Hause

erlittenen Misshandlungen an Schwächeren schadlos hält.

Gerade junge Männer mit einem solchen Hintergrund geben ihre eigene Gewalterfahrung oftmals an die eigenen Kinder weiter, überlegt Meik Simmering. Auch dass Justins Schwester keine Misshandlungsspuren aufweist, passt ins Bild. Höchstwahrscheinlich kopiert Bruce Ramelow (unbewusst) seine eigenen Kindheitserfahrungen.

Wir fahren noch am selben Tag in die Klinik, um Justin zu untersuchen. Die zahlreichen Knochenbrüche und die Polizeiakte des Kindsvaters – auch aus unserer Sicht spricht fast alles dafür, dass Bruce Ramelow seinen kleinen Sohn misshandelt hat, wie er selbst von seinem Vater misshandelt wurde.

Bei der Betrachtung der Röntgenbilder werden wir jedoch nachdenklich. Die Knochen sehen sonderbar aus, auch die Brüche in der Wirbelsäule sind aus rechtsmedizinischer Sicht irritierend. Sie gehören nicht zu den typischen Verletzungen misshandelter Säuglinge.

Wir empfehlen eine genetische Untersuchung, die allerdings mehrere Wochen dauert. Auf unseren Rat hin nimmt das Jugendamt den kleinen Justin in Obhut, um ihn während dieser Zeit vorsorglich zu schützen. Das Baby wird bei Pflegeeltern untergebracht und einer umfassenden genetischen Diagnostik unterzogen.

Nach sechs Wochen liegt das Ergebnis vor: Justin Ramelow leidet an *Osteogenesis imperfecta*, auch bekannt als Glasknochenkrankheit. Hierbei handelt es sich jedoch um keine Krankheit im engeren Sinn, sondern um eine seltene Behinderung.

Die Knochen der betroffenen Patienten weisen eine glasige Struktur auf und sind extrem brüchig. Ursache ist eine angeborene Kollagenfehlbildung. Kollagen vom Typ 1 ist der Hauptbestandteil des Bindegewebes und

die wichtigste Grundlage für den Aufbau der Knochenmatrix. Die Knochen von Menschen mit dieser Behinderung brechen tatsächlich fast so leicht wie Glas.
Bruce Ramelow und Jennifer Heinze sind tief bestürzt, als sie von dieser Diagnose erfahren. Alle bei Justin festgestellten Knochenbrüche sind auf die Glasknochenkrankheit zurückzuführen. Der Junge wird ohne permanente Behandlung niemals auf eigenen Füßen stehen oder gar gehen können.
Doch die furchtbare Diagnose hat auch etwas Gutes: Die Eltern erfahren frühzeitig, wie sie ihrem Kind vermeidbare Verletzungen ersparen und durch dauerhafte Therapien zumindest die Symptome der Osteogenesis lindern können. Und der Verdacht gegen Bruce Ramelow ist durch unser Gutachten und die darin empfohlenen Folgeuntersuchungen zweifelsfrei ausgeräumt worden.

Ausgepeitscht?

Ein Hamburger Rechtsmediziner sollte ein zweijähriges Mädchen begutachten, dessen Rücken mit roten, striemenförmigen Marken bedeckt war. Der Kinderarzt hatte den Kollegen um konsiliarischen Rat gebeten: »Für mich sieht das nach einer Auspeitschung aus. Aber Sie sind der Fachmann.«
Der Rechtsmediziner wollte ihm schon zustimmen, aber ihn irritierte die völlige Symmetrie der Striemen. »So präzise kann niemand auspeitschen«, sagte er und fuhr nachdenklich mit dem Zeigefinger über den Rücken des Kleinkindes.
Seltsam war auch, dass es die Kleine überhaupt nicht zu schmerzen schien, wenn man ihre vermeintlichen Wundmale berührte.
Die Sache ließ dem Kollegen keine Ruhe. Er recherchier-

te und stieß schließlich auf ein rituelles Verfahren, das in der Traditionellen Chinesischen Medizin (TCM) gegen Erkältung angewendet wird. Dabei fährt der Heiler mit bestimmten Münzen und Stäbchen immer wieder am Rücken des Patienten herunter – und erzeugt auf diese Weise genau solche symmetrischen Striemenmuster, wie der Kinderarzt sie auf dem Rücken des kleinen Mädchens entdeckt hatte.

Um ganz sicherzugehen, suchte der Rechtsmediziner einen Allgemeinarzt auf, der neben westlicher Schulmedizin auch TCM praktizierte. Er zeigte ihm Fotos, auf denen er die »Verletzungen« festgehalten hatte – und der Arzt bestätigte ihm lachend: »Dieses Kind wurde nicht misshandelt, sondern von Schnupfen und Husten geheilt. Das tut kein bisschen weh, Kollege – wenn Sie wollen, trete ich sofort den Beweis an.«

So weit wollte der Rechtsmediziner denn doch nicht gehen. Das Rätsel war gelöst, erkältet war er auch nicht – und so begnügte er sich damit, die Eltern des chinesisch kurierten Mädchens vom Verdacht der Kindesmisshandlung zu befreien.

Blau geprügelt?

Mandy war zwei Monate alt und hatte vier Geschwister zwischen einem und vier Jahren. Ihre Eltern, Robin und Chantal Mühlmann, lebten von staatlichen Hartz-IV-Zahlungen, die sie gerne mal in Wodka investierten – mit Orangensaft gemixt wegen der Vitamine.

Mehrfach hatte das Jugendamt schon angeordnet, Mandys Geschwister vorübergehend bei Pflegeeltern unterzubringen. Wenn Robin und Chantal einen gewissen Pegelstand überschritten hatten, kam es vor, dass sie alles um sich herum vergaßen:

Ihre geräumige Sozialwohnung in einem energetisch sanierten Hochhaus im Hamburger Osten. Ihre drei Großbild-Fernseher, über die zu jeder Tages- und Nachtzeit bunte Bilder flimmerten. Und leider auch ihre Kinder, die dann stundenlang unbeaufsichtigt waren.
Deshalb hatte der zuständige Sachbearbeiter beim Jugendamt angeordnet, dass Robin oder Chantal den Säugling Mandy einmal pro Woche bei der Kinderärztin vorführen mussten.
Die Eltern waren eigentlich ganz kinderliebe Leute, nur eben mit einem Alkoholproblem und einer Abneigung gegen Arbeit. Sie mochten es, wenn ihre Kinder Desiree (4), Caprice (3), Jason (2), Marvin (1) und nun auch noch die kleine Mandy um sie herumwuselten. Und so gaben sie sich Mühe, jede Woche pünktlich bei Dr. Gesine Kettner zu erscheinen.
Als der Termin wieder anstand, zog Chantal ihrem Baby sogar extra das neu gekaufte Mützchen an. Es regnete, und die Kleine sollte sich schließlich nicht verkühlen. Vor allem aber sollte die Ärztin sehen, wie vorbildlich Chantal sich um ihre Kinder kümmerte.
Leicht schwankend betrat sie mit dem Säugling auf dem Arm die Kinderarztpraxis. Das neue Käppchen klebte regenfeucht an Mandys Kopf.
Glücklicherweise wurden sie gleich ins Behandlungszimmer gerufen. Chantal zog Mandy aus, wickelte sie in eine Kapuzendecke und setzte ihr die Kapuze auf, ohne genau hinzusehen. Schließlich kannte sie die Prozedur in- und auswendig: Dr. Kettner wollte die Kleine jedes Mal von Kopf bis Fuß untersuchen. Und Chantal wollte so schnell wie möglich zurück zu Robin und ihrer Wodkaflasche.
Dr. Kettner kam herein, begrüßte Chantal und rümpfte wie üblich die Nase. Dabei hatte sich Chantal extra ein

Eukalyptusbonbon in den Mund geschoben. Aber die Ärztin schien sogar eine minimale Schnapsfahne zu riechen.
Chantal setzte sich auf einen Stuhl und döste vor sich hin. Dr. Kettner hatte die Kleine auf den weich gepolsterten Untersuchungstisch gelegt und wickelte sie behutsam aus der Kapuzendecke.
»Was um Himmels willen ist da passiert?«, fragte die Ärztin. In einem alarmierten Tonfall, der Chantal aus ihrem Dusel aufschreckte.
»Wieso denn passiert?«, murmelte sie.
Und dann sah sie es selbst. Über Mandys fast noch kahles Köpfchen zog sich vom Scheitel bis zu den Ohren ein riesiger blauer Fleck. Er hatte die Form einer Frisbeescheibe und sah einfach grauenvoll aus. Als hätte irgendwer der Kleinen mit einer Bratpfanne auf den Kopf gehauen.
»Ach du Scheiße«, brachte Chantal hervor.
Die Ärztin tippte mit einer Fingerspitze vorsichtig auf Mandys Kopf. Das Baby begann zu greinen.
»Wie ist das passiert?«, wiederholte Dr. Kettner in strengem Tonfall.
»Ich war die ganze Zeit bei ihr«, beteuerte Chantal. »Außer heute Vormittag, da war ich kurz mal einkaufen. Aber Robin war doch daheim und hat auf die Kinder aufgepasst!«
Die Ärztin sah sie unheilverkündend an. Chantal ahnte schon, was jetzt wieder kommen würde: Ein- oder zweimal war Robin die Hand ausgerutscht, wenn die Kurzen einfach keine Ruhe geben wollten. Aber das war schon eine ganze Weile her, und Robin war eigentlich der liebste Kerl auf der Welt.
»Für Robin leg ich die Hand ins Feuer«, erklärte sie feierlich.

Das war zwar nur so eine Redensart, aber sie erinnerte Chantal an einen Vorfall vor ein paar Monaten. Da waren sie und Robin in ihren Relax-Sesseln ganz kurz weggeduselt. Und dann der Schrei von Caprice, die eine Herdplatte angedreht und sich die linke Hand grässlich verbrannt hatte. Oder war es die rechte gewesen?
Chantal grübelte vor sich hin, während die Ärztin telefonierte.
»Wir müssen herausfinden, wie das passiert ist«, sagte Dr. Kettner, nachdem sie ihr Telefongespräch beendet hatte. »Deshalb habe ich die Spezialisten vom Institut für Rechtsmedizin gebeten, Mandy anzusehen.«
Chantal hatte mittlerweile einen Kloß in der Kehle. Sie konnte ihren Blick gar nicht mehr von dem riesigen blauen Fleck abwenden. Und wenn Robin doch wieder ausgerastet ist, ging es ihr durch den Kopf. Dieses Blau erinnerte sie an irgendetwas, aber sie kam einfach nicht drauf, woran.
Wenig später untersucht der Rechtsmediziner Mandy Mühlmann in der Praxis von Dr. Kettner.
Als Erstes fällt dem Kollegen auf, dass das Hämatom einen ungewöhnlichen Blauton hat. Es zieht sich über die Schädeldecke und an beiden Kopfseiten bis zu den Ohren des Säuglings. Allerdings kann er keinerlei Schwellungen ertasten, was bei einem Bluterguss dieser Ausdehnung gleichfalls ungewöhnlich ist. Um nicht zu sagen unmöglich.
Der Rechtsmediziner bittet die Kinderärztin um einen angefeuchteten Wattebausch. Beherzt wischt er Mandy damit über den Kopf – und legt einen Streifen rosiger Kopfhaut frei.
»Kann es sein, dass Mandy eine blaue Mütze getragen hat, als Sie heute Mittag im Regen hier hergekommen sind?«, fragt er Chantal Mühlmann.

Die Kindsmutter starrt auf Mandys Köpfchen, das er Streifen um Streifen von der blauen Farbe befreit.
»Scheiße, ja!«, ruft Chantal. »Sie wollten uns wieder mal einen Strick daraus drehen!«, fährt sie die Ärztin an. »Dabei hab ich die Mütze extra im Ein-Euro-Markt gekauft, damit Sie sehen, wie gut ich mich um Mandy kümmere!«
Sie schnappt sich den Säugling und stolziert in einer Haltung gekränkter Würde aus der Tür.
»Mir fällt ein Stein vom Herzen«, sagt die Kinderärztin.

3
Ritter mit stumpfen Schwertern: Warum der Kinderschutz versagt

Die gesetzlichen Bestimmungen sind eindeutig: Wenn *»die Erziehungsberechtigten versagen oder wenn die Kinder aus anderen Gründen zu verwahrlosen drohen«*, dürfen die betroffenen Kinder auch *»gegen den Willen der Erziehungsberechtigten (...) von der Familie getrennt werden«* (Grundgesetz, Artikel 6, Abs. 3).
Die Gesetze, die solche Eingriffe in das elterliche Sorgerecht regeln, finden sich im Bürgerlichen Gesetzbuch (BGB) und insbesondere im 8. Sozialgesetzbuch (SGB), dem Kinder- und Jugendhilfegesetz (KJHG).
Im Bürgerlichen Gesetzbuch heißt es: *»Kinder haben ein Recht auf gewaltfreie Erziehung. Körperliche Bestrafungen, seelische Verletzungen und andere entwürdigende Maßnahmen sind unzulässig.«* (§ 1631, Abs. 2 BGB) Und weiter: *»Wird das körperliche, geistige oder seelische Wohl des Kindes oder sein Vermögen durch missbräuchliche Ausübung der elterlichen Sorge, durch Vernachlässigung des Kindes, durch unverschuldetes Versagen der Eltern oder das Verhalten eines Dritten gefährdet, so hat das Familiengericht, wenn die Eltern nicht gewillt oder nicht in der Lage sind, die Gefahr abzuwenden, die zur Abwendung der Gefahr erforderlichen Maßnahmen zu treffen.«* (§ 1666 BGB)

Milliarden für das Kindeswohl

Das Familiengericht wird in der Regel auf Antrag des Jugendamtes tätig, das vom Gesetzgeber als Wächter des Kindeswohls eingesetzt worden ist. Im 8. Sozialgesetzbuch heißt es hierzu:

»(1) Werden dem Jugendamt gewichtige Anhaltspunkte für die Gefährdung des Wohles eines Kindes oder Jugendlichen bekannt, so hat es das Gefährdungsrisiko im Zusammenwirken mehrerer Fachkräfte einzuschätzen. Soweit der wirksame Schutz dieses Kindes oder dieses Jugendlichen nicht in Frage gestellt wird, hat das Jugendamt die Erziehungsberechtigten sowie das Kind oder den Jugendlichen in die Gefährdungseinschätzung einzubeziehen (...) Hält das Jugendamt zur Abwendung der Gefährdung die Gewährung von Hilfen für geeignet und notwendig, so hat es diese den Erziehungsberechtigten anzubieten.

(2) Hält das Jugendamt das Tätigwerden des Familiengerichtes für erforderlich, so hat es das Gericht anzurufen; dies gilt auch, wenn die Erziehungsberechtigten nicht bereit oder in der Lage sind, bei der Abschätzung des Gefährdungsrisikos mitzuwirken. Besteht eine dringende Gefahr und kann die Entscheidung des Gerichts nicht abgewartet werden, so ist das Jugendamt verpflichtet, das Kind oder den Jugendlichen in Obhut zu nehmen.

(3) Soweit zur Abwendung der Gefährdung das Tätigwerden anderer Leistungsträger, der Einrichtungen der Gesundheitshilfe oder der Polizei notwendig ist, hat das Jugendamt auf die Inanspruchnahme durch die Erziehungsberechtigten hinzuwirken. Ist ein sofortiges Eingreifen notwendig und wirken die Personensorgeberechtigten oder die Erziehungsberechtigten nicht mit, so schaltet das Jugendamt die anderen zur Abwendung der

Gefährdung zuständigen Stellen selbst ein.« (§ 8a SGB, 8. Buch)

Das Kinder- und Jugendhilfegesetz enthält zudem einen umfangreichen Katalog an Leistungen zugunsten junger Menschen und ihrer Familien (§ 27 SGB, 8. Buch) – etwa Erziehungshilfen, die Unterbringung bei Pflegeeltern oder in Einrichtungen für betreutes Wohnen. Diese Leistungen werden auf Antrag der Jugendämter von den Familiengerichten angeregt bzw. angeordnet.

Um »überforderte« Eltern bei der Erziehung ihrer Kinder zu unterstützen, senden die Jugendämter ganze Armeen von Erziehungs- und Familienhelfern aus. Bundesweit erhielten im Jahr 2010 mehr als 866 000 Kinder und Jugendliche Erziehungshilfen – und jedes Jahr werden es rund 30 000 Fälle mehr (*Stern*, 32/2012).

Als Erziehungshelfer treten in aller Regel nicht die Jugendamtsmitarbeiter selbst in Aktion. Vielmehr beauftragen sie sogenannte freie Träger, die ihre Angestellten oder Honorarkräfte in die betroffenen Familien schicken – ein lukrativer Markt, auf dem sich kirchliche Verbände wie *Caritas* (katholisch) oder *Diakonisches Werk* (evangelisch) und eine unüberschaubare Vielzahl weiterer »gemeinnütziger« Organisationen tummeln.

Den Kinder- und Jugendschutz lässt sich der deutsche Staat einiges kosten: Mit mehr als 7,5 Milliarden Euro schlugen 2009 die bundesweit im Auftrag der Jugendämter durchgeführten Erziehungshilfemaßnahmen zu Buche. Allein in Berlin stellen freie Träger den Jugendämtern jährlich über 400 Millionen Euro für Erziehungshilfen in Rechnung – und mit der Zahl der Fälle von Kindesmisshandlung steigen auch die Kosten Jahr für Jahr dramatisch an (*Stern*, 32/2012).

Warum aber werden hierzulande trotzdem 200 000 Kinder jährlich schwer misshandelt – meist von ihren eige-

nen Müttern und Vätern? Wieso kann der staatliche Kinder- und Jugendschutz nicht verhindern, dass Jahr für Jahr mehrere hundert Minderjährige an den Folgen ihrer Misshandlung sterben?
An der finanziellen Ausstattung unseres Kinder- und Jugendhilfe-Systems kann es nicht – oder zumindest nicht in erster Linie – liegen. 7,5 Milliarden Euro sind sehr viel Geld, auch in Zeiten, in denen aufgrund immer weiterer milliardenteurer »Rettungspakete« die Dimensionen zu verrutschen drohen.

Nackt im Kellerloch

Lena Feddersen ist 24 und hat ihr Studium der Sozialarbeit erst vor ein paar Monaten beendet. Sie ist hocherfreut, als ihr der freie Träger *Family Empowerment gGmbH* einen Job anbietet. Die Organisation buhlt mit kühnen Versprechen und altruistischer Rhetorik um die Gunst der Jugendämter.
Beim Einstellungsgespräch erklärt Geschäftsführer Jan Hinrich, worauf es in ihrer Branche ankommt: »Wir helfen den Familien, ihr Leben in die eigenen Hände zu nehmen.« Kindesmisshandlung ist seiner Auffassung nach nur ein Ausdruck elterlicher Überforderung und Frustration. »Wenn wir die Eltern in die Lage versetzen, mit ihrer familiären und beruflichen Situation zurechtzukommen, werden sie fast unweigerlich zu fürsorglichen Müttern und Vätern.«
Jan Hinrichs Idealismus überzeugt die junge Helferin. Ihre Enttäuschung über das magere Einstiegsgehalt von 1300 Euro netto schluckt sie schnell wieder herunter. Schließlich ist sie nicht Sozialarbeiterin geworden, um

sich eine goldene Nase zu verdienen. Und die Menschen, denen sie mit ihrem Engagement und Fachwissen helfen will, sind finanziell oft noch sehr viel schlechter dran.
Also unterschreibt Lena Feddersen den Vertrag mit *Family Empowerment.* Sie bekommt auch gleich ihre ersten Klienten zugeteilt: Zusammen mit Marlies Küfner, einer routinierten Kollegin Ende vierzig, soll sie einmal wöchentlich Familie Mihajlovič besuchen. Der dreijährige Mirko Mihajlovič war vor einigen Monaten mit misshandlungstypischen Knochenbrüchen in eine Klinik eingeliefert worden. Seine körperliche und geistige Entwicklung ist deutlich verzögert. Das Familiengericht hat angeordnet, die Eltern durch Familienhelfer zu unterstützen.
Die Mihajlovičs wohnen in einem Sozialbau der 1970er-Jahre am westlichen Stadtrand. In der Fallakte hat Lena Feddersen von vermüllten Zimmern und deutlichen Zeichen der Unterernährung bei Mirko gelesen, aber davon ist bei ihren Besuchen nichts mehr zu sehen.
Das Gebäude wirkt heruntergekommen, doch die Wohnung der Mihajlovičs macht einen gepflegten Eindruck. Die Einrichtung ist zweckmäßig, die Zimmer sind sauber und aufgeräumt. Dunja Mihajlovič, die Mutter des Jungen, und Mirko selbst sind immer ordentlich gekleidet, wenn die Sozialarbeiterin zu Besuch kommt. Der Junge ist schweigsam, eigentlich gibt er kaum ein verständliches Wort von sich, aber seine Mutter geht allem Anschein nach liebevoll mit ihm um. Slobodan Mihajlovič, den Vater, bekommt die Familienhelferin nicht zu sehen: Angeblich ist er auf Arbeitssuche.
Lena Feddersen ist von ihrer neuen Aufgabe begeistert. Schon nach wenigen Besuchen hat sie es geschafft, eine positive Beziehung zu Dunja Mihajlovič aufzubauen.

Die Mutter erzählt ihr bereitwillig von Vorsorgeuntersuchungen beim Kinderarzt und von Mirkos gesundem Appetit. Die Sozialarbeiterin hilft ihr beim Ausfüllen von Behördenformularen und gibt ihr Ernährungstipps, die sich Dunja Mihajlovič aufmerksam anhört. Während sich die beiden Frauen unterhalten, sitzt Mirko auf dem Wohnzimmerboden und schaut mit heiterem Lächeln zu ihnen auf.

In ihren Berichten für das Jugendamt weiß Lena Feddersen nur Erfreuliches zu vermerken. *»Familie Mihajlovič gelingt es zunehmend, auf eigenen Füßen zu stehen, und entsprechend fürsorglich kümmert sich die Mutter um Mirko.«* Der Ansatz von *Family Empowerment* scheint sich voll und ganz zu bewähren.

Als Lena Feddersen ihre Kollegin auf den Fall Mirko ansprechen will, macht Marlies Küfner eine wegwerfende Handbewegung. »Zeitverschwendung, jede Woche dort aufzukreuzen«, wehrt die routinierte Helferin ab.

Eine Antwort, die Lena Feddersen lange nicht aus dem Kopf geht. Aber aus Angst, sich lächerlich zu machen, fragt sie nicht nach. Wie soll Marlies Küfner ihre Bemerkung schon gemeint haben, beruhigt sie sich: Bei den Mihajlovičs läuft alles so gut, dass sie wirklich schon bald keine Unterstützung mehr brauchen.

Nur wenige Tage später klingelt beim Kriminaldauerdienst (KDD) das Telefon. Am Apparat ist ein Rentner, der sich als Gerhard Zastrow vorstellt, wohnhaft in demselben Mehrfamilienhaus, in dem die Mihajlovičs leben. »Ich war eben im Keller«, berichtet er. »Da hörte ich ein Wimmern. In einem Verschlag ganz hinten im Keller fand ich einen kleinen Jungen. Er ist vielleicht drei, vier Jahre alt, vollkommen nackt und verdreckt. Ich wollte ihn da rausholen, aber die Tür ist mit einem Vorhängeschloss gesichert. Sie müssen sofort kommen! Bestimmt haben Kidnapper den Jungen in dieses furchtbare Verlies gesperrt!«

Die Kriminalisten vom KDD informieren das Jugendamt. Zusammen mit den Polizeibeamten fährt Pit Bangemann, der zuständige Sachbearbeiter, zu dem Sozialbau am Stadtrand. Dort wartet Gerhard Zastrow schon vor der Haustür. Der ältere Herr wirkt noch immer entsetzt, als er sie zu dem Verschlag im Keller führt.

Kaum weniger entgeistert ist Pit Bangemann, nachdem Feuerwehrbeamte die Verliestür aufgebrochen haben. Der Junge, der dort splitternackt auf dem schmutzstarrenden Kellerboden hockt, ist Mirko. Pit Bangemann kennt ihn seit langem, wenn auch vorwiegend aus der Fallakte. Die Familie Mihajlovič gehört in seinen Zuständigkeitsbereich. Jede Woche bekommt Pit Bangemann die Berichte der Familienhelferinnen auf den Tisch. Aber darin hat es doch immer geheißen, dass Dunja Mihajlovič den Kleinen liebevoll betreut!

Pit Bangemann und seine Kollegin nehmen Mirko wegen akuter Kindeswohlgefährdung in Obhut. Der Junge wird erstversorgt und in eine Kinderklinik gebracht. Bei der rechtsmedizinischen Untersuchung stellt sich heraus, dass sich Mirkos geistige und körperliche Entwicklungsrückstände seit der letzten Begutachtung sogar noch vergrößert haben. Der Junge ist mangelernährt und kann trotz seiner drei Jahre kaum verständlich sprechen.

Beim Konfrontationsgespräch in der Klinik zeigt Dunja Mihajlovič keinerlei Schuld- oder Unrechtsbewusstsein.

»Mirko ist gerne da unten«, behauptet sie. »Und weil er sich da immer so dreckig macht, habe ich ihm gar nicht erst etwas angezogen.«

»Aber Sie haben den Familienhelferinnen etwas vorgespielt!«, hält ihr die Leiterin der Kinderschutzgruppe vor. »Wenn Frau Küfner oder Frau Feddersen ihren Besuch angekündigt hatten, haben Sie Mirko immer sauber gewaschen und bekleidet vorgeführt.«

Mutter Mihajlovič sieht sie verständnislos an. »Was hätte ich denn sonst machen sollen?«, gibt sie zurück. »Schließlich wollte ich ja keinen Ärger bekommen.«

Das Familiengericht fordert den Leiter des zuständigen Jugendamtes zu einer Stellungnahme auf. Wieso haben die Familienhelferinnen nicht bemerkt, dass Mirko unter unmenschlichen Bedingungen in einem Kellerloch gefangen gehalten wurde?

Harry Soltau, der Jugendamtsleiter, hat sich mit Pit Bangemann beraten, der zuvor seinerseits Marlies Küfner und Lena Feddersen angehört hat.

»Die Mutter hat offenkundig kooperiert«, gibt er zu Protokoll. *»Deshalb haben die Helferinnen ihren Besuch immer vorher angekündigt. Unangemeldete Besuche wirken wie Kontrollen und belasten das Vertrauensverhältnis zwischen Helfern und Familien. Auf dieses Mittel greifen wir daher nur bei konkretem Verdacht auf Kindeswohlgefährdung zurück, und dafür gab es hier keine Anzeichen.«*

Seitenlang führt der Behördenleiter weiter aus, wie intensiv die Familie beobachtet worden sei und wie positiv sie sich entwickelt habe. *»Die vom Familiengericht angeregten Hilfsmaßnahmen wurden korrekt durchgeführt«*, schließt er seinen Bericht. *»Seitens des Jugendamtes sind keine Fehler oder Versäumnisse festzustellen.«*

Akte zu, alles gut? Für den kleinen Mirko wohl kaum. Obwohl er mittlerweile seit einem halben Jahr bei Pflegeeltern lebt, wacht er immer noch jede Nacht schreiend aus Albträumen auf. Höchstwahrscheinlich wird er bis in sein Erwachsenenalter an Angstattacken leiden und stark suchtgefährdet sein. Aufgrund seiner verzögerten geistigen und körperlichen Entwicklung werden seine schulischen Leistungen unterdurchschnittlich sein. Er wird von Gleichaltrigen gemobbt und drangsaliert werden, und über kurz oder lang wird aus dem ewigen Opfer Mirko selbst ein Gewalttäter werden, der Schwächere misshandelt – nicht zwangsläufig, aber mit hoher Wahrscheinlichkeit.

Gleichwohl hat das zuständige Jugendamt nach eingehender Prüfung festgestellt, dass gemäß den Richtlinien alles fehlerfrei gehandhabt worden ist. Das erinnert an den alten Medizinerwitz: »Operation gelungen, Patient tot.« Für unbefangene Beobachter lässt die zynische Selbstdiagnose nur einen Schluss zu: Wenn alle vorgeschriebenen Kinderschutzmaßnahmen korrekt durchgeführt wurden und das Kind, das eigentlich geschützt werden sollte, trotzdem monatelang physisch und psychisch vernachlässigt und im Keller eingesperrt werden konnte – dann muss das milliardenteure Kinderschutzsystem seinerseits gravierende Konstruktionsfehler aufweisen.

Mindestens zwei dieser Systemfehler lassen sich aus dem Fall Mirko bereits ableiten: Unerfahrene oder abgestumpfte Sozialarbeiter, die ihre Besuche in der Familie auch noch tagelang vorher ankündigen, machen es den Eltern leicht, ihre Kinder hinter dem Rücken der Helfer nach Belieben weiter zu misshandeln.

Cola und Koliken

Jessica Stiglitz findet ihren neuen Job als Familienhelferin superspannend. Sie ist 23 und frisch von der Hochschule. Ihre Kollegin Mandy Hausner ist gerade mal ein Jahr älter als sie. Mit den Malowskys, ihren Klienten im Berliner Norden, fühlt sich Jessica Stiglitz manchmal ein wenig überfordert. Aber sie will sich vor Mandy Hausner keine Blöße geben – ihre Kollegin bleibt immer »total cool« und scheint alles im Griff zu haben. Axel Pattlow, dem zuständigen Sachbearbeiter im Jugendamt, kann sie ihre Bedenken erst recht nicht anvertrauen: Der Mann hat nichts anderes als seine Frühpensionierung im Kopf (siehe Kapitel 2).

Die beiden Sozialarbeiterinnen besuchen einmal wöchentlich Denise Malowsky und ihre drei Kinder: die zweijährigen Zwillinge Chantal und Robin und den vierjährigen Maurice. Vor einem halben Jahr sind die Malowskys in die geräumige Wohnung von René Meller eingezogen, dem Lebensgefährten von Denise.

Die Kinder haben ständig blaue Flecken, das findet Jessica Stiglitz ziemlich sonderbar. Die Mutter und ihr Lebensgefährte erzählen dann immer bizarre Geschichten: Angeblich hat Maurice seinem kleinen Bruder ein Spielzeugauto ins Gesicht geknallt – daher das Veilchen unter Robins linkem Auge. Und Robin ist angeblich auf dem Arm seiner Zwillingsschwester herumgetrampelt – das soll die übel aussehenden Hämatome im Ellenbogenbereich erklären. Der große Bruder wiederum ist beim Spielen gegen den Türrahmen gerannt – jede Woche bekommen die Helferinnen neue Geschichten zu hören.

»Ja klar, das sind Wildfänge«, sagt Mandy Hausner dazu. »Die Mutter hat die Kleinen nicht richtig unter Kontrolle – deshalb braucht sie ja uns.«

Jessica Stiglitz stimmt ihr zu. Darum hat sie sich ja für diesen Beruf entschieden: weil sie helfen will. Weil sie verhindern will, dass kleine Kinder unter Bedingungen aufwachsen müssen, unter denen sie selbst groß geworden ist. Mit einem jähzornigen Stiefvater, der sie und ihren kleinen Bruder ohne erkennbaren Anlass immer wieder verprügelt hat.

Denise Malowsky und René Meller sind eigentlich ein sympathisches Paar, findet die junge Sozialarbeiterin. Beide sind Ende zwanzig, nur ein paar Jahre älter als die Helferinnen. Die Mutter kümmert sich liebevoll um ihre Kinder, und auch ihr Lebensgefährte geht nett mit den Kleinen um.

Allerdings hat Denise Malowsky von gesunder Ernährung keine Ahnung, und mit der Hygiene hat sie es auch nicht so. Jessica Stiglitz und ihre Kollegin konzentrieren sich darauf, der Mutter ein paar elementare Ernährungs- und Sauberkeitsregeln beizubringen. Die Kinder spielen währenddessen still in einem Nebenzimmer. Auch von René Meller, der auf sie aufpasst, ist meistens wenig zu hören.

Nach drei Monaten hat sich Jessica Stiglitz an die Eigenheiten ihrer Klienten gewöhnt. Sie ist stolz auf die Fortschritte, die Denise Malowsky unter ihrer Anleitung macht. Die blauen Flecken der Kinder nimmt sie kaum noch bewusst wahr.

So denkt sie sich auch nichts Böses, als sie und Mandy Hausner die zweijährige Chantal eines Tages krank in ihrem Bett vorfinden. Das Mädchen wirkt entkräftet. Es schreit vor Schmerzen und übergibt sich immer wieder krampfhaft.

»Ich war gestern mit ihr bei der Kinderärztin«, sagt Denise Malowsky. »Sie muss etwas gegessen haben, das ihr nicht bekommen ist. René geht gleich los und holt Cola und Salzstangen, dann wird das schon wieder.«

Mandy Hausner gibt sich mit dieser Erklärung zufrieden, aber Jessica Stiglitz ist beunruhigt. Während die Mutter in der Küche Kaffee kocht, bespricht sich die junge Sozialarbeiterin mit ihrer Kollegin. »Chantal hat sich nicht einfach nur den Magen verdorben«, sagt sie. »Die Kleine muss noch mal zum Arzt.«

Sie einigen sich darauf, mit der Mutter zu reden. »Vielleicht ist es der Blinddarm«, sagt Jessica Stiglitz zu ihr. »Für uns sieht das so aus, als ob Chantal vielleicht doch etwas Schlimmeres hat. Sie sollten noch mal mit ihr zum Arzt gehen.«

Denise Malowsky sieht ihren Lebensgefährten fragend an. Beide wirken angespannt. »Als ich klein war, sind meine Eltern nicht wegen jedem Furz mit mir zum Arzt gerannt«, sagt René Meller schließlich. »Aber von mir aus gehen wir.«

Jessica Stiglitz und Mandy Hausner beschließen, die Familie zur Praxis der Kinderärztin zu begleiten. Die frische Luft scheint der kleinen Chantal gutzutun. Jedenfalls schreit sie nicht mehr unaufhörlich vor Schmerzen und übergibt sich auch nicht mehr alle fünf Minuten. Sie liegt nur apathisch in ihrem Buggy und wimmert vor sich hin.

Dagegen redet René Meller mit leiser Stimme auf seine Lebensgefährtin ein. Die unerfahrenen Sozialarbeiterinnen denken sich nichts dabei. Und sie schöpfen auch keinen Verdacht, als sich Denise Malowsky mit herzlichem Lächeln an sie wendet:

»Sie brauchen nicht weiter mitzugehen. Wir wollen doch auch das Beste für Chantal. Sie können sicher sein, dass wir sie zur Ärztin bringen.«

René, der den Kinderwagen schiebt, nickt bestätigend. Sie nähern sich dem U-Bahnhof, und bis zur Arztpraxis sind es noch drei Straßenblocks. Mit den beiden Jungs, die Denise Malowsky links und rechts an der Hand hat, brauchen sie dafür mindestens zwanzig Minuten.

Mandy Hausner wirft Jessica Stiglitz einen Blick zu. »Sie hat recht«, sagt sie. »Fahren wir. Wir sind sowieso ziemlich spät dran.«

Die beiden Sozialarbeiterinnen schauen noch einmal

nach dem apathischen Kind in seinem Buggy. Chantal ist ganz grau im Gesicht. Sie sieht schrecklich krank aus. Aber die Eltern haben ja versprochen, sie zur Ärztin zu bringen. Und die nächste Familie wartet schon.
René Meller und Denise Malowsky winken den Helferinnen hinterher, bis sie im U-Bahnhof verschwunden sind. Dann drehen sie um und kehren in ihre Wohnung zurück.
»Die Ärztin macht uns nur Ärger«, hat René ihr vorhin zugeflüstert. »Und du willst doch keinen Ärger, oder?«
Nein, Denise will keinen Ärger. Weder mit der Ärztin noch mit ihrem Lebensgefährten. René ist eigentlich ein friedlicher Kerl, aber wenn die Dinge nicht so laufen, wie er sich das vorstellt, kann er ziemlich ausrasten. Denise weiß das aus eigener Erfahrung. Und sie hat ja auch mitbekommen, was vor zwei Tagen bei ihnen im Badezimmer passiert ist. René hat die Kleinen geduscht, alle drei zusammen, damit es schneller ging. Aber Chantal wollte sich nicht einseifen lassen, sie hat rumgeschrien, und da hat René wohl wieder mal die Nerven verloren.
Jedenfalls lag ihr kleines Mädchen wimmernd in der Dusche, als Denise ins Bad gerannt kam. Auf Chantals Bauch war ein riesiger klatschroter Fleck, der sich in den Tagen danach blau und violett verfärbt hat. Vor allem aber ist Chantals Bauch immer mehr angeschwollen und hart geworden, und wenn man nur mit dem Finger hineindrückt, schreit sie los wie am Spieß.
Zum Glück haben sich die Helferinnen das Mädchen nicht genauer angesehen, hat René ihr vorhin erklärt. Sonst hätten sie jetzt wirklich einen Riesenärger am Hals. Wenn sie sich aber still verhalten und die Kleine nur gehörig mit Cola und Salzstangen füttern, wächst sich das alles wieder aus. Jedenfalls laut René. Denise betet im Stillen, dass er recht hat.

Doch das dafür erforderliche Wunder bleibt aus. In der folgenden Nacht wählt Denise Malowsky gegen drei Uhr den Notruf. »Chantal, meine Tochter!«, stößt sie unter Tränen hervor. »Ich weiß nicht, was mit ihr los ist – sie rührt sich nicht!«

Der Notarzt kann die Sterbende nicht mehr retten. Bei der Obduktion stellen wir fest, dass das Mädchen eine traumatische Darmruptur hat, wie sie typischerweise durch einen Tritt oder einen sehr heftigen Faustschlag in den Bauch entsteht. Durch die Risse in der Darmwand ist Kot in den Bauchraum gelangt. Die Folge war eine eitrige Bauchfellentzündung. Chantal muss tagelang unter unerträglichen Schmerzen gelitten haben. Darüber hinaus entdecken wir eine Vielzahl älterer Verletzungen am ganzen Körper des kleinen Mädchens. Zweifellos wurde sie über einen längeren Zeitraum immer wieder schwer misshandelt.

Wir regen ein ergänzendes kinderchirurgisches Fachgutachten an. Dadurch soll geklärt werden, ob Chantal überlebt hätte beziehungsweise hätte gerettet werden können, wenn die Eltern mit ihr zur Kinderärztin gegangen wären. Die Gutachterin kommt zu einem eindeutigen Urteil: *»Durch eine einfache OP mit Entfernung der verletzten Darmareale und Spülung des Bauchraums wäre Chantal mit hoher Wahrscheinlichkeit zu retten gewesen.«*

Bei der Vernehmung durch Beamte des LKA 125 räumt René Meller lediglich ein, »dem Gör eine gelangt« zu haben, weil sie nicht stillgehalten habe, als er sie waschen wollte.

Denise Malowsky behauptet, als sie ins Bad gekommen sei, habe sie nichts Ungewöhnliches bemerkt. »Chantal hat geheult, aber sonst wirkte sie okay.«

Bei der Untersuchung des Tatorts finden die Ermittler

diverse Fotoapparate und stellen routinemäßig die Speicherkarten sicher. Die Auswertung der Bilddaten schockiert sogar die routinierten Kripobeamten. Auf buchstäblich jedem Foto weisen die drei Kinder Verletzungen auf: Hämatome an der Stirn, blaue Augen, aufgeschlagene Lippen, Hautunterblutungen an Wangen und Kinn.
»Das sieht aus wie ein Teller bunter Knete«, sagt Kriminalhauptkommissarin Marion Henske aufgebracht. »Ich denke, die Familie wurde von Helferinnen betreut! Wieso haben die denn nichts bemerkt?«
Nun werden auch Jessica Stiglitz und Mandy Hausner vernommen. Als vom Jugendamt beauftragte Helferinnen hatten sie eine sogenannte *Garantenstellung:* Sie waren verpflichtet, alles in ihrer Macht Stehende zu tun, um die Kinder zu schützen.
»Alle drei Kinder hatten ständig Verletzungen«, hält Hauptkommissarin Henske ihnen vor. »Warum haben Sie das nicht beim Jugendamt gemeldet?«
Jessica Stiglitz räumt sofort ein, dass sie die Verletzungen bei Maurice, Robin und Chantal bemerkt hat. »Am Anfang kam mir das schon komisch vor«, sagt sie. »Aber die Mutter hatte immer Erklärungen parat, und ich bin schließlich Sozialpädagogin und keine Ärztin. Woher hätte ich wissen sollen, wie diese Verletzungen entstanden sind?«
»Gegenfrage«, kontert die Hauptkommissarin. »Wie viele Familien kennen Sie, deren Kinder andauernd mit Veilchen und Blutergüssen im Gesicht herumlaufen?«
Die junge Sozialarbeiterin ist den Tränen nahe. »Keine«, murmelt sie. »Aber an wen hätten wir uns denn wenden sollen?«
Marion Henske sieht sie kopfschüttelnd an. »Es muss doch bei Ihrem Träger Richtlinien für solche Fälle geben«, sagt sie. »Und wofür haben Sie schließlich Vorge-

setzte? Wenn Sie sich überfordert fühlen, dann müssen Sie eben mit der Leitung Ihres Trägers sprechen, damit die eine ärztliche Untersuchung der Kinder veranlasst!«
Jessica Stiglitz beißt sich auf die Unterlippe und gibt keine Antwort. Aber die Kriminalhauptkommissarin ahnt auch so, was der jungen Helferin durch den Kopf geht.
»Ich habe mir etwas vorgemacht«, sagt Jessica Stiglitz am Ende der Vernehmung. »Ich wollte, dass bei den Malowskys alles gut ist, weil sie ja schließlich mich als Helferin haben. Und was nicht in dieses Bild passte, habe ich wohl einfach ausgeblendet.«
Die junge Frau ist sichtlich erschüttert. Sie fühlt sich mitschuldig am Tod der kleinen Chantal. Nach diesem fatalen Fehlstart in ihren Traumberuf ist sie sich nicht einmal mehr sicher, ob sie weiterhin als Sozialarbeiterin tätig sein will.
Dabei bescheinigen sich das zuständige Jugendamt und der freie Träger auch in diesem Fall nach eingehender Prüfung, dass keinerlei Fehler begangen worden seien. Ein weiterer tadelloser Kinderschutzeinsatz also. Nur das Kind, das so vorbildlich geschützt wurde, ist leider tot.

Ein Fehler im – oder mit? – System

Noch einmal ist zu fragen: Warum versagt unser kostspieliges Kinderschutzsystem mit so grausamer Regelmäßigkeit? Wie kann es sein, dass immer wieder Kinder auch und gerade in solchen Familien misshandelt werden, die das Jugendamt angeblich »intensiv beobachtet« und aufwendig betreuen lässt?
Einen Teil der Antwort haben wir bereits gegeben: Die

Helfer, die zu den Familien geschickt werden, sind vielfach zu jung und unerfahren. Es fehlt ihnen selten an Idealismus und Motivation, aber sehr häufig an Erfahrung und Kompetenz. Oftmals sind sie außerstande, die Schliche und Ausflüchte von Eltern zu durchschauen, die dank jahrelanger Routine ganz genau wissen, wie sie die Helfer manipulieren können.

Bei dieser Tätigkeit, die so fordernd wie schlecht bezahlt ist, wird buchstäblich kaum jemand alt: Nach wenigen Jahren im »Fronteinsatz« sehen sich die meisten Erziehungs- und Familienhelfer nach besser vergüteten und weniger aufreibenden Stellen um. Sie bilden sich zu Familien- oder Paarberatern weiter, wechseln in den Sozialmedizinischen Dienst von Kliniken oder Altenpflegeeinrichtungen oder auf einen Verwaltungsposten. So erklärt sich, dass meist die einzigen Helfer, die die gefährdeten Kinder zu sehen bekommen, in aller Regel unerfahrene Berufsanfänger sind.

Ein Systemfehler, sollte man meinen, der sich leicht korrigieren ließe. Das Jahresbudget des deutschen Kinderschutzes (ca. 7,5 Milliarden Euro bereits im Jahr 2009) ist höher als das gesamte Bruttoinlandsprodukt von Staaten wie Madagaskar oder der Mongolei! Da müsste es doch möglich sein, die verfügbaren Gelder so zu verteilen, dass die an vorderster Front tätigen Helfer angemessen vergütet werden. Erst dann nämlich könnte man erfahrene Fachkräfte gewinnen, die kompetent und mit dem nötigen Selbstbewusstsein für die schutzbedürftigen Kinder eintreten.

Die absurden Auswirkungen dieser Fehlkonstruktion werden noch deutlicher, wenn man sie auf andere Lebensbereiche überträgt. Ein Formel-1-Rennwagen kann von genialen Ingenieuren konstruiert und von hochprofessionellen Mechanikern punktgenau eingestellt wor-

den sein – wenn am Steuer »aus Kostengründen« ein Newcomer sitzt, der bis dahin nur auf Go-Kart-Strecken gestartet ist, wird der Superbolide auf den hintersten Rängen landen.
Im Gespräch mit uns hat eine erfahrene Kinderschutzfachkraft das gleiche Problem poetischer umschrieben: Die meisten Sozialarbeiter, die sich im deutschen Kinder- und Jugendschutz engagieren, haben sich während ihres Studiums vorgestellt, dass sie einmal als Ritter mit glänzender Rüstung kleine Kinder retten würden. Doch dann mussten sie erkennen, dass die Rüstung rostig ist und das Schwert, mit dem sie die Kinder verteidigen wollen, stumpf und von Rost zerfressen.

Ausgebrannt und abgestumpft: die »Wächter des Kindeswohls«

Nicht nur in Berlin herrscht in vielen Jugendämtern permanenter Personalnotstand. Die Hälfte der Stellen ist nicht besetzt, auf den anderen 50 Prozent sitzen altgediente Beamte kurz vor der Pensionierung oder ausgebrannte Sachbearbeiter, die ständig krankgeschrieben sind.
Die Gründe für diesen kollektiven Burn-out liegen auf der Hand: Die Zahl der Fälle, um die sich die Jugendämter kümmern müssen, steigt Jahr für Jahr sprunghaft an. Mehr als 2900 Kinder wurden von Berliner Jugendämtern allein im Jahr 2012 in Obhut genommen – eine Verdoppelung der Fallzahlen in lediglich fünf Jahren (*Berliner Zeitung*, 5.7.2012). Kaum weniger alarmierend sind die Vergleichsdaten für ganz Deutschland: Bundesweit nahmen Jugendämter 2012 rund 40 200 Minderjährige in

Obhut – gegenüber »nur« etwa 28 000 im Jahr 2007. In der weit überwiegenden Mehrzahl der Fälle ging die akute Kindeswohlgefährdung von den Eltern aus (*Die Welt*, 7.8.2013).

Zu jedem neuen Kinderschutzfall erstellt der Tagesdienst im zuständigen Jugendamt eine Akte und leitet sie an einen Sachbearbeiter weiter. Doch auf dessen Schreibtisch stapeln sich sowieso schon die Fallakten: In Berliner Problembezirken ist es eher die Regel als die Ausnahme, dass jeder einzelne Jugendamtsmitarbeiter für 120 oder sogar 150 Fallakten zuständig ist.

Unter solchen Bedingungen kann sich niemand auf Dauer mit der nötigen Sorgfalt und Sensibilität um »seine« Schützlinge kümmern. Die unvermeidlichen Folgen dieser permanenten Überforderung sind vielmehr Abstumpfung und Zynismus.

Der weitaus größte Teil der Ressourcen wird – zu Recht – für die akuten Kinderschutzfälle aufgewendet. Entsprechend verfügen die Teams für Akutfälle über genügend Personal und finanzielle Mittel. Die Sachbearbeiter für langfristige Fälle hingegen arbeiten meist unter unzumutbaren Bedingungen – unzumutbar für die Beamten selbst, aber mehr noch für die Kinder und Jugendlichen, denen sie zur Seite stehen sollten.

Unter diesen Umständen hätte die junge Familienhelferin Jessica Stiglitz dem zuständigen Sachbearbeiter im Jugendamt noch so eindringlich von den blauen Flecken ihrer Schützlinge berichten können – der chronisch überlastete Axel Pattlow hätte höchstwahrscheinlich nur müde abgewinkt: »Blaue Flecken? Was glauben Sie, was ich hier alles auf dem Tisch habe! Dagegen sind die Verhältnisse bei den Malowskys die reinste Idylle. Und in vier Wochen haben wir sowieso einen Termin mit der Familie. So lange kann das doch sicher warten.«

Erfahrene Familienhelfer mit dem entsprechenden Stehvermögen hätten hier vermutlich widersprochen: »Das kann auf keinen Fall vier Wochen warten! Das hier ist eine Kinderschutzmeldung! Die Kinder sind akut gefährdet!« Daraufhin hätte Axel Pattlow reagieren müssen, aber solchen Widerspruch bekommen er und seine Kollegen in den Jugendämtern so gut wie nie zu hören. Die Mehrzahl der Familienhelfer kommt, wie gesagt, frisch von der Hochschule und verfügt bei weitem nicht über das nötige Standing, um chronisch überlastete Jugendamtsmitarbeiter zu einer angemessenen Reaktion zu bewegen. Überdies wurde in Berlin die Betreuungsfrequenz bei Langfristfällen immer weiter reduziert – mit der Folge, dass die Helfer diese Familien oftmals nur noch zwei- oder dreimal im Monat besuchen können. So könnten selbst erfahrene und engagierte Sozialarbeiter in vielen Fällen gar nicht mehr erkennen, was tatsächlich in den Familien vorgeht.
Wie lässt sich dieses Problem lösen? Vielleicht, indem man noch mehr Geld in das Kinder- und Jugendschutzsystem pumpt? Weitere Milliarden an Steuergeldern, um mehr Stellen in den Jugendämtern zu schaffen oder zu besetzen und noch mehr Helfer über noch längere Zeiträume zu »überforderten« Eltern zu schicken?
Wir sind ganz entschieden *nicht* der Meinung, dass sich der beschriebene Systemfehler durch weitere Finanzspritzen beheben lässt. Wenn eine Maschine permanent Öl verliert, hilft es wenig, nur immer wieder den teuren Schmierstoff nachzufüllen. Vordringlich müssen vielmehr die Lecks geschlossen werden, durch die der Motor Öl verliert. Im deutschen Kinder- und Jugendschutzsystem entsprechen diesen »Lecks« die unzähligen »Langfristfälle«: bundesweit buchstäblich Hunderttausende von Familien, die über Jahre »beobachtet« und

»betreut« werden, ressourcenverschlingend und doch mehr oder weniger wirkungslos.

Komplizen der Misshandler

Das deutsche Kinder- und Jugendschutzsystem ähnelt einer gigantischen Unfallklinik, in deren Notaufnahme unablässig Patienten eingeliefert werden. In den Operationssälen der Chirurgie finden aber fast durchweg nur halbherzige Vorbereitungsmaßnahmen statt: Die Patienten werden erstversorgt, »beobachtet«, »stabilisiert« – doch die Operationen, durch die allein sie wieder gesund werden könnten, finden nur selten statt. Kein Wunder, dass die Kosten einer solchen Einrichtung Jahr für Jahr weiter wachsen – und die Erfolgsquote gleichwohl auf jämmerlichem Niveau verharrt.

Die heilsamen »Operationen«, vor denen die Sachbearbeiter in den Jugendämtern fast immer zurückschrecken, werden im Grundgesetz klar benannt: Wenn *»die Erziehungsberechtigten versagen oder wenn die Kinder aus anderen Gründen zu verwahrlosen drohen«*, sollen die betroffenen Kinder *»von der Familie getrennt werden«* (Grundgesetz, Artikel 6, Abs. 3).

Eine längerfristige Fremdunterbringung misshandelter Kinder können die Jugendamtsmitarbeiter natürlich nicht eigenmächtig verfügen. Aber ihre Aufgabe als »Wächter des Kindeswohls« wäre es, das zuständige Familiengericht anzurufen, damit das Misshandlungsopfer bei Pflegeeltern ungefährdet und angemessen gefördert aufwachsen kann (§ 8a SGB, 8. Buch, 3. Absatz).

Stattdessen sorgen die Sachbearbeiter in den Jugendämtern dafür, dass Hunderttausende elterlicher Misshandler zu Hause »unterstützt« und »betreut« werden – über Monate und Jahre, durch meist unerfahrene Helfer, die als Kinderschützer völlig überfordert sind und die Misshandlung ihrer vermeintlichen Schützlinge oftmals nicht einmal bemerken.

Wir brauchen also keineswegs nur mehr Geld im Kinderschutzsystem. Vielmehr benötigen wir Jugendamtsmitarbeiter, die endlich ihre gesetzliche Pflicht erfüllen – als Wächter des Kindeswohls und nicht als Komplizen der elterlichen Misshandler.

Goldene Tipps für Sadisten

Beispiel *Felix Lemmer* – ein Fall wie aus dem Horrorkabinett und doch nahezu Alltag in deutschen Jugendämtern. Der dreijährige Junge wird von der Lebensgefährtin seines Vaters verbrüht. Der Vater glaubt zunächst ihrer Beteuerung, dass es sich um einen Unfall gehandelt habe. Doch dann entdeckt er ihr Tagebuch: Darin beschreibt sie mit sadistischer Lust alle erdenklichen Arten von Kindesmisshandlung.

Der erschrockene Vater vertraut sich dem zuständigen Jugendamtsmitarbeiter an. Und wie reagiert der beamtete Kinderschützer? Bestimmt setzt er doch alles daran, den kleinen Jungen und dessen Geschwister vor ihrer geisteskranken Peinigerin in Sicherheit zu bringen? Leider weit gefehlt. Er rät der Lebensgefährtin, sich in psychiatrische Behandlung zu begeben, so könne sie mit einer milden Strafe rechnen. Dem Vater empfiehlt er, das verräterische Tagebuch verschwinden zu lassen.

Ein krasser Fall von Pflichtvergessenheit – und doch sehr viel eher die Regel als die Ausnahme in deutschen Jugendämtern.

Im Tiefschlaf

Oder das Beispiel *Nadine Küstritz:* Das zweijährige Mädchen wird mit Symptomen einer schweren Lungenentzündung ins Krankenhaus eingeliefert. Trotz aller Bemühungen der Ärzte verstirbt sie zwei Tage später auf der Kinderintensivstation. Da die Todesart der kleinen Patientin ungewiss ist, schaltet die Klinik die Polizei ein. Unsere Obduktion ergibt eindeutig, dass Nadine an den Folgen einer verschleppten Lungenentzündung gestorben ist. Die Krankheitssymptome waren auch für Laien leicht erkennbar – hätte das Mädchen rechtzeitig medizinische Hilfe erhalten, dann hätte es überlebt. Doch als die Kleine mit hohem Fieber in ihrem Bett lag, hat sich offenbar tagelang niemand um sie gekümmert.
Bei der Begehung der Familienwohnung in einem Hamburger Brennpunktviertel bietet sich uns ein kaum glaubliches Bild. Die Wohnung ist grauenvoll verdreckt und heruntergekommen. Die beiden Räume, in denen Nadine und ihre fünf Geschwisterkinder lebten, sind mit schrottreifen Möbeln ausgestattet: Schränke und Stühle zertrümmert und unbrauchbar, die Betten mit nackten Lattenrosten ohne Matratzen. Die Fenster sind mit schwarzer Folie abgeklebt, Böden und Wände über und über mit Kot verschmiert. Die Luftfeuchtigkeit in den Kinderzimmern gleicht der in tropischen Gewächshäusern. Nur das Wohnzimmer ist leidlich sauber und aufgeräumt.
Wir untersuchen auch die überlebenden Geschwisterkinder von Nadine, die zwischen drei und zehn Jahre alt sind. Alle fünf weisen ausgeprägte Vernachlässigungssymptome auf. Ihre geistige und körperliche Entwicklung ist stark verzögert. Außerdem sind sie untergewichtig und mit Verletzungen übersät – Folgen körperlicher Misshandlung und unbeaufsichtigten Spielens in der un-

fassbar verschmutzten Wohnung. Und in ihrem Blut finden wir Spuren eines Beruhigungsmittels.

Das Ungeheuerlichste bei diesem Fall ist jedoch weder der rekordverdächtige Verwahrlosungsgrad der Kinderzimmer noch die tödliche Gleichgültigkeit der Eltern gegenüber dem Leiden und Sterben ihrer kleinen Tochter. Der eigentliche Skandal besteht darin, dass eine Jugendamtsmitarbeiterin in der Wohnung von Familie Küstritz regelmäßig ein und aus ging. Um die Mutter bei Nadines Betreuung zu »unterstützen«, nahm die Sozialpädagogin Helen Miller einmal pro Woche im Wohnzimmer von Familie Küstritz Platz und ließ sich die kleine Nadine vorführen.

»Unsere anderen Kinder schlafen«, erklärten die Eltern jedes Mal, wenn die Besucherin einen Blick ins Kinderzimmer werfen wollte. Tatsächlich war von den fünf Geschwisterkindern kein Laut zu hören. Doch die erfahrene Beamtin schöpfte keinen Verdacht.

Aus der Fallakte hätte sie ersehen können, dass Jo Küstritz, der Vater, als Pfleger in einer Senioreneinrichtung arbeitete – so konnte er sich leicht Beruhigungsmittel verschaffen, um die Kinder rechtzeitig zu jedem Besuch von Helen Miller ruhigzustellen. Selbstverständlich kündigte die Frau vom Jugendamt sich immer vorher schriftlich an, »um die Beziehung zu den Eltern nicht zu belasten«.

Unbelastet vom realen Leid der Kinder in den Nachbarzimmern saß sie also jede Woche im halbwegs aufgeräumten Wohnzimmer und lobte die Eltern, weil die sich so liebevoll um Nadine kümmerten. Machte das kleine Mädchen nicht die erfreulichsten Fortschritte? Für ihre zwei Jahre bewegte sich Nadine sogar erstaunlich koordiniert.

Helen Miller war mit sich selbst und ihrem Schützling

sehr zufrieden. Dass sie bei all ihren Besuchen die wirkliche Nadine nie zu sehen bekommen hatte, wurde der wackeren Wächterin des Kindeswohls erst aufgrund unseres Gutachtens klar.

»Nadine Küstritz hat beidseitig Klumpfüße«, gaben wir zu Protokoll. *»Bei dem Kind, das der JA-Mitarbeiterin vorgeführt wurde, wird es sich um ein Geschwisterkind gehandelt haben. Nadine ist in ihrem Leben garantiert niemals aufrecht gegangen.«*

Offenbar konnte die Frau vom Jugendamt die Kinder der Familie Küstritz nicht auseinanderhalten – desto unbelasteter erfreute sie sich an den vermeintlichen Entwicklungsfortschritten der dreijährigen Schwester von Nadine. Währenddessen schlief ihr eigentlicher Schützling nebenan auf dem nackten Lattenrost eines kotverschmierten Sperrmüllbettes, von Beruhigungsmitteln betäubt während jedes ihrer Besuche – und bereits sterbenskrank, als die herz- und gedankenlose Kinderschützerin den letzten ihrer Routinebesuche bei Familie Küstritz hinter sich brachte.

Blinde Helfer, taube Kontrolleure

Anders als beim Fall *Nadine Küstritz* treten die Jugendamtsmitarbeiter meist nicht selbst als Helfer auf, sondern delegieren diese Aufgabe an freie Träger. Das ist im Prinzip eine sinnvolle Arbeitsteilung: Die Helfer müssen zum Wohl der Kinder eine vertrauensvolle Beziehung zu den Eltern aufbauen. Wären sie zugleich Kontrolleure, die notfalls Zwangsmaßnahmen verhängen können, dann würden sich viele Eltern überwacht fühlen und die Zusammenarbeit verweigern. So weit jedenfalls die Theorie.

Die Praxis sieht vielfach ganz anders aus: Häufig fühlen sich die Eltern der »betreuten« Familien gleichwohl durch die Helfer überwacht – und spielen ihnen wahre Rührstücke vor. Folglich könnten die Sachbearbeiter in den Jugendämtern vielfach selbst beim besten Willen ihre Kontrollfunktion nicht ausüben, da die erforderlichen Informationen nicht zu ihnen gelangen. So füllen also Hunderttausende hilfloser Helfer und Zehntausende ahnungsloser Kontrolleure tagtäglich ihre Berichte und Akten mit belanglosen Floskeln. Einmal pro Quartal treffen sie sich zur Fallbesprechung, in der sie sich gegenseitig versichern, wie gut sich ihre Schützlinge entwickeln. Doch in vielen Fällen ist das musterhaft betreute Kind kurz darauf tot oder durch Misshandlung für sein Leben geschädigt – und wieder einmal sind Wächter und Helfer einträchtig erstaunt, weil sich die Wirklichkeit so gar nicht mit ihrer Aktenlage deckt.
Dabei scheint die Idee, die praktische Hilfsarbeit an freie Träger zu übertragen, eigentlich noch aus einem weiteren Grund plausibel: Der Staat tut prinzipiell gut daran, nur seine Kernaufgaben durch Beamte ausführen zu lassen. Ein freier Wettbewerb unterschiedlicher Träger bietet sehr viel bessere Voraussetzungen dafür, dass sich diejenigen Konzepte durchsetzen, die dem Kindeswohl am besten dienen. So weit wiederum die Theorie.
In der Praxis findet ein ganz anderer Wettbewerb statt: Am erfolgreichsten sind diejenigen Hilfsorganisationen, die die (unausgesprochenen) Erwartungen der Jugendämter und der »unterstützten« Eltern am besten erfüllen. Diese gemeinsamen Erwartungen lassen sich, nur leicht überspitzt, auf einen simplen Nenner bringen: Die Kinder sollen, betreut von Erziehungshelfern, in den Familien bleiben – so lange wie irgend möglich und nahezu um jeden Preis. Da trifft es sich gut für die freien Träger, dass

sich diese Erwartungen mit ihren eigenen wirtschaftlichen Interessen decken.

Für die Kinder selbst, deren Wohl der ganze Aufwand angeblich dienen soll, bedeutet das in Hunderttausenden Fällen chronische Misshandlung. Für die freien Träger aber, die ihre Helfer in die Familien schicken oder Einrichtungen wie betreutes Mutter-Kind-Wohnen betreiben, bedeutet dieselbe stillschweigende Übereinkunft ein höchst lukratives Geschäft. Das floriert so lange, wie aus den »betreuten« Familien nichts nach draußen dringt, was selbst den abgestumpftesten Jugendamtsmitarbeiter zur Kinderschutzintervention zwingen würde.

Wie lässt sich aber erklären, dass im Wettbewerb der »gemeinnützigen« Träger nicht diejenigen den Sieg davontragen, die dem offiziellen Ziel des aufwendigen Systems am besten dienen – also dem Schutz der gefährdeten Kinder? Hier drängt sich ein böser Verdacht auf: Möglicherweise ist der eigentliche Zweck dieses Systems eben nicht der bestmögliche Schutz der gefährdeten Kinder, sondern vielfach nur dessen möglichst eindrucksvolle Simulation. Frei nach dem Motto: Eine Sozialbürokratie und -industrie, die so viele tausend Menschen beschäftigt und so viele Milliarden Euro verschlingt, kann nicht ganz untauglich sein.

Tatsächlich aber verfehlt sie nicht nur ihren erklärten Zweck, sondern hilft sogar aktiv mit, Tag für Tag und in unzähligen Fällen, Misshandlung zu verschleiern, zu ermöglichen, zu verlängern: indem die »Helfer« und die »Wächter« den Anschein erwecken, rastlos zum Wohl der Kinder tätig zu sein, während sie in Wahrheit ihre Augen verschließen oder sogar tatenlos zusehen, wie ihre vermeintlichen Schützlinge misshandelt und vernachlässigt werden.

Helfer im Doublebind

Die Zehntausende Erziehungs- und Familienhelfer, die in die Familien geschickt werden, sind die schwächsten Glieder im deutschen »Kinderschutz«-System. Meist sind es Mitarbeiter der freien Träger, so abhängig von ihren Arbeitgebern wie diese selbst von den Jugendämtern, die die lukrativen Aufträge vergeben. Gewiss wollen sie den gefährdeten, misshandelten oder vernachlässigten Kindern helfen, jedenfalls die überwiegende Mehrheit von ihnen – deshalb haben sie ja diesen aufreibenden und schlecht bezahlten Beruf gewählt. Aber gleichzeitig müssen sie die wirtschaftlichen und sozialpolitischen Interessen »ihres« Trägers berücksichtigen, der auf dem Wohlfahrtsmarkt mit anderen Anbietern um Aufträge ringt. Und diese Aufträge erhält eben nicht der Träger, dessen Konzept den Interessen der Kinder am besten entspricht, sondern derjenige, der die Erwartungen des Auftraggebers erfüllt.
Für den eigentlichen Zweck unseres Kinderschutzsystems ist es also durchaus dienlich, dass die Helfer überwiegend so unerfahren und in einer derart schwachen Position sind: So lassen sie sich von den Sachbearbeitern im Jugendamt lenken, und so behalten sie auch die Interessen »ihres« Trägers im Blick.
Bei den Trägern handelt es sich um höchst unterschiedliche Akteure: Kirchliche Sozialkonzerne wie *Caritas* oder *Diakonisches Werk,* die als Vereine organisiert sind, konkurrieren mit Stiftungen und (meist kleineren) »gemeinnützigen« GmbHs wie *Jugendwohnen im Kiez* oder *Independent Living.* Offiziell werden die Träger vom Jugendamt zunächst beauftragt, während einer Clearingphase (drei bis sechs Monate) »ergebnisoffen zu prüfen«, wo das betreffende Kind nach einem Misshandlungsvor-

fall untergebracht werden soll – weiterhin in seiner Familie oder etwa bei Pflegeeltern. Doch für alle Beteiligten ist klar, welche Erwartung sich hinter dieser Formulierung verbirgt: Die eingeleiteten Hilfsmaßnahmen sollen bewirken, dass das Kind in der Familie bleiben kann – und zwar möglichst ab sofort und dauerhaft. Der zuständige Beamte will den Fall vom Tisch haben beziehungsweise die betreffende Akte zumindest auf dem Stapel für Langfristfälle ohne akuten Handlungsbedarf ablegen können.

Dagegen will er auf gar keinen Fall, dass die »ergebnisoffene Prüfung« zu der Empfehlung führt, das Kind von seiner Familie zu trennen. Da spielt es dann kaum eine Rolle, ob die leiblichen Eltern Junkies, verwahrlost, geistesgestört und/oder wegen Kindesmisshandlung oder sonstiger Körperverletzungsdelikte einschlägig vorbestraft sind: Die eigenen Eltern kann angeblich selbst die beste Pflegefamilie nicht ersetzen.

Wie eine Monstranz tragen viele Jugendamtsmitarbeiter diese Überzeugung vor sich her. Dabei könnten sie jeder Kindesmisshandlungsstatistik das genaue Gegenteil entnehmen. Im Leben der Kinder gibt es genau zwei Menschen, die für ihre leibliche und seelische Gesundheit potenziell um ein Vielfaches gefährlicher sind als der gesamte Rest der Menschheit: ihre Väter und Mütter beziehungsweise deren jeweilige Lebensgefährten.

Außerdem sind die Hilfsmaßnahmen bereits in der Clearingphase ausgesprochen teuer: Nicht selten belaufen sie sich auf 150 bis 180 Euro pro Tag. So viel Geld will der Sachbearbeiter nicht für eine Maßnahme ausgegeben haben, die sich am Ende als Sackgasse erweist. Doch mit der unausgesprochenen Erwartung, dass die »ergebnisoffene Prüfung« das gewünschte Ergebnis zeitigen möge, rennt er bei den Trägern ohnehin weit offene Türen ein.

»Überforderte« Eltern so zu »unterstützen«, dass die Kinder in den Familien bleiben können, ist schließlich das ureigene Geschäft der »gemeinnützigen« Vereine, Stiftungen und Unternehmen. Müsste ein Träger am Ende der »Clearingphase« erklären, dass das betreffende Kind besser von der Familie getrennt werden sollte, dann hätte er nicht nur einen Klienten – und damit einen beträchtlichen Umsatzposten – verloren, sondern auch die Erwartungen seines Auftraggebers enttäuscht. Überdies hätte er seine eigene Position als Akteur auf dem Markt der Familiendienstleistungen beschädigt: Dieser basiert ja auf dem vollmundigen Versprechen der Träger, dass sie Familien »stabilisieren« und Misshandlung dauerhaft verhindern könnten, indem sie die Eltern vor »Überforderung« bewahrten.

Den einzelnen Helfern »an der Front« sind diese Abhängigkeiten mehr oder weniger bewusst. Sie sind das ausführende Organ, das die stillschweigenden Erwartungen der Jugendämter und ihrer Träger erfüllen muss. Doch sehr häufig decken sich diese Vorgaben ohnehin mit den Erwartungen der jungen Sozialarbeiter an sich selbst: Viele von ihnen wurden als Kinder misshandelt – das legen jedenfalls Gespräche nahe, die wir mit engagierten Helfern geführt haben. Daher sind sie von dem Drang erfüllt, »ihrer« (Klienten-)Familie die Hilfe zu bieten, die sie selbst in ihrer Kindheit so schmerzlich vermisst haben. So können sie die eigene Ohnmachtserfahrung mit der Selbstinszenierung als »ritterliche Kinderretter« überschreiben. Derlei biographische Belastungen vieler Sozialpädagogen könnten zumindest teilweise erklären, warum so viele junge und idealistische Helfer gegenüber dem Leid ihrer Schützlinge blind und taub scheinen: Sich einzugestehen, dass sie als »Ritter« versagt haben, würde ihre eigene traumatische Ohnmachtserfahrung reaktivieren. Hinzu kommen ihre wirtschaftliche Abhängigkeit von den Trägern, die mangelnde Berufserfahrung und meist gänzlich fehlende rechtsmedizinische Schulung.

Da die Interessen aller Beteiligten (mit Ausnahme der Kinder) so perfekt übereinstimmen, kann es jedenfalls nicht erstaunen, dass das »ergebnisoffene Clearing« fast immer zu dem vorab stillschweigend vereinbarten Ergebnis führt: Die Helfer empfehlen, das Kind bei seinen Eltern zu belassen, mögen die es auch misshandelt haben und mehr oder minder erziehungsunfähig sein. In der Folge werden die Helfer natürlich alles tun, um – nicht zuletzt vor sich selbst – den Anschein zu wahren, dass sie die Dinge unter Kontrolle haben, dass »ihre« Kinder geschützt sind und »ihre« Familie auf einem guten Weg ist. Wenn sie sich die Verhältnisse schönreden, wegschauen, den verharmlosenden Erklärungen der Eltern bereitwillig glauben, dann geschieht dies also meist nicht aus mangelndem Engagement, sondern quasi aus einem inneren Notstand. Sie können bereits vor sich selbst nicht zugeben, dass sich all die Hämatome und Knochenbrüche ihrer kleinen Schützlinge vielleicht doch nicht so harmlos erklären lassen. Also schweigen sie weiter, beschönigen, schauen weg und versichern ihren Vorgesetzten und den Verantwortlichen im Jugendamt, dass bei ihren Klienten alles bestens laufe.

Doch höchstwahrscheinlich hört so mancher Helfer zumindest in seinen Albträumen die Zeitbombe ticken, lange bevor sie in der Realität explodiert.

Unter den Augen der Helfer

Scarlett ist neun Monate alt, als sie in die Kinderklinik gebracht wird. Der Vater des kleinen Mädchens hat die Rettung angerufen und erklärt: »Meine Tochter atmet nicht mehr.«

Die Mutter heißt Lilly Hollbrück, der Vater trägt den klangvollen Namen Kristian Halberstedt. Beide sind noch Teenager, gerade siebzehn Jahre alt. Kristian stammt aus Ecuador und wurde dort von seinen wohlhabenden Eltern adoptiert. Er hat die Statur eines Schwergewichtboxers: fast zwei Meter groß, 120 Kilo schwer. Neben ihm sieht Lilly winzig aus. Und Baby Scarlett wie eine Spielzeugpuppe.

Schon die ersten bildgebenden Untersuchungen zeigen, dass der Säugling einen Schädelbruch hat und sein Gehirn so gut wie nicht mehr durchblutet wird. Die Klinik bittet uns um ein rechtsmedizinisches Gutachten. Wir untersuchen das Mädchen und finden die typischen Symptome eines Schütteltraumas (siehe auch Kapitel 4): Blutungen zwischen harter und weicher Hirnhaut, schwere Hirnschädigungen, Einblutungen in den Augenhintergrund und einen Anschlag des kindlichen Kopfes gegen einen harten Gegenstand *(Shaken Impact).*

Den neuesten medizinischen Vorschriften entsprechend ist Scarlett in der Klinik sofort für 72 Stunden gekühlt und in ein künstliches Koma versetzt worden. Während dieses Zeitraums soll so die Regeneration des Gehirns unterstützt werden. Doch für Scarlett kommt jede Hilfe zu spät: Sie hat bereits keine Schutzreflexe mehr (z. B. Lidschlussreflex bei Berührung und Pupillenreflex bei Lichteinwirkung), ihr Gehirn ist irreversibel zerstört. Nach Ablauf der 72-Stunden-Frist leiten die Klinikärzte daher die Hirntoddiagnostik ein – ein Prozess, der aller-

dings zunächst wieder abgebrochen werden muss, da der Säugling noch zu viele Beruhigungsmittel im Blut hat.
Die computertomographische Untersuchung lässt auch bereits erkennen, warum das Baby seine Umwelt durch unaufhörliches Schreien und Quengeln genervt haben wird: Es hat nicht nur einen Schädelbruch, sondern überdies einen älteren Bruch der Unterarmknochen einseitig. Scarlett muss wochenlang an quälenden Schmerzen gelitten haben.
Aufgrund unseres Gutachtens wird Kristian Halberstedt dem Haftrichter vorgeführt. Der Staatsanwalt wirft dem jungen Vater schwere Körperverletzung durch massives Schütteln mit Anschlagen des Kopfes vor. Der Haftrichter bezweifelt unsere Befunde mit keinem Wort – und ordnet an, den jungen Mann auf freien Fuß zu setzen. Begründung: »Ein Siebzehnjähriger kann nicht wissen, dass man ein Baby nicht schütteln darf.«
Die junge Familie hatte in den letzten drei Monaten in einem Mutter-Kind-Heim in einem Stadtteil im Berliner Westen gewohnt. Dass Väter dort mit einziehen, ist zwar nicht vorgesehen, wird jedoch in Einzelfällen geduldet. Und Kristian Halberstedt kommt schließlich aus einer Familie mit klangvollem Namen und einem Anwesen am Wannsee. Allerdings halten die Adoptiveltern wenig von der jungen Frau, mit der Kristian liiert ist – und noch weniger sind sie davon angetan, dass die beiden ein Kind miteinander haben, obwohl sie selbst fast noch Kinder sind.
Aber irgendwo musste Kristian Halberstedt ja wohnen – und Mutter, Vater, Kind gehören schließlich zusammen. Das scheinen sich jedenfalls die Verantwortlichen beim Jugendamt und bei dem Träger gesagt zu haben, der die Mutter-Kind-Einrichtung betreibt.
Bereits zwei Wochen, bevor Scarlett in die Klinik einge-

liefert wird, war den Helfern im Mutter-Kind-Heim indessen aufgefallen, dass das Baby Hautunterblutungen am rechten Arm aufwies. In den Stunden davor war Kristian, der jugendliche Hüne, mit seiner kleinen Tochter allein gewesen. Eine Helferin wandte sich daraufhin an ihren Vorgesetzten: Scarlett sei ein unruhiges Kind, und der junge Vater wirke manchmal etwas überfordert. Die Hautunterblutungen am Arm des Babys könnten eine Folge dieser Überforderung sein. Vielleicht sei es besser, ihn nicht mit Scarlett allein zu lassen.

Der Vorgesetzte gab diese Bedenken schriftlich an den Sachbearbeiter im Jugendamt weiter. Der machte sich eine Notiz und entschied, diesen Punkt bei der nächsten Fallkonferenz zwei Wochen später anzusprechen. Doch bevor es zu diesem Meeting kommt, ist Scarlett tot.

Immerhin wird Kristian Halberstedt nun doch in Untersuchungshaft genommen: Bei schwerer Kindesmisshandlung mit Todesfolge gibt es – auch im Jugendstrafrecht – eine hohe Haftstrafenerwartung. Außerdem besitzt der junge Vater neben seinem deutschen einen ecuadorianischen Pass – und das südamerikanische Land liefert nicht an Deutschland aus. Doch das erneute tragische Versagen des deutschen Kinderschutzsystems ist durch die Verhaftung nicht wiedergutzumachen.

Wie ist dieses tödliche Desaster zu erklären? Wie kann es passieren, dass in einer betreuten Mutter-Kind-Einrichtung, also buchstäblich unter den Augen der Helfer, ein Säugling schwerst misshandelt wird?

Den Jugendamtsmitarbeitern lässt sich in diesem Fall kaum etwas vorwerfen: Die Verantwortlichen im Mutter-Kind-Heim hätten beim Jugendamt klipp und klar beantragen müssen, dem Vater den alleinigen Umgang mit seiner Tochter zu untersagen, da Scarletts körperliche Unversehrtheit akut gefährdet sei. Auf diese offizielle Kinderschutzmeldung hin hätte das zuständige Jugendamtsteam umgehend die nötigen Maßnahmen treffen müssen: Auszug des Vaters aus dem Mutter-Kind-Heim oder zumindest ein Verbot des alleinigen Umgangs mit Scarlett.

Hatten die Helfer denn genügend Anhaltspunkte für ein so rigoroses Vorgehen? Diese Frage führt zum Kern des Skandals: Warnhinweise lagen seit Wochen in Hülle und Fülle vor – doch die Helfer verschlossen nach Kräften ihre Augen und Ohren.

Immerhin hatte das Baby zwei Wochen vor seinem Tod einen Bruch der Unterarmknochen einseitig erlitten. Die Helfer im Mutter-Kind-Heim wollen davon allerdings nichts bemerkt haben. Bei der Befragung durch das LKA 125 geben sie sogar an, sie hätten Scarletts Arm massiert, weil die Kleine dort offenbar Schmerzen hatte. Angeblich hatte das Baby während der Massage gelacht, was jedoch vollkommen unmöglich ist. Wer jemals einen Knochenbruch hatte, weiß, wie empfindlich man dort selbst bei minimaler Berührung ist.

Wie also kann es sein, dass ein halbes Dutzend Helferinnen, die täglich mit Scarlett und ihren Eltern zu tun hatten, von alledem nichts bemerkten? Nachdem der Vater den Arm seiner Tochter gebrochen hatte, muss das Baby zwei Wochen lang grässliche Schmerzen gehabt haben. Wenn es gewaschen, angezogen, aufgenommen, hingelegt wurde – jede Berührung seines Arms muss für das Mädchen die Hölle gewesen sein. Es muss geschrien und gequengelt haben – insbesondere bei den »entspannenden« Armmassagen.

Lilly Hollbrück konnten die Verletzung und die Schmerzen ihres Babys gewiss nicht verborgen bleiben, aber sie fand offenbar nicht die Kraft, sich gegen ihren Liebhaber zu stellen. Zumindest sorgte sie dafür, dass ihre eigene

Mutter auf Scarlett aufpasste, wenn sie selbst keine Zeit hatte, damit ihr Freund nicht mit dem Baby allein blieb. An dem Tag jedoch, als Scarlett in den Tod geschüttelt wurde, musste Lilly zur Berufsschule gehen – und ihre Mutter war ausnahmsweise verhindert. So war der Vater für mehrere Stunden mit dem Baby allein – die letzten Stunden in Scarletts kurzem Leben.

Kristian Halberstedt muss Scarlett am Brustkorb gepackt, geschüttelt und mit dem Kopf gegen einen festen Gegenstand oder eine Wand geschlagen haben – nur so lassen sich die Trias der Schütteltrauma-Symptome und der Schädelbruch erklären. Doch er gibt lediglich das Schütteln zu. Auch von dem Armbruch weiß er angeblich nichts.

Damit ist der Kindesmisshandler in bester Gesellschaft mit den vermeintlichen Kinderschützern im Mutter-Kind-Heim, die nicht sehen wollten, dass vor ihren Augen einer ihrer Schützlinge zu Tode misshandelt wurde. Die das Offensichtliche vielleicht auch nicht sehen *konnten*, blockiert durch eigene traumatische Kindheitserfahrungen, durch den immensen Erwartungsdruck seitens ihres Trägers und des Jugendamtes – und durch ein mächtiges gesellschaftliches Tabu.

Kinder schlagen, verbrennen, verbrühen, einsperren, demütigen, hungern lassen, ihnen die Knochen brechen, sie zu Tode schütteln: »So etwas machen Eltern doch nicht.« Statistisch gesehen, das sei hier nochmals betont, trifft das exakte Gegenteil zu. Kein Mensch auf der Welt (mit sehr seltenen Ausnahmen) tut »so etwas« einem Kind an – außer die eigenen Eltern. Jedes »Kinderschutzsystem«, das dieses elementare Faktum verleugnet, muss unvermeidlich immer wieder versagen, egal wie viele Milliarden Euro an Steuergeldern hineingepumpt werden. Schlimmer noch: Es begünstigt die Täter, indem es diesen ihre Opfer immer wieder zuführt. Weil Kindern ja

nichts Besseres passieren kann, als im Schoß ihrer Familien zu leben.
Und zu sterben?

Absichtlich ahnungslos?

Nicht nur Jugendamtsmitarbeiter und Familienhelfer fallen immer wieder auf die meist haarsträubenden Geschichten herein, mit denen Misshandler die blauen Flecken und Knochenbrüche, Brand- und Brühwunden ihrer kindlichen Opfer zu erklären versuchen. Auch die Ärzte in den Kliniken, Staatsanwälte, Richter und Schöffen in Kindesmisshandlungsprozessen legen vielfach eine erschütternde Ignoranz an den Tag. Auf das Schweigen der niedergelassenen Kinderärzte, ihre traditionsreiche Verleugnung des Leidens ihrer kleinen Patienten, kommen wir noch ausführlich zu sprechen (siehe Kapitel 5).
Wenn nahezu alle Akteure des deutschen Kinderschutzsystems – von den Helfern über die Ärzte bis hin zu Strafverfolgern und Richtern – selbst offensichtliche Hinweise auf Kindesmisshandlung übersehen oder missdeuten, dann hat diese kollektive Fehlleistung gewiss auch mit mangelnder rechtsmedizinischer Schulung zu tun. Dieser Missstand lässt sich durch entsprechende Fortbildungsmaßnahmen beseitigen, und nach unserer Überzeugung muss das auch dringend geschehen (siehe Kapitel 11).
Doch der objektive Wissensmangel der Akteure ist nur die sichtbare Spitze des Eisbergs – das tiefere, weit schwerer wiegende Problem ist das subjektive Nichtwissenwollen, die kollektive Blockade durch ein noch immer weithin wirksames Denkverbot.

Der Gedanke ist in der Tat schwer zu ertragen: Jährlich werden in Deutschland etwa 200 000 Kinder misshandelt, folglich laufen Hunderttausende Gewaltverbrecher in unserem Land frei herum – und in der weit überwiegenden Mehrzahl der Fälle handelt es sich bei den Misshandlern um Mutter und/oder Vater der kleinen Opfer. Menschlich ist es durchaus verständlich, dass gerade diejenigen, die an vorderster Front mit Kindesmisshandlungsfällen zu tun haben, ihre Augen und Ohren vor dieser düsteren Wahrheit verschließen.

Auch deshalb sei hier noch einmal betont: Wir stellen keineswegs »die Eltern« unter Generalverdacht – ganz im Gegenteil. Die allermeisten Väter und Mütter beziehungsweise ihre Lebensgefährtinnen und -gefährten kümmern sich liebevoll um die ihnen anvertrauten Kinder. Die große Mehrheit von ihnen verfügt über die elementaren elterlichen Fähigkeiten, die wir in Kapitel 1 beschrieben haben. Aber wenn Kinder misshandelt werden, dann handelt es sich bei den Tätern eben fast durchweg um die Eltern der Opfer.

Angehörige des Kinderschutz- wie auch des Rechtssystems, von Sozial- und Heilberufen, die diese grundlegende Wahrheit verleugnen, spielen den Tätern in die Hände. Sie begehen Verrat an den Kindern, die sie schützen oder denen sie Gerechtigkeit widerfahren lassen sollen.

Das gilt beispielsweise für den Richter, der im Fall *Joelina Schaper* zu entscheiden hatte: Das 13 Monate alte Mädchen war von seiner Mutter mit verbranntem Gesäß in die Klinik gebracht worden. Neben massiven Bissmarken an beiden Armen wies das Kleinkind zudem Zigarettenbrandwunden am rechten Handrücken auf. Zum Zeitpunkt des Geschehens war lediglich die Mutter mit dem Mädchen in der Wohnung gewesen.

Vor Gericht wartete die Mutter mit abstrusen Erklä-

rungsversuchen auf: Angeblich habe die Kleine nach einer eingeschalteten, daher heißen Glühbirne gegriffen. Die Bisswunden habe der ein Jahr ältere Bruder dem Mädchen zugefügt. Beides konnte jedoch nicht stimmen, erklärten wir als Sachverständige: Die Brandwunden befanden sich schließlich auf der Rückseite der Hand, und die Bissmarken stammten vom Gebiss eines erwachsenen Menschen (siehe auch Kapitel 7: *Zum Fressen gern*).
Der Richter zeigte offen sein Mitgefühl – nicht etwa mit dem kleinen Misshandlungsopfer, sondern mit der armen Mutter. Als ob sie durch den tragischen Unfall nicht schon genug gestraft wäre, werde sie nun auch noch durch »abwegige rechtsmedizinische Spekulationen« unter Verdacht gestellt!
Als wir schließlich erklärten, die thermischen Gesäßverletzungen kämen höchstwahrscheinlich daher, dass das Kleinkind mit dem nackten Po auf eine glühende Herdplatte gesetzt worden sei, zeigte sich der Richter geradezu empört: »So etwas würde eine Mutter doch niemals machen!«
Er befand, dass Joelina durch einen »tragischen Unfall« verletzt worden sei, und sprach die Mutter frei. Die erfreute Misshandlerin durfte ihr Opfer gleich wieder mit nach Hause nehmen.
Generell gilt: Je bizarrer die Verletzungen, die ein Kind erlitten hat, desto bereitwilliger glauben Helfer, Ärzte und Justizangehörige die fantastischen Geschichten, die ihnen die Eltern zur Erklärung auftischen.
Hierzu nochmals der Fall *Felix Lemmer* (siehe oben: *Goldene Tipps für Sadisten*): Der dreijährige Junge wurde von seiner sadistischen Stiefmutter in brühheißes Badewasser gesetzt und dort fixiert. Von der Hüfte abwärts verbrüht, liegt er im Brandverletztenzentrum – und die beiden behandelnden Anästhesisten weigern sich, An-

zeige zu erstatten. »Ich glaube nicht, dass das jemand absichtlich gemacht hat«, sagt der eine. »So etwas tut doch niemand!«, stimmt sein Kollege zu.

Der behandelnde chirurgische Assistenzarzt ist anderer Ansicht. Er ruft seinen Chef an und erklärt ihm: »Meiner Meinung nach war das kein Unfall. Das Verletzungsmuster sieht aus wie in den einschlägigen Kindesmisshandlungs-Dokumentationen.«

Der Chefarzt kommt sofort in die Abteilung der Anästhesisten. Er sieht sich die Verbrühungsverletzungen noch einmal an – und gibt seinem Assistenzarzt recht. »Wir rufen die Polizei.«

»Aber nicht von unserem Telefon aus!«, fährt ihn einer der Anästhesisten an. Auch wenn es für Außenstehende kaum glaublich klingen mag: Die Anästhesisten weigern sich hartnäckig, den Chirurgen von ihrer Abteilung aus mit der Polizei telefonieren zu lassen. Mit einem so schwerwiegenden Tabubruch wollen sie nichts zu tun haben.

Dem Chirurgen bleibt nichts anderes übrig, als das Gebäude zu verlassen und von draußen mit seinem Handy bei der Polizei anzurufen. Auch er wagt es im Übrigen nicht, das Undenkbare laut auszusprechen. Er erwähnt lediglich »Ungereimtheiten« und bittet darum, den Jungen durch einen Rechtsmediziner untersuchen zu lassen. Doch immerhin hatte er den Mut, den Stein ins Rollen zu bringen. Es kommt zum Prozess vor dem Landgericht, und trotz aller Vertuschungs- und Beschönigungsversuche durch Täter, Jugendamt und Ärzte erkennt der Richter die Schwere der Tat: Die Stiefmutter wird zu einer hohen Haftstrafe verurteilt.

Leider ist das aber eine seltene Ausnahme. Meist kommt es bei Misshandlungsdelikten gar nicht erst zur Anklage. Und wenn ein Fall doch vor Gericht landet, dann können wir Rechtsmediziner noch so eindeutige Beweise und unwiderlegbare Schlussfolgerungen präsentieren: Vielfach weigern sich Richter oder Schöffen schlichtweg, das Offensichtliche zu sehen, das Unverkennbare anzuerkennen. Weil nicht sein kann, was nicht sein darf. Weil für viele Menschen offenbar buchstäblich eine Welt zusammenbrechen würde, wenn sie sich eingestehen müssten, dass die Familie oftmals eben nicht der sichere und friedliche Hort ist, sondern eine Hölle für wehrlose Kinder.

Beispiel *Carlo Hinzig:* Der 14 Monate alte Junge wird mit schweren Verbrennungen an der rechten Handfläche in die Klinik gebracht. Wir untersuchen das Kind und stellen fest, dass seine Hand auf die glühende Herdplatte gelegt und heruntergedrückt wurde. Außerdem hatte er Verbrennungen an allen Fingernägeln der rechten Hand – sie muss also zweimal auf die Herdplatte gedrückt worden sein.

Als Täterin kommt nur die Mutter des Jungen in Frage. Blond und dezent gekleidet, sitzt sie neben ihrer Verteidigerin auf der Anklagebank.

Nachdem wir unsere Befunde vorgetragen haben, wirken die beiden Schöffinnen, zwei ältere Damen, geradezu perplex. »Das meinen Sie doch nicht ernst!«, sagt die eine zu uns. Und die zweite ergänzt: »Das kann die Mama nicht gemacht haben! Schauen Sie doch mal, was das für eine liebe junge Frau ist!«

Die liebe Mutter hat denn auch eine ganz andere Geschichte parat: Als sie leider für einen Moment nicht aufgepasst habe, sei Carlo zum Herd gekrabbelt, habe sich hochgezogen und die Herdplatte eingeschaltet. Dann sei das vierzehnmonatige Kleinkind nach vorne gefallen – seltsamerweise mit ausgestrecktem Arm. Trotz vorheriger akrobatischer Kletterleistungen sei Carlo leider nicht imstande gewesen, sein Gewicht so zu verlagern, dass er seine Hand von der Herdplatte wegbekam.

Zwei chirurgische Sachverständige bestätigen unsere Befunde, doch die Schöffinnen bleiben unbeeindruckt: Für sie ist es schlicht unvorstellbar, »dass Mütter so etwas machen«. Also kann es sich nur um einen tragischen, wenn auch rätselhaften Unfall gehandelt haben.

Die »liebe junge Frau« kommt mit zwei Jahren auf Bewährung davon – und verlässt den Gerichtssaal mit ihrem Opfer in den Armen.

4
Freispruch zweiter Klasse: Das Gesetz schützt die Täter

In der Mehrzahl der Kindesmisshandlungsfälle hat die Staatsanwaltschaft keinen Beschuldigten, den sie anklagen kann. Meist nämlich kommen beide Eltern als Misshandler in Betracht – es sei denn, einer von ihnen war zum Tatzeitpunkt mit dem Kind allein oder der andere belastet ihn mit seiner Aussage. Wird dennoch angeklagt, so enden die Gerichtsverhandlungen oftmals mit einem Freispruch »zweiter Klasse« für den oder die Angeklagten.

Das Strafgesetzbuch kennt zwar keinen Klassenunterschied bei Freisprüchen, in der juristischen Praxis aber ist er gang und gäbe. Bei einem Freispruch »erster Klasse« kann das Gericht nicht nachweisen, dass die Tat überhaupt stattgefunden hat. Bei Anklagen wegen Kindesmisshandlung folgen die Richter hier also der Argumentation der Verteidigung, dass die Verletzungen des Kindes auf ein Unfallgeschehen zurückzuführen seien. Die Angeklagten verlassen demnach den Gerichtssaal mit blütenreiner Weste.

Zumindest in Berlin kommen Freisprüche »erster Klasse« in Kindesmisshandlungsprozessen kaum noch vor. Das LKA 125, zuständig für Gewaltdelikte an Schutzbefohlenen und Kindern in der Bundeshauptstadt, arbeitet bei der Ermittlung eng mit unserem Institut zusammen. Wenn Anklage erhoben wird, kann sich die Staatsanwaltschaft auf unser Gutachten stützen, aus dem eindeutig hervorgeht, dass die Misshandlung stattgefunden hat.

Trotzdem geschieht es relativ häufig, dass die Angeklagten freigesprochen werden – nur eben nicht wegen erwiesener Unschuld, sondern weil das Gericht dem oder den Angeklagten die Tat nicht sicher nachweisen kann. Meist gibt es in diesen Fällen zwei (oder mehr) potenzielle Täter. Wenn beide ihre Unschuld beteuern und sich gegenseitig entlasten, streicht das Gericht fast immer die Segel: »Im Zweifel für den/die Angeklagten.«

So kommt es zu den leider keineswegs seltenen Freisprüchen »zweiter Klasse«. Alle Beteiligten wissen, dass die Tat stattgefunden hat: Das Kind wurde nicht etwa durch einen Unfall, sondern durch absichtlich zugefügte körperliche Gewalt geschädigt – oftmals für sein Leben. Alle Beteiligten wissen in der Regel auch, dass nur einer der beiden Angeklagten (meist Mutter und Vater bzw. Lebenspartner/in) als Täter in Frage kommt. Trotzdem werden sie freigesprochen – nicht wegen erwiesener Unschuld, sondern weil die Tat keinem der Angeklagten sicher zugeordnet werden konnte.

Für das Gerechtigkeitsempfinden ist ein solcher Freispruch »aus Mangel an Beweisen« zumindest ein Ärgernis. Für das Opfer bedeutet es geradezu eine Verhöhnung – und in Fällen von Kindesmisshandlung meist eine Verlängerung seiner Leiden. Die Täter werden nicht nur freigesprochen – ihr Opfer wird ihnen oft vom Familiengericht auch gleich wieder ausgehändigt, damit sie es weiter misshandeln können. Und das, obwohl alle Beteiligten wissen, dass einer der Angeklagten die Tat begangen haben *muss* und der andere ihn durch Schweigen oder Falschaussage deckt.

Hierzu drei beispielhafte Fälle, wie sie sich tagtäglich irgendwo in Deutschland ereignen.

Im Zweifel für die Knochenbrecher?

Fritz und Charlene Grabowski sind Mitte zwanzig, beide berufstätig und teilen sich die Betreuung ihres einzigen Kindes. Sie arbeitet als Bäckerin von drei Uhr früh bis zwölf Uhr mittags, er bedient abends als Kellner in einem Restaurant. So kann sich die Mutter am Nachmittag um die kleine Tochter Luisa kümmern, während der Vater vormittags auf das Mädchen aufpasst.

Luisa ist 18 Monate alt, als Charlene sie eines Nachmittags ins Krankenhaus bringt. Die Kleine hat einen Oberarmbruch und rundlich geformte Hämatome neben den Bruchstellen. Man kann deutlich erkennen, an welcher Stelle die Hände den kleinen Arm gepackt hatten.

Die junge Mutter ist sichtlich aufgewühlt. »Ich kann mir nicht erklären, wie das passiert ist«, beteuert sie. »Als ich Luisa heute Mittag von meinem Mann übernommen habe, ist mir nichts an der Kleinen aufgefallen. Aber ich habe sie doch keine Minute aus den Augen gelassen!«

Die Ärztin in der Notaufnahme hat ihre Zweifel. Die Klinik beauftragt uns, Luisas Verletzungen zu begutachten. Wir untersuchen das Mädchen, und unsere Befunde sind eindeutig: Der Arm des Babys wurde mit brutaler Gewalt gebrochen. Die rundlichen Hämatome sind die Griffmarken von den Händen eines erwachsenen Täters – oder einer Täterin.

Beide Elternteile werden von der Kriminalpolizei vernommen. Fritz versichert, dass die kleine Luisa in gutem Gesundheitszustand gewesen sei, als er sie an Charlene übergeben habe. Natürlich habe er seiner Tochter nicht den Arm gebrochen! Es sei auch niemand sonst in der Wohnung gewesen, bis Charlene von der Arbeit gekommen sei. Und selbstverständlich würde auch seine Frau ihrem geliebten Töchterchen so etwas niemals antun.

Charlene sagt sinngemäß das Gleiche aus wie ihr Mann. Sie entlastet ihn und beteuert ihre Unschuld. Dass sich die Staatsanwaltschaft überhaupt zur Anklageerhebung entschließt, ist ein kleines Wunder.
Doch im Gerichtssaal ereignen sich Wunder noch seltener als bei der Anklagebehörde. Von ihren Anwälten zweckdienlich beraten, bleiben Fritz und Charlene bei ihrer Aussage. »Ich war es nicht!«, beteuern sie wie aus einem Mund. »Wir beide könnten unserer Kleinen nicht mal ein Haar krümmen.«
Das Gericht hat keine Zweifel an den rechtsmedizinischen Befunden, die wir als Gutachter vertreten: Der Arm des Babys wurde von einem Erwachsenen gebrochen, ein Unfallgeschehen ist auszuschließen.
Trotzdem werden beide Angeklagten »zweiter Klasse« freigesprochen. Begründung: Zwar stehe außer Zweifel, dass es sich um ein Körperverletzungsdelikt handele, und als Täter kämen auch nur die beiden Eltern in Betracht. Doch da die Tat weder Vater noch Mutter sicher zugeordnet werden könne, seien beide aus Mangel an Beweisen freizusprechen.
So verlassen die Eltern als freie Leute den Gerichtssaal – obwohl gerichtlich festgestellt wurde, dass einer der beiden ein brutaler Kindesmisshandler ist. Und obwohl klar ist, dass der oder die andere den Täter deckt.
Lachend hält die Mutter die kleine Luisa im Arm, deren schmerzhafter Spiralbruch gerade erst abgeheilt ist. Den Zuschauern im Gerichtssaal ist anzusehen, dass sie mit dem Urteil so wenig einverstanden sind wie wir und die Kommissare vom LKA 125, die in dieser Sache ermittelt haben.
Was ist das für ein Gesetz, das brutale Gewalttäter schützt – und ihnen auch noch ihr Opfer von neuem ausliefert?

Um fünf Uhr nachmittags klingelt Lena Rutschky bei der Tagesmutter, um ihre dreijährige Tochter Nele abzuholen. Die etwa vierzigjährige Bea Hinrichs kommt selbst an die Tür. Hinter ihr im Haus ist das fröhliche Lärmen der Kinder zu hören, die sie an jedem Werktag von acht bis 17 Uhr betreut.

Lena Rutschky hört auch die Stimme ihrer Tochter Nele. Aber das zweieinhalbjährige Mädchen klingt alles andere als vergnügt. Nele weint leise vor sich hin.

Die Mutter nimmt sie in den Arm und schaut sie erschrocken an. Nele sieht schlimm aus. Ihr Kinn ist angeschwollen und durch einen gewaltigen Bluterguss verfärbt. Quer über eine Wange hat sie länglich geformte Hämatome, die auffällig parallel verlaufen.

»Ein unglücklicher Sturz«, sagt Bea Hinrichs. »Nele ist im Rennen über die Murmelbahn gestolpert und hat sich dabei das Kinn aufgeschlagen.«

»Aber diese Doppelstreifen auf der Wange«, fragt Lena Rutschky, »wo hat sie die denn her?«

»Nele ist manchmal ein schrecklicher Wildfang«, antwortet die Tagesmutter. »Noch bevor die Sache mit der Murmelbahn passiert ist, ist sie gegen die Türkante gelaufen.«

»Und davon bekommt man solche Doppelstriemen?«, hakt die Mutter nach.

Bea Hinrichs ist erneut um eine Antwort nicht verlegen. »Ist Ihnen noch nicht aufgefallen, dass Ihre Tochter im Rennen manchmal den Kopf schräg hält – so?«

Sie macht es Lena Rutschky sogar vor. Doch die Mutter findet das alles wenig überzeugend. Nele ist eigentlich ein eher vorsichtiges Kind, und dass ihre Tochter mit schräg gestelltem Kopf durch die Gegend rennen würde, hat sie auch noch nie beobachtet. Die Mutter ist überzeugt davon, dass Bea Hinrichs das kleine Mädchen misshandelt hat.

Also erstattet sie Anzeige beim Landeskriminalamt. Das LKA 125 beauftragt uns, Nele Rutschky zu untersuchen. Unser Gutachten bestätigt den Verdacht der Mutter. Die Hautunterblutungen an Neles Kinn hätten sich notfalls mit dem Sturz über die Murmelbahn erklären lassen. Doch die Doppelstriemen auf der Wange stammen eindeutig von heftigen Ohrfeigen.
Die Staatsanwaltschaft erhebt Anklage wegen Misshandlung einer Schutzbefohlenen. Bea Hinrichs bestreitet, das kleine Mädchen geschlagen zu haben. Doch nach ihrer Aussage war sie zum Tatzeitpunkt die einzige Erwachsene im Haus – und die heftigen Ohrfeigen wurden eindeutig von einer erwachsenen Person verabreicht.
Bea Hinrichs wird zu einer Geldstrafe von 2500 Euro verurteilt. Weit ärger für sie sind die administrativen Folgen des Urteils: Das Gesundheitsamt wird vorschriftsmäßig informiert – und Bea Hinrichs verliert ihre Zulassung als Tagesmutter. Damit steht sie ohne Einkommen für sich selbst und ihre beiden volljährigen Kinder da, die noch in der Ausbildung sind.
Doch ihr Anwalt legt Berufung gegen das Urteil ein. Der Fall kommt vor die nächste Instanz – und diesmal bringt Bea Hinrichs eine ganz andere Geschichte vor. Von der Murmelbahn ist keine Rede mehr, so wenig wie von Neles angeblicher Neigung, mit schräg gestelltem Kopf durchs Zimmer zu rennen. Stattdessen offenbart die ehemalige Tagesmutter nun, dass sie in einem Punkt nicht die Wahrheit gesagt habe.
»Außer mir waren noch zwei Erwachsene im Haus.« Sie gibt auch bereitwillig die Identität der beiden Tatverdächtigen preis: Aron und Sarah Hinrichs, ihre beiden volljährigen Kinder.
»Ich habe beobachtet, wie einer von ihnen Nele ins Ge-

sicht geschlagen hat«, gesteht Bea Hinrichs. »Aber ich konnte doch mein eigen Fleisch und Blut nicht belasten – deshalb habe ich das bis jetzt verschwiegen!«

Und wie erklärt sich ihr plötzlicher Sinneswandel? Leider nicht mit später Reue der ungetreuen Betreuerin. Sehr viel eher sieht es danach aus, dass der Anwalt diese neue Strategie für seine Mandantin ausgeheckt hat.

»Welches meiner beiden Kinder Nele geschlagen hat, werden Sie von mir nicht erfahren«, fügt Bea Hinrichs hinzu. »Als Mutter habe ich ein Zeugnisverweigerungsrecht, und davon mache ich hiermit Gebrauch.«

Dabei bleibt sie. Und wird »zweiter Klasse« freigesprochen, weil weder ihr noch einem ihrer erwachsenen Kinder die Tat sicher zugeordnet werden kann.

Im Zweifel für die Angeklagte. Und ohne Zweifel gegen das misshandelte Kind.

Als Nadine Johansson die Tür öffnet, ist sie bleich vor Angst. »Na endlich!«, stößt die neunzehnjährige junge Frau hervor und läuft so schnell sie kann ins Wohnzimmer zurück.

Der Notarzt und die beiden Sanitäter folgen ihr im Laufschritt. Die kleine Mandy liegt auf einer Babydecke auf dem Teppichboden, unmittelbar vor dem Sofa. Das Mädchen ist 16 Monate alt und offenbar schwer verletzt. Die Schädeldecke ist mehrfach gebrochen, Stirn und Gesicht sind geschwollen und blutüberströmt.

Mandy wird in der Notambulanz erstversorgt und sofort in die Unfallklinik gebracht. Dort stellt sich bei der Untersuchung heraus, dass sie massive Gehirnverletzungen erlitten hat. Das kleine Mädchen bleibt für den Rest seines Lebens halbseitig gelähmt.

Auf die Frage, was mit dem Kleinkind passiert sei, antwortet Nadine Johansson nur immer wieder: »Ich war allein mit Mandy. Sie ist von der Couch gefallen – mit dem Köpfchen voran.«

Die junge Frau ist immer noch schreckensbleich. Allem Anschein nach steht sie unter Schock. Ihre Erklärung für die lebensgefährlichen Verletzungen des Kindes erscheint vollkommen unglaubhaft.

Die Klinik bittet uns um ein Gutachten. Noch am selben Tag untersuchen wir Mandy. *»Die schweren Kopfverletzungen können keinesfalls durch einen Sturz vom Sofa verursacht worden sein«*, halten wir fest. *»Bei einem solchen Sturz aus geringer Höhe und auf eine weiche Unterlage (Teppich, Babydecke) hätte das Kind sich höchstens eine harmlose Beule zugezogen. Ursächlich war vielmehr massive Gewalteinwirkung. Aufgrund des Verletzungsmusters kommen Fußtritte oder Einklemmen des Kopfes zwischen Tür und Türrahmen in Betracht.«*

Als wir unser Gutachten Monate später bei der Gerichtsverhandlung erläutern, werden wir nicht nur im Gerichtssaal, sondern auch in den Pausen auf dem Flur von Nadine Johanssons Eltern wüst beschimpft. »Lügner und Verleumder« sind noch die harmlosesten Ausdrücke, die sie uns an den Kopf werfen.

Aber die Richterin lässt sich dadurch so wenig wie von den Unschuldsbeteuerungen der Kindsmutter beeindrucken. Nadine Johansson wird wegen Misshandlung einer Schutzbefohlenen zu zwei Jahren und neun Monaten Freiheitsstrafe verurteilt.

Ihr Verteidiger legt umgehend Berufung ein. Und in der zweiten Instanz bringt Nadine Johansson eine völlig neue Geschichte vor.

»Ich war damals doch nicht allein mit Mandy«, räumt sie ein. »Javier war bei mir – Javier Gonzales, mein damaliger Freund. Meine Eltern wussten nichts von ihm. Mein Vater hatte gedroht, dass sie mich nicht länger unterstützen würden, wenn ich wieder eine Liebesbeziehung anfangen würde. Und ich bin doch auf meine Eltern angewiesen – wegen Mandy!«

Sie wirft ihren Eltern, die wieder im Zuschauerbereich sitzen, einen Blick zu. Ihr Vater durchbohrt sie mit seinen Blicken, die Mutter hält den Kopf gesenkt.

Stockend erzählt Nadine Johansson weiter. Javier hatte an jenem Abend nur ein paar Stunden Zeit. Sie lagen eng umschlungen auf dem Sofa, auf dem Boden schlief die kleine Mandy auf ihrer Decke.

Javier war gerade dabei, Nadine die letzten Kleidungsstücke vom Leib zu zerren, da wachte das Baby auf. Und fing an, wie am Spieß zu schreien.

»Sag ihr, sie soll Ruhe geben«, verlangte er.

Nadine versuchte alles, aber Mandy gab einfach keine Ruhe. Sie wollte kein Fläschchen, keinen Schnuller, kein Spielzeug. Die Kleine stieß alles zur Seite und schrie einfach weiter.

»Komm wieder her«, forderte Javier. »Lass sie plärren.«

Sie versuchten es auf diese Weise, aber Mandy schrie immer lauter. Und da sprang Javier plötzlich auf und trat dem Baby mit voller Wucht von oben auf den Kopf.

Mit einem Schlag war Ruhe. Und alles voller Blut.

»Scheiße, das wollte ich nicht«, sagte Javier.

Während Nadine wie gelähmt auf ihr Baby starrte, zog sich Javier schon die Hose hoch. Er stopfte sein Hemd in den Gürtel und war im nächsten Moment bei der Tür.

»Sorry«, sagte er noch. »Ich verschwinde besser.«

Dann ging die Tür hinter ihm zu.

Sie habe ihn nie wiedergesehen, so beendet Nadine Johansson ihre Geschichte. Javier und sie hätten oft davon gesprochen, dass sie zusammen nach Paraguay gehen wollten, in sein Heimatland. Bestimmt sei er längst allein dorthin zurückgekehrt.

»Dieser feige Verbrecher!«, stößt sie hervor. »Er hat mein Baby zum Krüppel gemacht!«
Sie schlägt aufschluchzend die Hände vor ihr Gesicht.
Und das Gericht spricht sie »zweiter Klasse« frei.

Freispruch für Baby-Totschüttler?

Richter am Landgericht Berlin oder einer anderen deutschen Großstadt blicken tagtäglich in menschliche Abgründe. Wer über viele Jahre hinweg in Mord- und Totschlagsprozessen Urteile spricht, dem können schon mal die Maßstäbe verrutschen.
Kindliche Knochenbrüche, Platzwunden, Blutergüsse – das verheilt doch alles wieder, oder etwa nicht? Na also. Eigentlich kaum der Rede wert.
Doch selbst abgestumpfte Richter dürften mit Unbehagen vermerken, dass das Strafgesetz gerade bei einer der schwersten Formen der Kindesmisshandlung sehr häufig nicht greift. Die Rede ist vom Schütteltrauma *(Shaken Baby Syndrome)* bei Säuglingen. Was diese massive Misshandlungsart bei Kleinstkindern zerstört, das heilt garantiert nicht wieder. Und die Täter werden meist freigesprochen – wenn es überhaupt zur Anklage kommt.

Eine der schwersten Kindesmisshandlungsformen

Das Schütteltrauma entsteht, wenn der Säugling an den Armen oder um den Brustkorb gepackt und heftig vor und zurück bzw. hin und her geschüttelt wird. Dadurch rotiert oder pendelt der im Vergleich zum Körper relativ schwere Kopf des Säuglings unkontrolliert hin und her.
Aus Tätergeständnissen, biomechanischen Berechnun-

gen und Tierversuchen geht hervor, dass die Opfer im Durchschnitt mit einer Frequenz von fünf bis zehn Sekunden zehn- bis dreißigmal heftig geschüttelt werden. Hierbei muss der Täter erhebliche Körperkraft aufwenden. Die Misshandler wissen daher auch ohne jede medizinische Kenntnis, dass sie einen Angriff auf das Leben des Säuglings verüben.

Die drei typischen klinischen Befunde beim Schütteltrauma sind retinale (in der Netzhaut gelegene) und subdurale (zwischen harter und weicher Hirnhaut gelegene) Blutungen sowie schwere Hirnschäden. Diese Trias gilt als beweisend für das Schütteltrauma. Durch das heftige Hin-und-Her-Schleudern des Kopfes werden Hirngewebe und Schädelknochen unterschiedlich stark beschleunigt. Dadurch schert das Gehirngewebe von der am Knochen anhaftenden äußersten Hirnhaut *(Dura mater)* ab. Dabei reißen die sogenannten *Brückenvenen*, die zwischen Hirngewebe und Dura mater senkrecht verlaufen und den Hirnkammerwasserraum quasi überbrücken, was wiederum die subduralen Blutungen hervorruft. Das wirkliche Problem des Schütteltraumas liegt jedoch in den Zerreißungen der Nervenzellfortsätze während des Schüttelns, die für die schweren Hirnschädigungen verantwortlich sind.

Oftmals behaupten Eltern, auffällige Symptome seien erst zeitversetzt aufgetreten. Beispielsweise erklärt eine Mutter, sie habe den Säugling abends von ihrem Lebensgefährten übernommen, als der zur Nachtschicht gegangen sei. Zunächst habe sich das Baby wie immer verhalten – erst Stunden später seien dann die Krampfanfälle aufgetreten.

Doch das sind Schutzbehauptungen, die mit der tatsächlichen Symptomatik unvereinbar sind. Ein sogenanntes *freies Intervall* zwischen Schädigung und erstmaligem

Auftreten der Symptome kann es beim Schütteltrauma nicht geben. Denn das massive Schütteln ruft eine sofortige *primär diffuse Hirnschädigung* hervor, gravierende Verletzungen von Nervenfasern im Inneren des Gehirns. Der geschüttelte Säugling zeigt daher bereits unmittelbar nach der Misshandlung auffällige neurologische Symptome, etwa Krampfanfälle, Reaktionsverzögerung und Bewusstseinsstörungen bis hin zum Koma. Für die Strafverfolgung ist dieser Umstand von oftmals ausschlaggebender Bedeutung: Ein Kind, das – wie im obigen Beispiel – keine Symptome aufweist, wenn es von der Mutter übernommen wird, kann nicht Stunden vorher vom Lebensgefährten der Mutter schwerst geschüttelt worden sein. Falls die Mutter zu dem Zeitpunkt, als die Symptome erstmals auftraten, nachweislich allein bei dem Säugling war, kommt nur sie als Täterin in Frage.

Das alltägliche Säuglingsmassaker

Das Schütteltrauma gilt zu Recht als eine der schwersten Formen der Kindesmisshandlung. Ein Fünftel der Opfer verstirbt sofort nach dem Schütteln oder nach wenigen Tagen. Neunzig Prozent der Überlebenden sind für ihr Leben an Geist und Körper behindert. Nicht einmal 10 Prozent der überlebenden Opfer tragen keine bleibenden Schäden davon.

Zu den neurologischen Folgen des *Shaken Baby Syndrome* gehören schwerwiegende Entwicklungsstörungen, Seh-, Hör- und Sprachausfälle, von Krämpfen begleitete Bewegungsstörungen oder sogar die weitgehende Degeneration des Gehirns zu unstrukturierten Zellblasen ohne weitere Funktionsfähigkeit.

Anders als in Deutschland sind Ärzte in den USA verpflichtet, Kindesmisshandlung bei der Polizei zu mel-

den. Daher liegen aus den Vereinigten Staaten recht genaue Zahlen zu Ausmaß, Ausprägung und Folgen von Kindesmisshandlung vor (*Kindesmisshandlung,* S. 31). Und nach Expertenauskunft lassen sich die Daten auf deutsche Verhältnisse übertragen.
Demnach lassen sich bei Säuglingen rund 80 Prozent aller tödlichen Verletzungen von Kopf und/oder Zentralnervensystem auf eine Kindesmisshandlung zurückführen. Bei sieben bis zwölf Monate alten Babys sind diese Verletzungen die häufigste Todesursache überhaupt. Zwei Drittel bis drei Viertel aller Säuglinge, die vor dem zweiten Lebensjahr infolge einer Misshandlung versterben, erliegen tödlichen Verletzungen des Gehirns. Und diese wiederum werden weit überwiegend durch das Schütteltrauma hervorgerufen.

Zombie-Baby

Als Jethro mit der Feuerwehrambulanz in die Notaufnahme der Klinik gebracht wird, hält Dr. Dirk Müller den Atem an. Der erfahrene Arzt ahnt sofort, was mit dem kaum vier Monate alten Säugling passiert ist.
Jethro zeigt kaum noch Lebenszeichen. Sein Herz schlägt unregelmäßig, seine Augen sind blutunterlaufen. Die Unterarme sind beide gebrochen. Darüber hinaus kann Dr. Müller keine äußeren Verletzungen entdecken.
Die Computertomographie des Kopfbereichs bestätigt ihn in seinem Verdacht: Jethro hat großflächige subdurale Hämatome. Zusammen mit den retinalen Blutungen und dem Fehlen gravierender äußerer Verletzungen am Kopf sind sie ein klarer Hinweis auf ein Schütteltrauma.
Der Säugling wird eilends auf die Kinderintensivstation gebracht. Als Folge der Hirnverletzung arbeitet sein Herz nicht mehr regelmäßig, und er atmet nicht mehr

von allein. Die Netzhaut beider Augen beginnt sich abzulösen. In den folgenden Tagen wird Jethro erblinden. Die Zerstörung des Gehirngewebes ist unumkehrbar. So wird der Junge, falls er nicht in den nächsten Tagen verstirbt, für den Rest seines Lebens an spastischen Lähmungen und Krampfanfällen leiden. Er wird niemals richtig sprechen oder gehen lernen. In seiner Entwicklung wird er nie über das Stadium eines Kleinkindes hinausgelangen.

Ein brutaler Angriff von wenigen Sekunden hat genügt, um ein ganzes Leben zu zerstören. Fünf oder zehn Sekunden, in denen der Säugling am Brustkorb gepackt und wie rasend hin und her geschüttelt worden ist.

Dr. Müller verständigt das Jugendamt und das LKA. Unser Gutachten bestätigt seine Diagnose.

Die Ermittlungen des LKA 125 ergeben, dass Jethros Vater gegen 13 Uhr die Feuerwehr angerufen hat. Er heißt René Masunke, ist 25 Jahre alt und als Straßenarbeiter im Tiefbau beschäftigt. Zusammen mit seiner Lebensgefährtin Nicole Güstrow wohnt er in einer Drei-Zimmer-Wohnung in einem Berliner Brennpunktviertel.

Bei der Vernehmung gibt René Masunke an, dass er die Feuerwehr verständigt habe, »weil sich Jethro plötzlich komisch benommen hat. Er hat die ganze Zeit in seiner Wiege gelegen, und plötzlich hat er angefangen zu zucken und um sich zu schlagen. Seine Augen sind ganz rot geworden, es war richtig unheimlich – wie in einem Zombiefilm.«

Kriminaloberkommissarin Marion Henske glaubt ihm kein Wort. »Und die Unterarme hat er sich wohl auch selbst gebrochen?«, fragt sie den Kindsvater.

»Das muss passiert sein, als er wie irre um sich geschlagen hat«, behauptet Masunke. »Ich habe den Kleinen jedenfalls nicht angefasst.«

René Masunke ist ein Mann von beeindruckender Statur. Breite Schultern, Hände so groß wie Schaufeln. Man sieht ihm an, dass er jeden Tag harte körperliche Arbeit leistet. Und dass er seine Fäuste nicht immer zu friedlichen Zwecken einsetzt.
Eindrucksvoll ist auch René Masunkes Polizeiakte. Allein in den letzten zwei Jahren wurde rund ein Dutzend Anzeigen wegen diverser Körperverletzungsdelikte gegen ihn erstattet. Kindesmisshandlung ist allerdings nicht dabei.
Auch Nicole Güstrow wird im Landeskriminalamt vernommen. Die Kindsmutter ist 23 Jahre alt und hat neben Jethro noch eine siebenjährige Tochter namens LeeLee.
»Ich war mit LeeLee in ihrer Schule«, sagt sie aus. »Normalerweise kümmere ich mich lieber selbst um den Kleinen, aber LeeLee wollte unbedingt, dass ich mit auf das Sommerfest in ihrer Schule gehe. Also habe ich René gebeten, für ein paar Stunden auf Jethro aufzupassen.«
»Und was hat Ihr Mann dazu gesagt?«, hakt die Oberkommissarin nach.
»Na, was schon«, antwortet Nicole Güstrow und spielt nervös an ihrem Nasenpiercing herum. »Er hat es nicht so mit Babys, verstehen Sie? Die machen ihm schlechte Laune, sagt er immer. Aber im Grunde ist René ein guter Kerl. Und LeeLee und Jethro fasst er sowieso nur mit Samthandschuhen an.«
Marion Henske spürt, dass die junge Frau ihren eigenen Worten nicht glaubt. Aber das bedeutet noch lange nicht, dass Nicole Güstrow auch bereit ist, gegen ihren Lebensgefährten auszusagen. Die Oberkommissarin weiß aus Erfahrung, dass sie bei der Befragung behutsam vorgehen muss.
»Wie war das genau, als Sie und LeeLee zur Schule gegangen sind?«, fragt sie weiter. »Hat Jethro da geschlafen oder war er auf Renés Arm?«

Die junge Frau zuckt zusammen. »Auf Renés Arm? Nein, der Kleine war in seinem Bettchen im Schlafzimmer. Er hatte gerade getrunken und hat friedlich geschlafen. Meistens schläft er dann drei, vier Stunden. Bis dahin wäre ich längst wieder daheim gewesen.«

»Mit Jethro war also alles in Ordnung, als Sie und Lee-Lee gegangen sind? Keine Anzeichen, dass er krank war oder sich nicht wohlfühlte?«

Nicole Güstrow schüttelt den Kopf, dass ihre Kreolen klimpern. »Der Kleine war total gesund!«, beteuert sie. »Jethro ist eigentlich ein liebes Baby«, fügt sie hinzu. »Nur manchmal bekommt er diese Schreianfälle. Dann schreit er auch schon mal zwei Stunden ohne Pause. Und egal, ob man ihn rumträgt oder schaukelt oder ihm was vorsingt – er hört dann einfach nicht mit dem Schreien auf!«

Sogenannte Schreikinder sind besonders gefährdet, Opfer von Schüttelangriffen zu werden, das weiß auch Marion Henske. Manche Säuglinge leiden unter frühkindlichen Regulationsproblemen. Die Folge sind diese Schreianfälle, durch die Eltern schnell an die Grenzen ihrer Belastbarkeit gelangen können.

Besonders junge, unerfahrene Eltern fühlen sich oftmals unter irrationalem Erfolgsdruck, wenn sie es auch nach Stunden nicht geschafft haben, ihr Kind zu beruhigen. Hinzu kommen vielfach Projektionen aus ihrer eigenen Kindheit (»Mein Baby liebt mich nicht – so wie auch ich als Kind nicht geliebt worden bin«). In dieser Stresssituation rasten Mütter oder Väter manchmal aus – zumal wenn sie ihre aggressiven Impulse nicht unter Kontrolle haben, was offenkundig auf René Masunke zutrifft.

»Vielleicht ist Jethro aufgewacht und hat zu schreien begonnen, während Sie nicht da waren«, überlegt die Oberkommissarin laut. »Was glauben Sie, wie hätte René in dieser Situation reagiert?«

Nicole Güstrow sieht sie erschrocken an. »Nein, so war das nicht«, gibt sie hastig zurück. »René hat im Wohnzimmer einen Zombiefilm geschaut, und Jethro war die ganze Zeit nebenan in seinem Bettchen. Das hat René zu mir gesagt, und er würde mich niemals anlügen.«

Bei dieser Aussage bleibt Nicole Güstrow. Doch gleichzeitig hat sie zu Protokoll gegeben, dass Jethro vollkommen gesund gewesen sei, als sie ihn bei René Masunke zurückgelassen habe. Dieser Sachverhalt wird von der siebenjährigen LeeLee bestätigt. Und so entschließt sich die Staatsanwaltschaft, Anklage gegen René Masunke zu erheben.

Bei einem Schütteltrauma treten, wie geschildert, unmittelbar nach der Misshandlung Symptome auf. Diese sind so gravierend, dass auch medizinisch ungeschulte Personen sie kaum übersehen können. Der schwerst geschüttelte Säugling reagiert in keinerlei Hinsicht mehr »normal«. Er verweigert die Nahrungsaufnahme, verhält sich apathisch oder erleidet Krampfanfälle, die Arme und Beine in spastische Zuckungen versetzen. Wenn Jethro also nach Aussagen der Mutter und der siebenjährigen Tochter noch »völlig gesund« war, als sie ihn dem Vater überließen, dann kommt nur René Masunke als Täter in Frage.

Bis zur Gerichtsverhandlung vergehen sieben Monate. In dieser Zeit befindet sich Jethro unter der Obhut des Jugendamtes in einer Pflegeeinrichtung für schwerbehinderte Kinder. Der über René Masunke schwebende Verdacht scheint Nicole Güstrows Liebe zum Vater ihrer Kinder jedoch nicht geschmälert zu haben. Eher im Gegenteil – sie erscheint hochschwanger vor Gericht. Zum dritten Mal schwanger von René Masunke.

Der Angeklagte hebt die Hand zum Schwur. »Ich habe Jethro nicht angefasst!«

Und Nicole Güstrow erklärt diesmal: »Der Kleine hatte schon in den Tagen davor immer wieder Krämpfe.«
»Also lässt sich auch nicht feststellen, wann genau der Vorfall stattgefunden hat – und durch wen«, führt Masunkes Verteidiger genüsslich aus.
Die Staatsanwältin gibt sich noch nicht geschlagen. »Frau Güstrow«, ruft sie der Mutter in Erinnerung, »vor sieben Monaten haben Sie ausgesagt, dass Jethro vollkommen gesund gewesen sei, als sie ihn Herrn Masunke überließen.«
»Habe ich das gesagt?«, antwortet Nicole Güstrow. »Da muss ich in der Aufregung etwas durcheinandergebracht haben.«
Die Staatsanwältin weist das Gericht darauf hin, dass die ursprüngliche Aussage der Mutter weitaus glaubwürdiger sei als die nun vorgebrachten Erklärungen.
Aber der Vorsitzende Richter geht darauf nicht ein. »Da der Säugling nach Aussage der Mutter schon seit Tagen an Krampfanfällen gelitten hatte«, erklärt er bei der Urteilsverkündung, »lässt sich nicht mit Sicherheit feststellen, wer das Schütteltrauma verursacht hat.«
Wohlgemerkt: Die Tatsache, *dass* Jethro durch diese massive Form der Kindesmisshandlung für sein ganzes Leben schwerstgeschädigt worden ist, zieht das Gericht keine Sekunde lang in Zweifel. Trotzdem fährt der Richter »im Namen des Volkes« so fort:
»Der Angeklagte René Masunke wird aus Mangel an Beweisen freigesprochen.«
Man kann dem ungeborenen Geschwisterkind von Lee-Lee und Jethro nur wünschen, dass es seinen Vater niemals beim Anschauen von Zombiefilmen stören wird.

Rechtsstaat kontra Kinderschutz?

An dem hehren Rechtsgrundsatz *In dubio pro reo* wollen auch wir selbstverständlich nicht rütteln. Für eine strafbare *Handlung* kann und darf nur derjenige verurteilt werden, dem diese Tat zweifelsfrei nachgewiesen worden ist.

Doch auch das *Unterlassen* einer (schützenden, rettenden) Handlung kann strafbar sein, und das Gesetz erlaubt hier sogar ein ähnlich hohes Strafmaß (§ 13 StGB). Diesen Ausweg aus dem Dilemma der Freisprüche »zweiter Klasse« nutzen die Gerichte allerdings nur äußerst selten. In Berlin haben wir es in sieben Jahren nur ein einziges Mal erlebt, dass ein Richter in einem Kindesmisshandlungsfall *»wegen Misshandlung durch Unterlassen«* verurteilt hat.

In Kapitel 11 gehen wir auf die Gründe ein, aus denen Gerichte bislang nur selten von dieser Möglichkeit Gebrauch machen. Und wir erläutern, warum § 13 StGB trotzdem ein wirksames rechtsstaatliches Instrument sein kann, um Freisprüche »zweiter Klasse« für Kindesmisshandler zu vermeiden.

5
Das Schweigen der Ärzte

Hunderte misshandelter Kinder werden tagtäglich in deutschen Kinder- und Jugendarztpraxen vorgeführt. Meist sind es die elterlichen Misshandler selbst, die medizinische Versorgung für ihre kleinen Opfer verlangen. Dabei tischen sie den Ärzten mehr oder weniger fantasievolle Lügengeschichten auf: Der ungeschickte Nachwuchs ist angeblich gegen Türen gerannt, auf der Treppe gestolpert, von der Couch gefallen oder auf dem Spielplatz vom Klettergerüst gestürzt.

Solche kindlichen Unfälle kommen zweifellos vor, allerdings nicht annähernd so oft, wie sie in den Krankenberichten der Kinder- und Jugendärzte auftauchen. Dafür findet sich die Diagnose »Kindesmisshandlung« in den Patientenakten der niedergelassenen Ärzte hierzulande nur äußerst selten.

Woran liegt das? Mit etwas Erfahrung und Recherche müssten Ärzte selbst ohne gründliche rechtsmedizinische Ausbildung imstande sein, auffällige Misshandlungsspuren von unfalltypischen Verletzungen zu unterscheiden. Zumal die Erklärungen der Eltern oftmals offenkundig nicht zu den Blessuren der Kinder passen.

Ein Kleinkind, das vom Sofa auf den Teppich fällt, kann sich dadurch eine Beule zuziehen – aber ganz bestimmt keinen Schädelbruch. Hämatome mit symmetrischem Striemenmuster im Gesicht oder auf dem Rücken eines Kindes können in sehr seltenen Einzelfällen eine harmlose Erklärung finden – in aller Regel sind es aber sichere

Hinweise auf vorsätzliche Körperverletzung durch Schläge, Auspeitschen oder Ähnliches. Bissverletzungen können in der Tat von einem kleinen Geschwisterkind stammen – aber das verfügt in der Regel nicht über den ausgewachsenen Kiefer eines Erwachsenen.

Gleichwohl zweifeln die Kinder- und Jugendärzte nur äußerst selten die Erklärungen der Eltern an. Sie verarzten die kleinen Opfer oder überweisen sie erforderlichenfalls in die Unfallklinik – darüber hinaus unternehmen sie nichts. So werden tagtäglich Hunderte misshandelter Kinder wieder in die Hände ihrer Peiniger übergeben, mit aktiver Beihilfe der Ärzte oder zumindest mit ihrer stillschweigenden Duldung.

Die Kinder- und Jugendärzte dürfen nicht länger wegschauen

Die niedergelassenen Kinder- und Jugendärzte sind in einer Schlüsselposition, was die Erkennung von Kindesmisshandlung angeht. Säuglinge und Kleinkinder bis zum vierten Lebensjahr sind besonders misshandlungsgefährdet. Und Kinderärzte sind oftmals die einzigen Fachkräfte, denen die Kinder in diesem Lebensabschnitt – aufgrund der regelmäßigen Vorsorgeuntersuchungen – vorgeführt werden.

Idealerweise könnten sie gestörte Eltern-Kind-Beziehungen rechtzeitig erkennen und entsprechende Hilfen initiieren, damit es gar nicht erst zur Misshandlung kommt. Dafür müssten sie allerdings entsprechend geschult sein. Bei konkretem Verdacht auf körperliche Kindesmisshandlung müssten sie die kleinen Patienten in Kliniken mit interdisziplinären Kinderschutzgruppen überweisen. Dort könnte durch gezielte Diagnostik geklärt werden, ob das betreffende Kind tatsächlich misshandelt wurde oder den Verletzungen eine Krankheit mit ähnlicher Symptomatik zugrunde liegt.

Von diesen idealen Verhältnissen sind wir jedoch Lichtjahre entfernt. Bei Prävention, Diagnostik und Behandlung von Kindesmisshandlung sind die niedergelassenen Ärzte das erste und entscheidende Glied in der Kette. Doch »Misshandlungsmedizin« ist für viel zu viele Kinder- und Jugendärzte hierzulande noch immer Neuland. Das sieht vor allem im angloamerikanischen Sprachraum ganz anders aus. Dort spielt die Misshandlungsmedizin in Forschung und Lehre mittlerweile eine bedeutende Rolle. In Deutschland dagegen haben viele Kinderärzte noch nicht einmal mitbekommen, dass sie sich von Rechtsmedizinern bei Verdacht auf Kindesmisshandlung konsiliarisch beraten lassen können.

Doch wir Rechtsmediziner allein können diese Lücke ohnehin nicht schließen. Außerhalb der Großstädte gibt es in Deutschland nur wenige rechtsmedizinische Institute und damit keine flächendeckende rechtsmedizinische Untersuchungsmöglichkeit für Gewaltopfer. Und aufgrund knapper öffentlicher Kassen und fahrlässiger politischer Entscheidungen gibt es bei uns sogar immer weniger Rechtsmediziner.

Auch deshalb führt kein Weg daran vorbei: Die Kinder- und Jugendärzte müssen sich rechtsmedizinisch weiterbilden, damit sie unfall- von misshandlungstypischen Verletzungen zu unterscheiden lernen.

Doch das allein reicht nicht aus, um die Ärzte bei Verdacht auf Misshandlung tatsächlich zum Handeln zu bewegen. Viele Ärzte, ob rechtsmedizinisch informiert oder nicht, neigen nun einmal dazu, körperliche Gewalt gegen Kinder zu bagatellisieren – oftmals sogar mit der

offenherzigen Begründung: »Mir hat es auch nicht geschadet.«
Solche entlarvenden Auftritte von Kinderärzten erleben wir leider keineswegs selten. In Kapitel 3 haben wir die Horrorgeschichte des dreijährigen Felix erzählt: Der Junge wurde von der sadistischen Lebensgefährtin seines Vaters vorsätzlich mit heißem Wasser verbrüht. Bei der rechtsmedizinischen Untersuchung von Felix und seiner größeren Schwester Alina stellten wir fest, dass beide Geschwister seit Jahren immer wieder wegen diverser Verletzungen im Krankenhaus gewesen waren. Ein großer Teil dieser Verletzungen stammte aus der Zeit, als der Vater noch nicht mit der sadistischen Freundin, sondern mit der Mutter von Alina und Felix zusammenlebte.
Vor Gericht erläuterten wir diese Befunde – und der langjährige Kinderarzt der Familie widersprach entschieden. An unseren Ergebnissen sei kein Körnchen Wahrheit, ereiferte sich Dr. Markus Weigel, ein routinierter Arzt und sichtlich »von altem Schrot und Korn«. Doch am nächsten Verhandlungstag erlebte er eine faustdicke Überraschung. Alinas und Felix' Betreuer hatten mittlerweile das Vertrauen der Geschwister gewonnen. Beide Kinder hatten begonnen, ihnen von Misshandlungen zu erzählen, die sie lange vor dem Auftauchen ihrer neuen Stiefmutter erlitten hatten. Ihre Mutter und ihr Vater hatten ihnen über Jahre hinweg immer wieder in den Bauch und gegen den Kopf getreten.
Als der Kinderarzt nun vor Gericht die Aussage der Betreuer von Felix und Alina hörte, blieb ihm der Mund vor Staunen weit offen stehen. Ihm hatten die Eltern immer irgendwelche Lügengeschichten über angebliche Spielunfälle erzählt, um die Verletzungen zu erklären – und er hatte ihnen aufs Wort geglaubt.
Doch der abgebrühte Mediziner fasste sich schnell. Als

ihn die Richterin zu einer Stellungnahme aufforderte, bekundete er: »Ich bin als Kind auch geprügelt worden – und wie Sie sehen, ist aus mir trotzdem etwas geworden.«

Derlei Geständnisse können zwar die mangelnde Empathie für kindliche Gewaltopfer erklären. Sie ändern aber nichts daran, dass solche Kinderärzte vom »alten Schlag« auch weiterhin nicht von sich aus gegen Kindesmisshandlung einschreiten werden – egal, wie gründlich sie rechtsmedizinisch geschult worden sind.

Vielleicht beschleicht einzelne Ärzte ja hin und wieder ein ungutes Gefühl, doch das behalten sie fast immer für sich. Schließlich unterliegen sie der ärztlichen Schweigepflicht. Viele Ärzte glauben wohl tatsächlich, dass dieses gesetzliche und berufsständische Gebot ihnen untersage, sich bei Verdacht auf Kindesmisshandlung an die Behörden zu wenden. Doch das trifft keineswegs zu.

Jenseits der Schweigepflicht

Die ärztliche Schweigepflicht ist unstrittig ein hochwertiges Rechtsgut. Sie bildet eine wesentliche Grundlage für das Vertrauensverhältnis zwischen Arzt und Patient. Nur wenn Patienten sich darauf verlassen können, dass der Arzt ihre Geheimnisse für sich behält, werden sie ihm alles anvertrauen, was für den Heilungserfolg erforderlich ist.

Mit guten Gründen ist daher die ärztliche Schweigepflicht sowohl im Strafrecht als auch im ärztlichen Standesrecht verankert. Ein Verstoß *»wird mit Freiheitsstrafe bis zu einem Jahr oder mit Geldstrafe bestraft«* (§ 203 StGB).

Kein Arzt wird also leichtfertig seine Schweigepflicht durchbrechen: Dadurch würde er sich nicht nur strafbar machen, sondern auch seine Approbation aufs Spiel setzen.

Doch Gründe, die den Arzt im konkreten Einzelfall von seiner Schweigepflicht befreien, sind im deutschen Strafrecht ausdrücklich vorgesehen. Juristen sprechen in diesem Zusammenhang von einem »höherwertigen Rechtsgut«. Die Abwendung einer Gefahr für Leib und Leben ist ein solches höherwertiges Rechtsgut – und zwar auch dann, wenn nicht die eigene Gesundheit, sondern die eines Dritten auf dem Spiel steht. Das gilt umso mehr, wenn es sich bei diesem Dritten um ein hilfloses Kind handelt.

Entsprechend bestimmt § 9 des ärztlichen Standesrechtes (Muster-Berufsordnung für Ärzte in der Fassung von 2011): *»Ärztinnen und Ärzte sind zur Offenbarung befugt, soweit sie von der Schweigepflicht entbunden worden sind oder soweit die Offenbarung zum Schutz eines höherwertigen Rechtsgutes erforderlich ist.«*

Bei einem konkreten Verdacht auf Kindesmisshandlung besteht stets Wiederholungsgefahr, solange sich das Opfer in der Gewalt der Täter befindet. Deshalb sind Ärzte in solchen Fällen auch stets berechtigt, ihre Schweigepflicht zu durchbrechen: Nur so können sie das Kindeswohl als das höherwertige Rechtsgut schützen. Dabei handeln sie im Einklang mit der Rechtsprechung des Bundesgerichtshof (BGH): Wenn *»in der Zukunft Gefahr besteht für ein Rechtsgut von hohem Rang«*, so auch der BGH, dürften Ärzte gegen ihre Schweigepflicht verstoßen (*Kindesmisshandlung*, S. 233).

Der Arzt bleibt somit an die Schweigepflicht gebunden, wenn ein Patient ihm anvertraut, dass er in der *Vergangenheit* ein Gewaltverbrechen verübt habe. Sofern aus Sicht des Arztes keine akute Wiederholungsgefahr besteht, darf er sein Wissen nicht offenbaren. Akute Wiederholungsgefahr besteht aber durchweg bei Serientätern, seien es Mörder, Vergewaltiger – oder ihre leider mit Abstand häufigste Erscheinungsform: die Kindesmisshandler.

Bekommt ein Arzt Kenntnis von einem solchen Gewaltdelikt mit Wiederholungsgefahr, dann ist er zwar nicht verpflichtet, Meldung zu erstatten; jedoch muss er damit rechnen, dass seine ärztlichen Unterlagen von den Ermittlungsbehörden beschlagnahmt werden – ein weiterer deutlicher Hinweis, dass der Schutz des Kindes hier das höherwertige Rechtsgut ist.

Ganz auf der sicheren Seite sind Ärzte immer dann, wenn der Patient selbst es ist, der sie von der Schweigepflicht befreit. Bei Säuglingen und Kleinkindern kommt das aus naheliegenden Gründen nicht in Betracht. Aber auch von älteren Kindern und von Jugendlichen ist eine solche Befreiung oftmals nicht zu erlangen.

Misshandler schüchtern ihre Opfer fast immer zusätzlich durch Drohungen ein: »Wenn du irgendjemandem etwas verrätst, schlage ich dich tot.« Ohnehin ist das Selbstwertgefühl chronisch misshandelter Kinder und Jugendlicher meist genauso verwundet wie ihre Körper. Ihnen fehlen vielfach die innere Kraft und das nötige Vertrauen in potenzielle Helfer, um sich von ihren gewalttätigen Beziehungspersonen zu lösen. Oftmals weigern sie sich daher, den Arzt von der Schweigepflicht zu entbinden – oder der Arzt verzichtet von sich aus darauf, das jugendliche Misshandlungsopfer in einen solchen Zwiespalt zu stürzen.

Doch selbst in solchen Fällen darf er sein Wissen offenbaren, um konkrete Gefahr von seinem Patienten abzuwenden. Hierbei kann er sich auf § 34 StGB berufen, den »rechtfertigenden Notstand«.

Ärzte, und insbesondere Kinder- und Jugendärzte, haben ihren Patienten gegenüber eine »Garantenstellung«, wie es im Fachjargon heißt. Anders gesagt: Sie sind in besonderem Maße verpflichtet, ihre Patienten zu beschützen. Von einer ärztlichen Verpflichtung, Misshandler vor Strafverfolgung zu bewahren, ist dagegen im Gesetzbuch nichts zu lesen.

Engagierte Kinderschützer beklagen häufig, dass mit dem aktuellen Bundeskinderschutzgesetz von 2012 die Rechte der Kinder nicht entschiedener gestärkt worden seien. Diese Kritik ist in vielen Punkten berechtigt. Aber selbst das als »zahnlos« verschriene neue Gesetz legt glasklar fest, dass Kinderärzte bei konkretem Verdacht auf Kindesmisshandlung (»rechtfertigender Notstand«) ihre Schweigepflicht durchbrechen dürfen.

Die Ärzte sollen nach Abwägung der individuellen Umstände entscheiden, wen sie zum Besten des Misshandlungsopfers informieren. Das Kinderschutzgesetz listet sogar die möglichen Adressaten im Einzelnen auf. Zur Auswahl stehen

- die Ermittlungsbehörden (Polizei und Staatsanwaltschaft),
- das Jugendamt,
- Großeltern oder andere Verwandte des Opfers, die im konkreten Fall als Helfer angesehen werden können,
- außerstaatliche Hilfsorganisationen (kirchliche oder private Träger),
- Einzelpersonen, zu denen das Opfer Vertrauen hat oder die Einfluss auf die elterlichen Misshandler besitzen, beispielsweise ein Pfarrer, eine Patentante oder ein Sozialarbeiter, etwa aus dem Kinder- und Jugendzentrum.

Die Bedingungen, unter denen Ärzte die Schweigepflicht durchbrechen dürfen oder sogar sollten, sind also keineswegs kompliziert oder widersprüchlich. Unangenehme Konsequenzen brauchen Ärzte, die sich nach gewissenhafter Abwägung auf den »rechtfertigenden Notstand« berufen, nicht zu befürchten: Verstöße gegen die Schweigepflicht werden ohnehin *»nur auf Antrag verfolgt«* (§ 205 StGB) – und diesen Antrag müsste schon der »Geschädigte« selbst stellen, also das Misshandlungsopfer, zu dessen Schutz der Arzt aktiv geworden ist.

Doch obwohl der Gesetzgeber für die nötige Rechtssicherheit gesorgt hat, greifen Kinder- und Jugendärzte bei Verdacht auf Kindesmisshandlung nach wie vor nur sehr selten ein. Dieses beharrliche Wegschauen mag sich zum einen mit der Tradition der Verleugnung erklären, die wir in Kapitel 2 nachgezeichnet haben. Zum Zweiten fehlt es vielen Ärzten an rechtsmedizinischen Kenntnissen – und das, obwohl Informationsschriften und Fortbildungsangebote inzwischen reichlich verfügbar sind.

Last but not least dürften es schlicht ökonomische Erwägungen sein, die viele Ärzte zum konsequenten Wegschauen bewegen: Nicht nur Kinderärzte in Brennpunktvierteln müssten wohl mangels Nachfrage ihre Praxen schließen, wenn sich herumsprechen würde, dass sie Misshandlungsfälle bei den Behörden melden.

Für die Kinder macht es keinen Unterschied, aus welchen persönlichen Gründen der Arzt seine Augen vor ihrem Leid verschließt: Anstatt die Misshandelten zu beschützen, macht er sich zum Komplizen der Misshandler.

In den Augen vieler Kinderschützer gibt es jedoch einen so einfachen wie effektiven Ausweg aus dem Dilemma: eine gesetzliche Meldepflicht.

Gesetzliche Meldepflicht einführen?

In den Vereinigten Staaten, aber auch in Österreich sind Ärzte seit vielen Jahren verpflichtet, bei Verdacht auf Misshandlung Anzeige zu erstatten. Eine solche Regelung hat drei gewichtige Vorteile, zumindest auf den ersten Blick:

- Bei gesetzlicher Meldepflicht darf kein Arzt seine Augen vor dem Leid seiner kleinen Patienten verschließen und diese einfach wieder ihren Peinigern ausliefern.
- Die Misshandler finden schlichtweg keinen Arzt mehr, der ihr finsteres Geheimnis für sich behält.
- Daher müssen die Ärzte auch ihrerseits nicht befürchten, ihre ökonomische Basis zu untergraben, wenn sie Misshandlungsfälle bei den Behörden melden.

Doch die gesetzliche Meldepflicht hat einen Nachteil, der letztlich schwerer als ihre Vorzüge wiegt: Viele Misshandler werden ihre verletzten Opfer nicht mehr – oder zumindest viel zu spät – zum Arzt bringen, wenn sie mit einer Meldung bei den Ermittlungsbehörden rechnen müssen.

Die Erfahrungen in Österreich zeigen, dass die gesetzliche Meldepflicht bei Kindesmisshandlungsfällen ein zweischneidiges Schwert ist. In unserem Nachbarland trat 1984 ein Gesetz in Kraft, das den Ärzten eine strenge Anzeigepflicht auferlegte. Dabei stand das Straf- und Abschreckungsinteresse des Staates im Vordergrund: Die Ärzte wurden verpflichtet, bereits geschehene, in der Vergangenheit liegende Körperverletzungsdelikte unverzüglich anzuzeigen.

1998 wurde die Meldepflicht durch eine Gesetzesreform weitgehend aufgeweicht. Ausdrücklich war den Ärzten nun erlaubt, von einer Anzeige abzusehen, wenn durch diese ein persönliches Vertrauensverhältnis beeinträchtigt würde.

Nur drei Jahre später trat eine zweite Reform des österreichischen Ärztegesetzes in Kraft. Nach dieser bis heute gültigen Fassung sind die österreichischen Ärzte doch wieder grundsätzlich zur Anzeige verpflichtet: *»Ergibt sich für den Arzt in Ausübung seines Berufes der Verdacht, dass durch eine gerichtlich strafbare Handlung der Tod oder eine schwere Körperverletzung herbeigeführt wurde, so hat der Arzt, sofern Abs. 5 nichts anderes bestimmt, der Sicherheitsbehörde unverzüglich Anzeige zu erstatten. Gleiches gilt im Fall des Verdachts, dass eine volljährige Person, die ihre Interessen nicht selbst wahrzunehmen vermag, misshandelt, gequält, vernachlässigt oder sexuell missbraucht worden ist.«* (§ 54, Abs. 4 Österr. Ärztegesetz)

Diese Verpflichtung zur unverzüglichen Anzeige gilt aber ausdrücklich nicht bei Verdacht auf Kindesmisshandlung durch Familienangehörige:

»Ergibt sich für den Arzt in Ausübung seines Berufes der Verdacht, dass ein Minderjähriger misshandelt, gequält, vernachlässigt oder sexuell missbraucht worden ist, so hat der Arzt Anzeige an die Sicherheitsbehörde zu erstatten. Richtet sich der Verdacht gegen einen nahen Angehörigen (§ 166 StGB), so kann die Anzeige so lange unterbleiben, als dies das Wohl des Minderjährigen erfordert und eine Zusammenarbeit mit dem Jugendwohlfahrtsträger und gegebenenfalls eine Einbeziehung einer Kinderschutzeinrichtung an einer Krankenanstalt erfolgt.« (§ 54, Abs. 5 Österr. Ärztegesetz)

Mehr als 90 Prozent aller Kindesmisshandlungsdelikte werden durch »nahe Angehörige« verübt. Seit dieser zweiten Gesetzesreform sind österreichische Ärzte also nur

noch in seltenen Ausnahmefällen verpflichtet, bei Verdacht auf Kindesmisshandlung »unverzüglich« Anzeige zu erstatten. Im Regelfall ist die Anzeigepflicht in eine unbestimmte Zukunft verschoben, in der die Meldung das »Wohl des Minderjährigen« nicht mehr gefährden kann.
Der österreichische Gesetzgeber zieht damit die Konsequenzen aus überwiegend negativen Erfahrungen mit einer rigiden Meldepflicht. An ihre Stelle ist seit 2001 die Verpflichtung der Ärzte getreten, bei Verdacht auf Kindesmisshandlung mit dem »Jugendwohlfahrtsträger« und gegebenenfalls mit »einer Kinderschutzeinrichtung an einer Krankenanstalt« zusammenzuarbeiten. Nach deutschem Sprachgebrauch entspricht dies dem Jugendamt und der Kinderschutzgruppe in der Klinik, die das misshandelte Kind aufgenommen hat.
Somit hebt das Gesetz die ärztliche Meldepflicht bei Verdacht auf Kindesmisshandlung weitgehend auf und ersetzt sie durch eine Reaktionspflicht – die Verpflichtung, zum »Wohl des Minderjährigen« angemessen zu reagieren.

Für eine gesetzliche Reaktionspflicht

Eine solche Reaktionspflicht der Ärzte muss auch in Deutschland umgehend eingeführt werden. Derzeit bieten das Bundeskinderschutzgesetz und das Berliner Gesetz zum Schutz und Wohl des Kindes nur windelweiche Formulierungen. Dort heißt es in § 11: *»Werden Personen, die einer Schweige- oder Geheimhaltungspflicht (...) unterliegen, gewichtige Anhaltspunkte für die Gefährdung des Wohls eines Kindes oder Jugendlichen bekannt (...) ist auf die Inanspruchnahme geeigneter Hilfen hinzuwirken (...)«*

Stattdessen müssen die Kinder- und Jugendärzte von Gesetzes wegen verpflichtet werden, bei jedem konkreten Verdachtsfall mit einer Kinderschutzgruppe (falls in der Klinik vorhanden) zusammenzuarbeiten. Wird dem Arzt ein Kind mit verdächtigen Verletzungen unklarer Herkunft vorgeführt, dann muss er das potenzielle Misshandlungsopfer in die Klinik überweisen. Der dortigen Kinderschutzgruppe gehören meist auch Rechtsmediziner oder zumindest forensisch geschulte Fachkräfte an. Diese können im nächsten Schritt abklären, ob das Kind tatsächlich misshandelt worden ist.

Den Familienangehörigen braucht der Arzt seinen Verdacht nicht einmal zu offenbaren. Weist das Kind etwa verdächtige Blutergüsse auf, kann er ihnen erklären: »Diese vielen Hämatome – das sieht für mich nach einer Blutgerinnungsstörung aus. Das müssen wir unbedingt in der Klinik abklären.«

Die Angehörigen können einem solchen Vorschlag nicht gut widersprechen, ohne zumindest als »Rabeneltern« dazustehen. Und der Arzt wird in ihren Augen nicht zum »Verräter«, sondern kann zum Wohl des Kindes weiter mit ihnen zusammenarbeiten.

Die elterlichen Misshandler werden allerdings in vielen Fällen trotzdem befürchten, dass man ihnen in der Klinik auf die Spur kommt. Der Kinderarzt darf sich daher nicht damit begnügen, das misshandelte Kind zu überweisen – er muss sich durch einen Anruf in der Klinik vergewissern, dass es dort auch wirklich ankommt. Bei diesem Telefonat sollte er den Kollegen in der Klinik offenbaren, dass er die Symptome seines kleinen Patienten verdächtig findet.

Was allerdings voraussetzt, dass er sich zumindest ein paar rechtsmedizinische Grundkenntnisse angeeignet hat. Und dass er nicht zu jenen Kinderärzten vom »alten

Schlag« gehört, für die das Recht der Eltern im Zweifelsfall mehr als das Wohl der Kinder zählt.

Elternrecht kontra Kindeswohl

Schon nach derzeitiger Rechtslage könnten die Kinder- und Jugendärzte also viel früher, öfter und entschiedener bei Verdachtsfällen aktiv werden. Weder die gesetzliche Schweigepflicht der Ärzte noch das – allerdings schwammig formulierte – Bundeskinderschutzgesetz legen ihnen Steine in den Weg.

Da sie jedoch von sich aus erwiesenermaßen viel zu selten initiativ werden, muss bei Verdacht auf Kindesmisshandlung eine Reaktionspflicht der Ärzte gesetzlich definiert und verankert werden. Diese sollte unbedingt auch eine Verpflichtung zur umfassenden Dokumentation der misshandlungsbedingten Verletzungen und Symptome einschließen.

Auch hier muss der Gesetzgeber dringend handeln: Nach jetziger Rechtslage können Eltern schlichtweg verbieten, dass ihr Kind bei Verdacht auf Kindesmisshandlung beispielsweise im Computertomographen (CT) untersucht wird. Die Ärzte dürfen ihm ohne schriftliche Genehmigung der Sorgeberechtigten nicht einmal Blut abnehmen. Im Zweifelsfall können die Eltern den Spieß umdrehen und den Arzt, der ihr Kind »unerlaubt« untersucht, wegen Körperverletzung anzeigen!

Das führt in der Praxis nicht selten zu grotesken Konsequenzen. Solange die Kinder sicher in der Klinik sind und nicht von ihrer Mutter oder ihrem Vater mit nach Hause genommen werden, nimmt das Jugendamt sie meist nicht in Obhut. Das gilt auch dann oftmals, wenn die Polizei den mutmaßlichen Täter mitgenommen hat. Aus seiner Sicht handelt das Jugendamt durchaus logisch: Die alleinerziehende Mutter beispielsweise, die das Kind mutmaßlich misshandelt hat, sitzt ja in Polizeigewahrsam, für das Kind besteht also keine akute Gefahr mehr. Außerdem ist eine Inobhutnahme durch das Jugendamt auch nur für einen Tag gültig, dann muss ein Familiengericht entscheiden, was mit dem Kind passiert. Die behandelnden Ärzte allerdings müssen nun vor jeder neuen Untersuchung die Polizei bitten, Kontakt zur Mutter aufnehmen zu dürfen. Für potenzielle Täter ist es zweifellos angenehm, wenn die von ihnen begangenen Körperverletzungsdelikte nur mit ihrer Zustimmung untersucht werden dürfen. Für die Opfer aber bedeutet es, dass gefährliche Verletzungen unter Umständen unentdeckt und unbehandelt bleiben – und dass die Täter zumindest für diese Gewalttaten nicht belangt werden können, wenn sie die betreffenden Untersuchungen verweigern.

Schuld und Sühne

Als seine Frau Simone schwanger wird, freut sich Tom Helmholtz darauf, Vater zu sein. Sein eigener Vater hat nie Zeit für ihn gehabt, ist schnell wütend geworden und hat ihn ohne erkennbaren Anlass geschlagen. Tom will es besser machen.

Simone arbeitet bei einer Krankenkasse, Tom hat sich vor einem Jahr mit einem lokalen Kurierdienst selbstständig gemacht. Sie entscheiden gemeinsam, dass Simone sobald wie möglich nach der Geburt wieder arbeiten gehen soll. Toms Kurieragentur wirft nur wenig Gewinn

ab. Er wird sie so gut es geht von zu Hause aus managen und sich vor allem um das Baby kümmern.
Insgeheim hofft er, dass es ein Mädchen wird. Als schließlich feststeht, dass Simone einen Jungen zur Welt bringen wird, beginnt Tom sich zu fürchten. Aber er vertraut sich niemandem an, auch Simone nicht. Er versteht ja selbst nicht, weshalb er Angst hat und wovor.
Tom ist 25 Jahre alt, als sein Sohn geboren wird. Lukas ist von Anfang an ein schwieriges Kind. Er schreit viel und schläft wenig. Er ist kaum zu beruhigen und wirkt immer unzufrieden. Er lässt sich stundenlang in seiner Wiege schaukeln, schläft endlich ein – und wacht im selben Moment wieder auf, in dem Tom die Tür hinter sich zuzieht.
Nach vier Monaten als Vater und Hausmann ist Tom mit den Nerven fertig. Sein Kurierunternehmen ist pleite. Lukas verfolgt ihn bis in seine Träume, und immer sieht Toms Sohn unzufrieden aus. Vorwurfsvoll, unglücklich, das kleine Gesicht verzerrt vor Kummer oder Schmerz.
Längst hat Tom herausgefunden, wovor er sich damals gefürchtet hat. Er hat Angst vor der Ungeduld und der Wut, die er in sich aufsteigen fühlt, wenn sich Lukas einfach nicht beruhigen lässt. Angst, dass er Lukas anbrüllen, einschüchtern, schlagen könnte, wie er es bei seinem eigenen Vater erlebt hat.
Einmal ist ihm das schon passiert. Er hat den Kleinen in die Seite geboxt, und Lukas hat einen hässlichen blauen Fleck bekommen. »Er muss auf irgendetwas Hartem gelegen haben«, hat er zu Simone gesagt.
Weiterhin vertraut er seine Angst und sein Unbehagen niemandem an. Simone fällt auf, dass er jetzt meistens bedrückt ist. Aber sie schiebt es auf das Scheitern seiner Kurieragentur und auf den ewigen Schlafmangel.
An einem Morgen, als Simone schon zur Arbeit gegan-

gen ist, holt Tom den Säugling zu sich ins Ehebett. Wieder haben sie eine albtraumhafte Nacht hinter sich. Lukas hat höchstens zwei Stunden geschlafen, Tom noch weniger. Aber im Gegensatz zu ihm hat Lukas immer noch jede Menge Energie. Und die nutzt er, wie immer, zum Schreien.

Tom liegt neben dem Baby, jeden Muskel angespannt. Er halluziniert fast, so übermüdet und gestresst ist er. Er hat Visionen von sich selbst, wie er seinen kleinen Sohn anbrüllt und ihm heftig ins Gesicht schlägt. »Gib endlich Ruhe!«, schreit er in Gedanken, so wie sein Vater ihn immer angeschrien hat. Kurz bevor er angefangen hat, ihn zu verprügeln.

Das werde ich nicht tun!, beschwört sich Tom. Lukas schreit und schreit, und schließlich hält Tom es nicht mehr aus. Er dreht sich zu Lukas, packt ihn um den Brustkorb und schüttelt ihn wild hin und her. »Hör auf! Hör doch auf!«, schreit er und meint sich selbst mehr noch als Lukas, der wie eine kaputte Puppe an Kopf und Gliedern schlackert.

Und dann plötzlich ist Lukas totenstill.

Zwei Stunden danach trifft Tom mit Lukas in der Unfallklinik ein. Auf die Ärzte in der Notaufnahme macht er einen vollkommen verstörten Eindruck.

»Lukas hatte wieder einen stundenlangen Schreianfall«, erklärt Tom. »Er war schon ganz blau im Gesicht, und dann plötzlich hat er Krämpfe und Zuckungen bekommen. Ich habe ihn aus seinem Bettchen genommen, und zuerst dachte ich, dass er sich wieder beruhigt hätte. Bis ich gemerkt habe, dass er ganz schlaff in meinem Arm hing. Wie eine Puppe!«

Schlaff und reglos liegt Lukas nun vor den Ärzten auf dem Untersuchungstisch. Seine Augen sind weit offen,

die Pupillen reagieren nicht mehr auf Licht. Atem und Herzschlag sind unregelmäßig und stark herabgesetzt. Lukas spricht nicht mehr auf äußere Reize an. Er wird sofort auf die Kinderintensivstation gebracht und an die lebenserhaltenden Apparate angeschlossen. Bei der Computertomographie zeigen sich großflächige subdurale Hämatome. Sein Gehirn ist bereits irreversibel schwerstgeschädigt. Lukas Helmholtz, viereinhalb Monate alt, wird das Bewusstsein nie mehr erlangen.
Aber er wird leben. Noch 15 Jahre lang.

»Ich habe sofort gespürt, dass das nicht mehr gut werden würde«, vertraut Tom Helmholtz Monate später der Kinderärztin an.
Dr. Sandra Liebert hat Lukas von seiner ersten Lebenswoche an medizinisch betreut. Ein Schreikind und ein junger, unerfahrener Vater, das war auch in ihren Augen nicht gerade eine Traumkombination. Lukas wuchs langsamer als der Durchschnitt und legte noch langsamer an Gewicht zu. Aber er war organisch gesund, und Tom Helmholtz brachte ihn pünktlich zu jeder Untersuchung.
Irgendwann in Lukas drittem Lebensmonat fiel Dr. Liebert auf, dass Tom Helmholtz Körperkontakt und Kommunikation mit seinem Sohn auf das Nötigste beschränkte. Aber sie dachte sich nichts weiter dabei. Das große Hämatom, das sie ein paar Wochen vorher bei dem Säugling gesehen hatte, brachte sie mit der Verhaltensänderung des Vaters nicht in Zusammenhang. Tom Helmholtz war eben chronisch übernächtigt und mit den Nerven herunter. Und für den blauen Fleck gab es ja eine harmlose Erklärung.
Von gestörten Eltern-Kind-Beziehungen hat Dr. Liebert in Fachzeitschriften hin und wieder gelesen. Aber meistens überblättert sie derlei Artikel. Sie hält wenig von

»diesem psychologischen Brimborium«. Kinder brauchen angemessene Nahrung und Kleidung, Hygiene und klare Regeln. Alles andere ist nicht lebensnotwendig. So sieht Dr. Liebert das, und von zahlreichen Fortbildungswochenenden weiß sie, dass die Mehrheit ihrer Kollegen ähnlich denkt.

»Machen Sie sich um Gottes willen nicht auch noch Vorwürfe«, sagt sie zu Tom Helmholtz. »Selbst bei der größten Vorsicht kann man niemals ganz ausschließen, dass ein Säugling an unerkannten Stoffwechselstörungen leidet.«

Tom schüttelt den Kopf und sieht die Ärztin düster an. »Ich weiß, dass die Ärzte in der Klinik das glauben«, sagt er. »Ich habe ihnen erzählt, dass Lukas aus heiterem Himmel Krämpfe und Zuckungen bekommen hätte. Aber das stimmt nicht.«

Seine Stimme klingt plötzlich heiser. Dr. Liebert mustert ihn besorgt. Doch sie ahnt noch immer nicht im Mindesten, was der junge Vater ihr gleich gestehen wird.

»Ich habe ihn geschüttelt«, sagt Tom Helmholtz. »Ich hatte mich schon seit Wochen kaum mehr getraut, ihn anzufassen – aus Angst, dass ich wieder ausrasten und Lukas schlagen würde. Aber was ich dann mit ihm gemacht habe, war tausendmal schlimmer!«

Er beginnt krampfhaft zu schluchzen.

»Seien Sie nicht zu hart mit sich selbst«, sagt Dr. Liebert zum Abschluss ihres Gesprächs. »Sie haben in einer extremen Stresssituation für einen Moment die Nerven verloren und müssen nun mit den Folgen leben. Weiß Ihre Frau denn, was wirklich passiert ist?«

Tom Helmholtz nickt, ohne sie anzusehen. »Wir haben in Andeutungen darüber gesprochen. Sie weiß es. Nur wegen Lukas will sie, dass wir zusammenbleiben.«

Drei Jahre nach der Tat wird Simone Helmholtz erneut schwanger. Nun bleibt sie zu Hause und kümmert sich zusammen mit einem ambulanten Pflegedienst um beide Kinder, während Tom mit einem schlecht bezahlten Bürojob für den Lebensunterhalt der Familie sorgt.
Nach der Arbeit geht er jeden Tag ins Kinderzimmer und sitzt stundenlang an Lukas' Pflegebett. Er pflegt und füttert den Jungen, erzählt ihm all die kleinen Ereignisse des Tages und fragt ihn um Rat. Er bildet sich sogar ein, dass Lukas ihm antworten würde, so nah fühlt er sich ihm nun. Und so sehr wünscht er sich, dass Lukas ihm verzeihen kann.
Doch gleichzeitig vergisst Tom Helmholtz keine Sekunde lang, dass das, war er Lukas angetan hat, unverzeihlich ist. Er hat das Leben seines Sohnes zerstört, bevor es richtig begonnen hatte. Da ist es nur gerecht, dass auch sein eigenes Leben nur noch aus dem miesen Job, den stummen Vorwürfen seiner Frau und den täglichen Bußgängen zu Lukas besteht.

Kurz nach seinem fünfzehnten Geburtstag verstirbt Lukas an der letzten in einer langen Reihe lebensgefährlicher Lungenentzündungen. Die Ärzte in der Klinik bescheinigen einen »nicht natürlichen Tod«.
Wir obduzieren den Leichnam bei uns im rechtsmedizinischen Institut. Dabei zeigt sich, dass Lukas' Gehirn fast vollständig zu blasigen Zysten degeneriert ist – die typischen Symptome eines extremen Schütteltraumas.
Wir fordern alle noch verfügbaren Krankenakten an und vertiefen uns in das umfangreiche Material. In der ältesten Akte, die bis zu Lukas' Geburt zurückreicht, stoßen wir auf das Protokoll eines Arzt-Patient-Gesprächs. Vor fast 15 Jahren hat die Kinderärztin Dr. Sandra Liebert festgehalten, was Tom Helmholtz ihr damals anvertraut hat.

Aufgrund unseres Gutachtens und der Ermittlungen des LKA 125 erhebt die Staatsanwaltschaft Anklage gegen Tom Helmholtz. Die Tat liegt zwar fast 15 Jahre zurück, aber Körperverletzungsdelikte mit Todesfolge verjähren erst nach dreißig Jahren.

Vor Gericht leugnet Tom Helmholtz, dass er Lukas als Säugling massiv geschüttelt habe. Höchstens habe er »Hoppereiter« mit dem Kleinen gespielt, behauptet er nun. Seine Verteidigerin macht sich sogar lustig über unser Gutachten. »Lukas hatte häufig Bauchschmerzen«, führt sie aus. »Deshalb hat Herr Helmholtz die Beinchen seines Sohnes in kreisende Bewegung versetzt, um ihm Erleichterung zu verschaffen. Vielleicht ist dabei ja das Gehirn im Kopf des Säuglings rotiert wie eine Apfelsine in einem Wasserglas!«

Das Gericht fällt auf diese Ausflüchte nicht herein und erklärt den Angeklagten der schweren Körperverletzung mit Todesfolge für schuldig. Doch Tom Helmholtz findet einen milden Richter: Er wird zu einer Bewährungsstrafe verurteilt und muss keinen einzigen Tag im Gefängnis verbringen. *»Tom Helmholtz«*, heißt es in der Urteilsbegründung, *»hat seine Strafe im Grunde schon abgebüßt, indem er sein schwerstgeschädigtes Kind 15 Jahre lang gepflegt und jeden Tag viele Stunden bei ihm verbracht hat.«*

Simone Helmholtz sieht das jedoch anders. Sie ist erbost und tief verletzt, weil Tom sich nicht zu seiner Schuld bekennt und seine Anwältin sich über das Leiden ihres Kindes auch noch lustig macht. Noch vor Beginn der Gerichtsverhandlung trennt sie sich von Tom und verbietet ihm den Umgang mit ihrem zweiten Sohn Philipp. Vor Gericht tritt sie als Nebenklägerin gegen den Mann auf, der ihr Kind schwerstgeschädigt und dann 15 Jahre lang mit ihr zusammen gepflegt hat.

Aus dem Fall Lukas Helmholtz lassen sich drei Erkenntnisse ableiten:

1. Durch eine *gesetzliche Meldepflicht* für Kinderärzte wäre diese Tragödie nicht zu verhindern gewesen. Eine Meldepflicht nach US-Vorbild oder nach der Urfassung des österreichischen Gesetzes greift ihrer Logik nach erst, wenn die Misshandlung manifest geworden, also eine Straftat verübt worden ist.
2. Nach einer *rechtsmedizinischen und sozialpsychologischen Schulung* hätte die Ärztin die Alarmzeichen zumindest erkennen können: »Schreikind im Säuglingsalter + gestörte Vater-Kind-Beziehung = höchste Risikostufe für Schütteltrauma«. Doch die geradezu standestypischen Vorurteile der Kinderärztin gegenüber »psychologischem Brimborium« hätten sie wohl auch dann daran gehindert, aktiv zu werden.
3. Erst durch eine *gesetzliche Reaktionspflicht entsprechend geschulter Kinderärzte* bestünde zumindest eine Chance, Tragödien wie diese im Vorfeld zu verhindern. Eine rechtsmedizinisch fortgebildete und sensibilisierte sowie zur Initiative verpflichtete Dr. Liebert hätte die Warnsignale rechtzeitig erkennen *können* – und via Schreikind-Ambulanz präventive Hilfe anbieten *müssen.*

6 Friede den Toten – nicht den Tätern

Ein altes rechtsmedizinisches Sprichwort besagt: »Wenn auf dem Grab jedes Ermordeten eine Kerze brennen würde, wären Friedhöfe nachts hell erleuchtet.«

Das gilt für deutsche Friedhöfe in besonderem Maß. In den Vereinigten Staaten werden die Leichenschauscheine meistens von rechtsmedizinisch geschulten Leichenbeschauern (sog. *Coroner*) ausgestellt. In Deutschland dagegen übernehmen in der Regel Hausärzte oder behandelnde Fachärzte diese Aufgabe – etwa der Kinder- und Jugendarzt. Die niedergelassenen Mediziner stehen hier wiederum vor dem Dilemma, das wir bereits in Kapitel 5 beschrieben haben: Sie sind befangen. Um die Familie des Toten nicht als Patienten und damit auch als zahlende Kunden zu verlieren, schauen sie im Zweifelsfall lieber nicht so genau hin. Außerdem verfügen sie nur in Ausnahmefällen über die nötigen rechtsmedizinischen Kenntnisse, um subtile Hinweise auf einen nicht natürlichen Tod zu erkennen.

Von einem *nicht natürlichen Tod* spricht man, wenn eine Person von eigener Hand oder durch Fremdeinwirkung verstirbt, wobei diese auch längere Zeit zurückliegen kann. Todesfälle nach langjähriger Bettlägerigkeit infolge eines Unfalls zählen gleichfalls zu den nicht natürlichen Todesarten.

Kreuzt der Arzt, der den Tod festgestellt hat, auf dem Leichenschauschein als Todesart »nicht natürlich« oder »ungeklärt« an, dann muss er die Polizei informieren.

Diese erstellt eine Akte, und anhand dieser Informationen ordnet die Staatsanwaltschaft gegebenenfalls eine Obduktion an, um die genaue Todesursache zu klären. Doch die Haus- und Kinderärzte, die bei kindlichen Todesfällen den Leichenschauschein ausstellen, bescheinigen fast immer eine natürliche Todesart – häufig zu Unrecht, wie nicht nur wir Rechtsmediziner argwöhnen.
Laut einer aktuellen Mitteilung der Deutschen Gesellschaft für Kinderchirurgie (DGKCH) sterben *»Kleinkinder im Alter von ein bis vier Jahren in Deutschland am häufigsten durch Verletzungen aufgrund von Unfällen«*. Indessen weist Guido Fitze, Vorstandsmitglied der Fachgesellschaft DGKCH, darauf hin, dass *»gerade bei sehr kleinen Kindern ebenso eine Misshandlung hinter den Verletzungen stecken«* könne – und damit auch hinter dem scheinbar unfallbedingten Tod. Fitze nimmt an, *»dass etwa ein Drittel aller Sterbefälle im Säuglingsalter mit äußerer Gewalteinwirkung zusammenhängen«* (ärzteblatt.de, 7.6.2013).
Unter den gegenwärtigen Umständen bleiben diese versteckten Misshandlungen mit Todesfolge viel zu häufig unerkannt. Die Ärzte, die den Tod feststellen, sind meist nicht imstande und oftmals auch nicht willens, unbequeme Wahrheiten auszusprechen oder zumindest die Klärung der tatsächlichen Todesursache zu veranlassen.
Deshalb brauchen wir in Deutschland eine generelle Leichenschaupflicht bei toten Kindern und Jugendlichen. Die Leichenschau muss von Rechtsmedizinern oder zumindest von entsprechend geschulten Personen vorgenommen werden, denen auch die Krankenunterlagen des Verstorbenen zur Verfügung zu stellen sind. Nur auf diese Weise lässt sich gewährleisten, dass bei allen Kindesmisshandlungsfällen mit Todesfolge die Täter zur Rechenschaft gezogen werden.

Häufig gibt es in den betreffenden Familien Geschwisterkinder, die gleichfalls misshandelt werden oder denen nach dem Tod des Bruders oder der Schwester die Rolle des »Sündenbocks« zufällt. Diese Kinder sind in akuter Gefahr und werden oftmals über viele Jahre weiter misshandelt, solange den Tätern nicht das Handwerk gelegt worden ist.

Serienmord im Kinderzimmer

Ein Hausarzt aus einer norddeutschen Provinzstadt wurde eines Tages bei der Zeitungslektüre stutzig. Per Todesanzeige gab eine Familie bekannt, dass sie bereits zum dritten Mal ein Kind im Säuglingsalter durch plötzlichen Kindstod verloren habe.

Vom *plötzlichen Kindstod (Sudden Infant Death Syndrome)* spricht man, wenn trotz Sektion und sämtlicher (z.B. toxikologischer) Zusatzuntersuchungen keine Ursache für den Tod des Säuglings gefunden werden kann, also weder Krankheit noch misshandlungs- oder unfallbedingte Verletzungen. Es handelt sich demnach um eine Ausschlussdiagnose: Alle bekannten möglichen Ursachen müssen mit negativem Ergebnis überprüft worden sein, damit der Arzt auf dem Leichenschauschein »plötzlicher Kindstod« vermerken darf, der dann in der Rubrik »Todesart« auf dem Leichenschauschein als »natürlicher Tod« klassifiziert wird.

Das aber war im vorliegenden Fall höchstwahrscheinlich nicht geschehen. Der aufmerksame Hausarzt hatte erst kürzlich in einer Fachzeitschrift gelesen, dass vom plötzlichen Kindstod so gut wie niemals mehr als ein Kind in einer Familie betroffen sei. Tatsächlich besteht für Säuglinge, die ein Geschwisterkind durch plötzlichen Kindstod verloren haben, rein statistisch gesehen ein erhöhtes Risiko, gleichfalls am Sudden Infant Death Syndrome zu versterben. Aber bereits zwei solcher Todesfälle in einer Familie wurden weltweit erst wenige Male beobachtet. Was jedoch dem Kinderarzt, der die Leichenschauscheine ausgestellt hatte, offenbar nicht bekannt war.

Der Hausarzt schob die Zeitung mit der Todesanzeige in seine Manteltasche und ging zum nächsten Polizeirevier. Eine Familie, die drei Kinder durch plötzlichen Kindstod verloren habe, komme in der gesamten internationalen Fachliteratur nicht vor, erklärte er den Polizeibeamten. Entweder müsse also die Medizingeschichte teilweise neu geschrieben werden – oder bei diesen Todesfällen gehe es nicht mit rechten Dingen zu. Er tippe auf Letzteres, fügte der Arzt hinzu, und empfehle dringend, zur Klärung einen Rechtsmediziner einzuschalten.

Das zuletzt verstorbene Baby war noch nicht bestattet worden. Der zuständige Richter ordnete auf Antrag der Staatsanwaltschaft die Obduktion des Leichnams an – und siehe da: Der Säugling war an den Folgen eines massiven Schütteltraumas gestorben.

Daraufhin verfügte das Gericht, die beiden Geschwisterkinder zu exhumieren, die ein bzw. zwei Jahre davor angeblich durch plötzlichen Kindstod verstorben waren. Die Gräber wurden geöffnet, die Leichname gleichfalls obduziert – auch diese beiden Babys waren zu Tode geschüttelt worden.

Der Kinderarzt hatte sich also gleich dreimal bei der Leichenschau geirrt. Auf dem Leichenschauschein hatte er jeweils »plötzlicher Kindstod« als Todesursache angegeben. Tatsächlich aber waren alle drei Kinder umgebracht worden.

Wie bereits geschildert, sind die Symptome des Schütteltraumas für das ungeübte Auge schwer zu erkennen. Trotz massiver Hirnschädigung treten so gut wie keine äußerlich sichtbaren Verletzungen auf (siehe Kapitel 4). Dass der Kinderarzt beim ersten der drei Todesfälle keinen Verdacht schöpfte, lässt sich daher noch nachvollziehen. Doch spätestens als die Familie zum zweiten Mal auf die gleiche Weise ein Kind im Säuglingsalter verlor, hätte er einen Rechtsmediziner hinzuziehen müssen. Durch sein beharrliches Wegschauen hat er eine wahre Tötungsserie im Kinderzimmer ermöglicht und sich zumindest moralisch mitschuldig gemacht.

Obduktion nur bei konkreten Verdachtsfällen

Mit der von uns geforderten gesetzlichen *Leichenschaupflicht* bei toten Kindern könnte chronischen Gewalttätern zumindest nach der ersten tödlichen Misshandlung das Handwerk gelegt werden. Hingegen wäre die mancherorts geforderte *generelle Obduktionspflicht* in allen kindlichen Todesfällen vielleicht des Guten zu viel.
2006 schreckte der albtraumhafte Fall des zweijährigen Kevin aus Bremen die Öffentlichkeit weit über die Grenzen des Stadtstaates hinaus auf. Der drogensüchtige Ziehvater hatte den Jungen totgeprügelt und den Leichnam in einem Kühlschrank versteckt. Versagt hatte einmal mehr das Jugendamt, dem das Martyrium des zeitlebens misshandelten Jungen seit langem bekannt war. Unter diesem Eindruck beschloss der Bremer Senat 2009 eine generelle Obduktionspflicht für tote Kinder unter sechs Jahren. Doch solcher Aktionismus trägt zur Verbesserung des Kinderschutzes wenig bei.
Offiziell werden deutschlandweit 160 Kinder pro Jahr zu

Opfern von Tötungsdelikten. Kriminalexperten gehen aber davon aus, dass 50 bis 60 Prozent der Fälle primär unentdeckt bleiben. Demnach hat man es einschließlich der Dunkelziffer mit rund 350 Todesopfern pro Jahr zu tun. Diese Zahl, so skandalös hoch sie auch ist, rechtfertigt nicht den immensen Aufwand, den das Bremer Gesetz vorsieht.

Bei genereller Obduktionspflicht müssten auch alle Kinder, die durch Krebs oder andere Krankheiten verstorben sind, von Rechtsmedizinern obduziert werden – und das, obwohl in diesen Fällen von vornherein so gut wie sicher wäre, dass sie nicht aufgrund von Misshandlungen verstorben sind.

Das Bremer Gesetz trat 2011 zwar offiziell in Kraft, wurde aber de facto nie umgesetzt. In der Hansestadt werden heute nicht mehr und nicht weniger tote Kinder obduziert als fünf oder zehn Jahre vorher. Das ist eine wohl auch weise Entscheidung, nicht nur wegen der immensen Kosten, die besser zum Schutz lebender Kinder verwendet werden sollten.

Wenn Eltern durch eine Krankheit oder einen Unfall ihr Kind verlieren, bedeutet das für sie ohnehin einen kaum zu verkraftenden Schlag. Den zusätzlichen seelischen Stress durch eine Obduktion des toten Kindes sollte man ihnen nur dann zumuten, wenn es gute Gründe dafür gibt. Ob Anhaltspunkte für ein Tötungsdelikt bestehen, können erfahrene Rechtsmediziner bereits bei der Leichenschau abklären. Erst wenn sich hierdurch ein konkreter Verdacht ergibt, sollte verpflichtend obduziert werden.

Entlastung schuldloser Eltern

Schon heute ordnen die Staatsanwälte fast immer eine Obduktion des kindlichen Leichnams an, wenn als Todesart »ungeklärt« oder »nicht natürlich« auf dem Leichenschauschein vermerkt ist. Auch Eltern, die sich immer vorbildlich um ihr Kind gekümmert haben, reagieren dann oftmals ablehnend. »Muss das denn sein, dass Sie mein Kind jetzt auch noch aufschneiden?«, bekommen wir beispielsweise zu hören.

Ganz wichtig ist es dann, dass wir den Eltern sensibel begegnen. Behutsam erklären wir ihnen, was im Obduktionssaal mit ihrem Kind geschieht. Manchmal schlagen wir vor, dass sie dem Kind sein Lieblingskuscheltier mitgeben könnten, damit es dort nicht so allein ist. Der Gedanke tröstet viele Eltern tatsächlich.

Einige Tage oder Wochen nach der Obduktion rufen manche Eltern wieder bei uns an und bitten um ein Gespräch. »Hätte ich noch irgendetwas machen können, um mein Kind zu retten?« Diese Frage quält die betroffenen Mütter und Väter oftmals sehr.

Nach Rücksprache mit der und Genehmigung durch die Staatsanwaltschaft dürfen wir ihnen Auskunft geben. »Sie hatten keine Chance, die lebensgefährliche Erkrankung Ihres Kindes rechtzeitig zu erkennen«, erklären wir dann beispielsweise. »Bei Kindern haben harmlose Krankheiten vielfach eine drastische Symptomatik, leider sind die gefährlichen Krankheiten aber äußerlich oft unauffällig.« Oftmals sind es scheinbar banale Details, mit denen sich die Hinterbliebenen quälen. »Sonst stehe ich immer um sechs Uhr auf«, heißt es dann etwa. »Ausgerechnet an jenem Tag habe ich bis um acht Uhr geschlafen. Hätte ich meinem Kind helfen können, wenn ich zwei Stunden vorher nach ihm gesehen hätte?«

Wenn die Eltern dann erfahren, dass der Tod schon um drei Uhr nachts eingetreten ist, fühlen sie bei allem Schmerz auch unendliche Erleichterung. Nun brauchen sie sich selbst oder ihrem Partner zumindest keine Vorwürfe mehr zu machen. Und oftmals kann die Trauerarbeit erst beginnen, wenn solche quälenden Fragen beantwortet sind.

Mitunter stellt sich bei der Obduktion heraus, dass das Kind oder der Jugendliche an einer vererbbaren Krankheit verstorben ist.

»Wir haben noch ein Kind«, wollen die Eltern dann wissen. »Kann ihm das Gleiche passieren?«

Auch hier können wir Rechtsmediziner aufklären, beruhigen und mitunter auch lebenswichtige Ratschläge geben. Bei der fünfjährigen Alissa etwa ergab die Obduktion, dass das Mädchen am *Long-QT-Syndrom* verstorben war. Diese Herzkrankheit beruht auf einer Mutation von Kaliumkanälen und kann spontan zu tödlichen Herzrhythmusstörungen führen. Beim Nachgespräch rieten wir den Eltern, Alissas drei Geschwister kardiologisch untersuchen zu lassen. Tatsächlich zeigte sich, dass zwei von ihnen an der gleichen lebensgefährlichen Krankheit litten.

Doch anders als bei ihrer Schwester war das Long-QT-Syndrom bei ihnen rechtzeitig diagnostiziert worden. Den beiden Geschwistern wurde ein Defibrillator eingesetzt, und seitdem können sie ein normales Leben ohne erhöhtes Risiko eines plötzlichen Herztodes führen.

Häufig zeigt sich bei einer Obduktion, dass scheinbare Unfallverletzungen in Wahrheit Misshandlungsfolgen sind. Doch manchmal erleben wir auch das Gegenteil – wie im Fall der kleinen Günes, die mit nur sieben Wochen verstarb. Alles deutete auf ein Schütteltrauma hin. Bei der Obduktion stellten wir jedoch fest, dass das Mädchen an einer *Riesenzellhepatitis* gelitten hatte, einer sehr seltenen inneren Erkrankung, die ganz ähnliche Symptome wie ein schweres Schütteltrauma hervorrufen kann.

Trotz ihrer tiefen Trauer waren die Eltern erleichtert, dass der schreckliche Verdacht von ihnen genommen worden war.

7
Zum Fressen gern: Verletzung der Aufsichtspflicht

Überall dort, wo ein Kind durch einen Unfall verletzt wird oder stirbt, haben Erwachsene ihre Aufsichtspflicht verletzt – mindestens. Nicht selten verbergen sich hinter diesem Versagen weit schwerwiegendere Delikte.
Rund 60 000 Kleinkinder zwischen einem und vier Jahren werden in Deutschland alljährlich nach (angeblichen) Unfällen stationär behandelt. Etwa 60 Prozent von ihnen haben Sturzverletzungen erlitten. Je kleiner die Kinder, desto größer das Risiko von Schädelverletzungen: Mehr als zwei Drittel der Einjährigen verletzen sich, wenn sie hinfallen, am Kopf (ärzteblatt.de, 7.6.2013).
Doch auch das Risiko von Verletzungen durch Misshandlung oder Vernachlässigung ist bei Kindern bis zum vierten Lebensjahr besonders groß. Gerade *»in den ersten Lebensjahren«*, mahnt Guido Fitze von der Deutschen Gesellschaft für Kinderchirurgie (DGKCH), *»müssen wir leider bei jedem Unfall auch daran denken, dass Kindeswohlgefährdung eine Rolle gespielt haben könnte«*. Nach Schätzung der DGKCH ist *»bis zu jeder zweite Knochenbruch im ersten Lebensjahr eine Folge von Kindesmisshandlung«* (ärzteblatt.de, 7.6.2013). Und ein großer Teil der restlichen Frakturen dürfte auf das Konto passiver Kindeswohlgefährdung gehen, also der Verletzung der Aufsichtspflicht.
Für die verletzten Kinder macht es keinen großen Unterschied. Ihre Knochen sind so oder so gebrochen – egal,

ob sie geschlagen und getreten wurden oder beispielsweise aus dem Fenster gefallen sind, weil niemand sich um sie gekümmert hat.

Vorsicht, bissige Eltern!

Auch wenn es zunächst kaum glaubhaft klingen mag: Keineswegs selten haben wir es mit Kindern zu tun, deren Gesichter und Körper mit Bisswunden übersät sind. Die Rede ist hier nicht von Mogli oder anderen Dschungelkindern, sondern von Jungen und Mädchen, die mitten in der Großstadt aufwachsen. Wenn die Eltern ihre Kinder zum Arzt oder in die Klinik bringen, behaupten sie meistens, dass die Bissverletzungen von Hunden oder anderen bissigen Tieren stammten.

Oftmals werden wir dann von der Klinik mit der rechtsmedizinischen Untersuchung beauftragt. Durch unser Gutachten sollen wir klären, ob das Kind tatsächlich von Hund oder Katze gebissen wurde – oder ob die Bissmarken von menschlichen Angreifern stammen.

Auch wenn es wiederum schier unglaublich klingen mag: Unsere Untersuchung fördert in solchen Fällen fast immer zutage, dass die Kinder von ihren eigenen Müttern oder Vätern bzw. deren Lebensgefährten / Lebensgefährtinnen gebissen wurden.

Die Geschichte des kleinen Amon Mansouri, der mit abgerissener Kopfschwarte *(Scalping)* in die Klinik gebracht wurde, haben wir in Kapitel 2 schon erzählt. Ein düsteres Detail haben wir dort aber ausgespart: Der 14 Monate alte Junge hatte nicht nur schwerwiegende Kopfverletzungen, sondern auch halbmondförmige Hautunterblutungen am linken Oberschenkel. Bei unserer Untersuchung stellten wir fest, dass es sich eindeutig um Bissmarken handelte.

Die Mutter behauptete zunächst, bestimmt sei Amon von seinem dreijährigen Bruder gebissen worden. Doch dafür waren die Bissmarken viel zu groß. Daraufhin präsentierte die Mutter eine neue Erklärung: Der Familienhund, ein Rottweiler, müsse den Säugling abgeleckt und dabei »versehentlich zweimal zugebissen« haben. Gesehen habe das niemand, aber eine andere Erklärung gebe es nicht.

Tierische Bissverletzungen lassen sich klar von menschlichen Bissmarken abgrenzen. Hunde haben lange Reißzähne, mit denen Menschen höchstens in Werwolf-Filmen ausgestattet sind. Die Bissmarken auf Amons linkem Oberschenkel stammten eindeutig nicht von einem Hund, sondern von einem erwachsenen Menschen.

Bisswunden sind bizarre und doch charakteristische Beispiele für Verletzungen, die sich Kinder zuziehen können, wenn die Betreuer ihre Aufsichtspflicht nicht erfüllen. Wie unsere Fallschilderungen in diesem Kapitel zeigen, sind die Grenzen von der gelegentlichen Aufsichtspflichtverletzung über die Vernachlässigung bis hin zur aktiven Misshandlung fließend.

Betreute Verwahrlosung

Als Jason in ein Großklinikum im Berliner Südosten gebracht wird, ist er mit Bisswunden und Blutergüssen übersät. Dr. Lucia Paretti, die diensthabende Ärztin in der Notaufnahme, zählt ein halbes Dutzend Verletzungen im Gesicht, an Bauch und Oberschenkeln des 15 Monate alten Jungen.

Die Mutter des Kleinen heißt Cheyenne Mulanski und macht auf die Ärztin einen überforderten Eindruck. Cheyenne ist 19 Jahre alt und stark übergewichtig. Sie wirkt ungepflegt, auch wenn ihre Haare in allen Regenbogenfarben gefärbt sind und die zahlreichen Piercings in Nase und Lippen im Neonlicht der Notaufnahme glitzern.

Wegen der Verletzungen ihres Sohnes scheint sie wenig besorgt. »Jason ist einfach ein bisschen wild«, bekundet sie und streicht dem Jungen über den Kopf. »Er fällt öfter mal hin und haut sich eine Beule.«

Wie zur Bestätigung lächelt Jason die Ärztin an.

Dr. Paretti findet das Verhalten der jungen Mutter genauso irritierend wie die grundlose Fröhlichkeit ihres kleinen Sohnes. Jasons Wangen, Bauch und Beine sind mit Hämatomen bedeckt. Durch bloßes Hinfallen kann sich ein Kleinkind eigentlich nicht so zurichten, sagt sich die Ärztin.

Als sie über eine Bissmarke tastet, zuckt der Junge zusammen. Gleich darauf lächelt er sie noch strahlender an.

»Und die Bissverletzungen?«, fragt sie. »Wo hat Jason die denn her?«

Auch dafür hat Cheyenne Mulanski eine Erklärung. Sie lebt mit Jason und ihrem zwanzigjährigen Freund Pascal in einer Einrichtung für betreutes Wohnen. Dort spielt Jason häufig mit der zwanzig Monate alten Summer. »Summer ist stärker und noch wilder als Jason«, erklärt Cheyenne Mulanski. »Sie beißt ihn öfter mal und haut ihm Spielsachen auf den Kopf. Jessica, das ist Summers Mama, und ich können ja nicht dauernd auf die beiden aufpassen.«

Cheyenne Mulanski rollt mit den Augen. Ihr Handy klingelt, ihre Piercings klirren. »Sie sehen es ja selbst, Jason macht das nichts aus«, fügt sie hinzu. »Er ist immer gut gelaunt und lacht jeden an.«

Als die Ärztin das Lächeln des Kleinen erwidert, hebt er seine Ärmchen hoch: Offenbar will er, dass sie ihn aufnimmt. Unter seinen Achseln bemerkt Dr. Paretti einige Pusteln, die anscheinend noch nicht ganz abgeheilt sind. »Jason hatte Krätze«, stellt sie fest. »Wie lange ist das her?«
Cheyenne überlegt. »Meinen Sie das letzte Mal?«, erkundigt sie sich. »Oder als er das zum ersten Mal hatte?«
»Beides«, sagt Dr. Paretti.
Jason nimmt ihre Hand mit seinen beiden kleinen Händen und schenkt ihr ein strahlendes Lächeln. Dr. Paretti wird dieser Fall entschieden unheimlich. Sie beschließt, uns um Unterstützung zu bitten.

Am nächsten Tag fahren wir zur Klinik, um Jason zu untersuchen. Der Junge ist stationär in die Kleinkindabteilung aufgenommen worden. Die Kinderkrankenschwestern sind von seinem ständigen Lächeln und seiner fröhlichen Zugewandtheit gerührt. Doch keine der erfahrenen Fachkräfte lässt sich täuschen: Diese Distanzlosigkeit Fremden gegenüber ist ein klarer Hinweis auf chronische Misshandlung.
Mit unserem Gutachten sollen wir Alter und Ursache der Bissmarken und der übrigen Hämatome klären. Zusätzlich haben wir die Krankenakte von Jason Mulanski angefordert.
Auch uns gegenüber benimmt sich der kleine Junge auffallend distanzlos. Er sitzt frei auf dem Untersuchungstisch und streckt uns mit heiterem Lächeln seine Ärmchen entgegen.
»Die streifenförmigen Hämatome an beiden Wangen stammen offenbar von heftigen Ohrfeigen, bei denen die Finger der schlagenden Hand geöffnet waren«, halten wir für unser Gutachten fest. *»Die ungeformten Haut-*

unterblutungen vor dem linken Ohr und neben dem linken Mundwinkel sind höchstwahrscheinlich durch grobes Zupacken oder durch Kneifen entstanden.«
Ein zwanzig Monate altes Kleinkind, wie von der Mutter behauptet, kann diese Verletzungen auf keinen Fall verursacht haben. Auch die Bissverletzungen, die Jason an Bauch und Oberschenkeln aufweist, stammen definitiv nicht von einem kindlichen Gebiss. Aus dem Abstand zwischen den Eckzähnen *(Intercanin-Abstand)* lässt sich ableiten, ob es sich bei dem Angreifer um einen Erwachsenen oder ein Kind handelt.
»Die geformten Hautunterblutungen am Bauch sowie am rechten Bein weisen auf eine halbscharfe Gewalteinwirkung in Form eines Bisses mit einem menschlichen Gebiss hin«, protokollieren wir. *»Aufgrund des Intercanin-Abstandes von 3 cm lassen sie sich einem Biss mit einem erwachsenen menschlichen Gebiss zuordnen.«*
Jasons Krankenakte enthält unter anderem den Entlassungsbrief der Klinik, die den Jungen fünf Monate vor diesem Vorfall behandelt hat. Es ist dieselbe Klinik, die uns nun um Unterstützung gebeten hat. Die Verletzungen, die die Klinikärzte damals fotografisch dokumentiert haben, sind den aktuellen Verletzungen des Jungen sehr ähnlich. Bereits damals hatte Cheyenne Mulanski angegeben, dass die fünf Monate ältere Summer ihren Sohn gebissen und mit Spielzeugen ins Gesicht geschlagen habe.
Die Vorstellung, dass ein Kleinkind von damals 15 Monaten mit seinem unvollständigen Milchzahngebiss derartige Bissverletzungen verursachen könnte, ist aus rechtsmedizinischer Sicht absurd. Und die Hämatome wurden offenkundig durch kräftige Ohrfeigen hervorgerufen – auch auf den Fotos im Entlassungsbrief ist das Striemenmuster deutlich zu erkennen, das durch die geöffneten Finger der zuschlagenden Hand entsteht.

Doch die Kinderärzte in der Klinik schöpften keinen Verdacht. Cheyenne Mulanski und ihr Freund Pascal Rippstedt erzählten ihnen, Jason sei eben ein »sehr lebhaftes Kind«. Er ziehe sich an allen verfügbaren Möbelstücken hoch und falle dann häufig wieder hin. Außerdem habe seine Spielgefährtin Summer leider die Angewohnheit, ihn zu beißen und ihm Spielzeug auf den Kopf zu hauen.

»Aus ärztlicher Sicht erscheinen diese Erklärungen plausibel«, vermerkten die Klinikärzte allen Ernstes im Entlassungsbrief. *»Empfohlen wird eine Untersuchung auf Gerinnungsstörung.«*

Nur einen Monat später brachte Cheyenne Mulanski ihren kleinen Sohn erneut zur Rettungsstelle des Klinikums. Wieder hatte er streifenförmige Hautunterblutungen im Gesicht, die nach Angaben der Mutter von Jasons »wildem Spielen« mit dem älteren Kleinkind Summer stammten. Außerdem litt er an Krätze.

Die behandelnde Ärztin kümmerte sich hauptsächlich um die Behandlung der unzähligen Bläschen und Pusteln, mit denen der Körper des Kindes an den typischen Stellen bedeckt war: zwischen Fingern und Zehen, an Ellenbogen, Achseln und hinter den Ohren, an Hand- und Fußgelenken, Bauchnabel, Gesäß und Genitalien.

Jason war bereits das dritte Mal in sechs Monaten von Krätze befallen worden. Die hochinfektiöse Hautkrankheit wird durch die Krätzmilbe verursacht, eine Spinnentierart. Die Weibchen bohren winzige Kanäle in die Haut ihrer Opfer und legen darin Kotballen sowie ihre Eier ab. Die Quaddeln und Blasen entstehen durch Immunreaktion, der quälende Juckreiz kann bis zu fünf Wochen anhalten. Am besten gedeiht die Krätze an Orten, an denen viele Menschen in unhygienischer Umgebung zusammenleben. Wiederholtes Auftreten dieser Krankheit gilt als klares Anzeichen für Verwahrlosung bzw. für Vernachlässigung der betroffenen Kinder.

Verwahrlosung in einer betreuten Mutter-Kind-Einrichtung? Das Jugendamt, sollte man meinen, bringt seine Schützlinge dort doch gerade unter, um sie vor Vernachlässigung und Misshandlung zu bewahren. Doch leider sind auch solche öffentlich geförderten Messie-Höhlen keineswegs seltene Ausnahmen.

Die Betreuung der Bewohner erschöpft sich oftmals in gruppentherapeutischen Meetings. Ansonsten sind die Kinder ihren jungen Müttern überlassen, bei denen vielfach auch die aktuellen Lover Unterschlupf finden. Der Gedanke, die orientierungslosen Eltern mit ein paar elementaren Hygiene-, Ernährungs- oder Erziehungsregeln bekanntzumachen, scheint den vor Ort tätigen Helfern häufig fremd zu sein.

In unserem Gutachten heben wir die Anzeichen chronischer Vernachlässigung und Misshandlung bei Jason Mulanski hervor. *»Die dreimalige Infektion mit Skabies (Krätze) nahezu des gesamten Körpers sowie die Kalzifizierungsbänder in den Röntgenaufnahmen als Zeichen einer frühen Rachitisform können als Hinweise auf eine Vernachlässigung der körperlichen Pflege bzw. der Versorgung sowie der Ernährung verstanden werden.«*

Jasons *»auffällige Zugewandtheit Untersuchern gegenüber«* werten wir *»als Hinweis auf eine länger dauernde wiederholte Kindesmisshandlung«*. Abschließend fassen wir zusammen: *»Aus rechtsmedizinischer Sicht steht hier eine mehrfache sowie mehrzeitige schwere Kindesmisshandlung in Kombination mit einer Kindesvernachlässigung stark im Vordergrund.«*

Beim Konfrontationsgespräch ist auch Kriminaloberkommissarin Marion Henske vom LKA 125 anwesend.

Cheyenne Mulanski weist alle Vorwürfe von sich. Als sie feststellen muss, dass die Runde ihren fantasievollen Erklärungsversuchen keinen Glauben schenkt, zieht sie ihre letzte Trumpfkarte.

»Jetzt verrate ich Ihnen mal, wo und wie der Kleine wirklich gebissen worden ist«, hebt sie an. »Vor kurzem war ich mit Jason im Zoo. Da ist er in den Käfig der Koalabären gekrabbelt – und die Biester haben ihn angegriffen!«

Sie wirft einen triumphierenden Blick in die Runde.

»In den Berliner Zoos gibt es keine Koalabären«, kontert Dr. Lucia Paretti trocken. »Zufällig bin ich eine begeisterte Zoobesucherin und weiß das ganz genau.«

Cheyenne Mulanski stößt einen Wortschwall hervor, der überwiegend aus wüsten Beschimpfungen besteht.

Die beiden Polizeibeamten, die sich in einem Nebenraum bereitgehalten haben, bringen die junge Mutter zur Vernehmung ins Landeskriminalamt. Ihr wird vorgeworfen, ihren Sohn Jason fortgesetzt misshandelt und vernachlässigt zu haben.

Der zuständige Jugendamtsmitarbeiter ordnet Jasons Unterbringung bei Pflegeeltern an. Hoffentlich hat er auch veranlasst, dass die Einrichtung für »betreutes Mutter-Kind-Wohnen« geschlossen wird.

Oder zumindest entwest und desinfiziert.

Warum manche Eltern bissig sind

Die *Internationale Klassifikation psychischer Störungen* listet, wie schon erwähnt, chronische Kindesmisshandlung als Ausdruck seelischer Störungen auf. Dass Eltern, die ihre Kinder fortgesetzt schlagen, häufig geisteskrank sind, mag nicht jedem Leser einleuchten. Aber selbst Befürworter der »Prügelstrafe« werden wohl kaum in Zweifel ziehen, dass Eltern, die ihren Kindern wiederholt Bisswunden zufügen, unter einer ernsthaften psychischen Störung leiden.

Eltern, die wegen Beißattacken auf ihre Kinder ins Visier der Ermittlungsbehörden geraten, sind häufig drogensüchtig bzw. wegen beginnender Schizophrenie oder anderer Persönlichkeitsstörungen in psychiatrischer Behandlung. Wegen ihrer seelischen Störung mangelt es ihnen an elementaren elterlichen Fähigkeiten, deshalb sind sie mit der Betreuung ihrer Kinder völlig »überfordert«, wie das im Jargon der Sozialpädagogen heißt.

Junkies und Schizophrene sind weder empathisch noch in der Lage, ihre aggressiven Impulse zu kontrollieren. Während eines schizophrenen Schubs kann es durchaus passieren, dass eine innere Stimme dem Geisteskranken befiehlt, das Kind zu verletzen oder zu töten.

Bei der Befragung räumen alkohol- oder drogensüchtige Eltern oftmals ein, dass sie zur fraglichen Zeit im Drogenrausch waren. Die einen erinnern sich nur noch verschwommen, ihr Kind gebissen zu haben. Andere sehen die Beißattacke zwar wie eine Filmszene vor sich, können aber selbst nicht mehr erklären, was sie dazu veranlasst hat, dem Kind am ganzen Körper Bisswunden zuzufügen.

So oder so fehlt es ihnen fast immer an Schuld- oder Unrechtsbewusstsein. »Ich habe die Kleine doch nur ganz liebevoll gebissen«, bekommen Sozialarbeiter beim Jugendamt beispielsweise zu hören. Oder auch: »Wo ist das Problem? Das Kind hat schließlich zuerst mich gebissen! Ich habe nur zurückgebissen, damit es lernt, dass das wehtut.«

Viele Ärzte und Helfer wiederum, denen die gebissenen

Kinder vorgeführt werden, können oder wollen sich nicht vorstellen, dass Väter und Mütter ihren Kindern »so etwas antun können«. Lieber glauben sie die absurdesten Geschichten, die ihnen die Eltern auftischen, als das oftmals Offensichtliche zur Kenntnis zu nehmen.

Zumindest Wissenslücken lassen sich durch entsprechende Schulung schließen. Bei Fortbildungsveranstaltungen zeigen wir den Teilnehmern Fotos von Hautunterblutungen, wie sie typischerweise durch elterliche Beißattacken entstehen. Dann fordern wir die Anwesenden auf, sich so kräftig in den entblößten Unterarm zu beißen, dass es stark wehtut. Alle beißen mehr oder weniger herzhaft zu – und kein einziger Teilnehmer weist anschließend Hämatome wie auf den Fotos der misshandelten Kinder auf. Zumindest diese Helfer werden auf die Mär vom »liebvollen Zubeißen« nicht mehr hereinfallen.

Doch wer unangenehme Wahrheiten nicht zur Kenntnis nehmen will, dem ist auch durch Fortbildung nur schwer zu helfen. Das gilt insbesondere dann, wenn Eltern ihren Kindern im Genitalbereich Bissverletzungen zufügen. Eine Mutter oder ein Vater, die ihren kleinen Sohn in den Penis beißen? Natürlich würden wir alle viel lieber glauben, dass es »so etwas« nicht gibt. Unglücklicherweise kommt es aber immer wieder vor. Wer die Augen davor verschließt, beschützt zwar seine eigene Nacht- und Seelenruhe – doch um den Preis, dass wehrlose Kinder der Gewalt geisteskranker Peiniger ausgeliefert bleiben.

Blutrausch in der Kita

Nicht alle Bisswunden, die sich Kinder zuziehen, stammen unmittelbar von Erwachsenen – aber mittelbar trifft trotzdem meist eine erwachsene Bezugsperson die Schuld. Das zeigt auch das folgende Fallbeispiel.

Der zweijährige Lokman wird von seiner Mutter Gülay Özdemir in die Klinik gebracht. Der türkischstämmige Junge hat Bisswunden im Gesicht, an Armen und Beinen. Insgesamt 32 Bissverletzungen zählt die Ärztin, die den Kleinen erstversorgt.

Nach Angaben der Erzieherin im Kindergarten hat ein gleichaltriges Kind den Jungen attackiert. Die Bisswunden gehen tief ins Fleisch. Lokman bekommt Antibiotika, um eine Infektion zu verhindern. Die Bakterien im menschlichen Speichel sind hochinfektiös, weshalb Bisse von Menschen deutlich gefährlicher sind als Hundebisse. Sie entzünden sich fast immer, Hundebisse dagegen nur zu knapp 50 Prozent.

Die Klinik verständigt das zuständige LKA 125. Wir erhalten den Auftrag, den verletzten Jungen zu untersuchen.

Die Erzieherin, die zum fraglichen Zeitpunkt in der Kita-Gruppe Aufsicht führte, heißt Ria Helmbeck. Sie ist Ende zwanzig und arbeitet seit fünf Jahren in der Kindertagesstätte. Frau Helmbeck hat angegeben, dass sie die Kinder im Gruppenraum nur etwa drei Minuten sich selbst überlassen habe. Als sie von der Toilette zurückgekehrt sei, habe sie Devin Schreiner, einen anderen zweijährigen Jungen aus der Gruppe, »mit blutigem Mund« vorgefunden. Lokman habe weinend in einer Ecke gekauert. Sie habe sofort seine Mutter angerufen. Eine Erklärung für diesen Vorfall habe sie nicht.

Mit unserem Gutachten sollen wir unter anderem klären,

ob es überhaupt möglich ist, dass ein zweijähriges Kind einen Gleichaltrigen innerhalb von drei Minuten 32-mal kräftig beißt.

Wir messen die Bissmarken im Gesicht, an Armen und Beinen des kleinen Opfers aus. Tatsächlich passen sie nach Größe und Struktur zu dem Gebiss eines zweijährigen Kleinkindes. Damit steht die Erzieherin nicht mehr unter Verdacht, ihren kleinen Schützling selbst misshandelt zu haben. Klar ist jedoch, dass sie ihre Aufsichtspflicht verletzt hat. Fragt sich nur, in welchem Ausmaß.

Alles spricht dafür, dass Devin Schreiner, wie von der Erzieherin angegeben, seinen Spielgefährten attackiert hat. In unserem Gutachten halten wir jedoch fest, dass er Lokman die zahlreichen und tiefen Bissverletzungen keinesfalls in so kurzer Zeit zugefügt haben kann. 32 Bissverletzungen in drei Minuten – das wären fast zehn Beißattacken pro Minute. Ein Mastiff könnte das schaffen, aber Devin Schreiner ist schließlich kein Kampfhund.

Die Ermittler vom LKA 125 konfrontieren Ria Helmbeck mit unserem Gutachten. Die Erzieherin bricht in Tränen aus und gesteht, dass sie mindestens eine halbe Stunde bei ihrem neuen Freund im Auto gesessen habe. »Er hatte um die Ecke geparkt, sonst hätte ich Lokman weinen gehört und wäre sofort zurückgerannt!«, beteuert sie. »Ich wollte sowieso schon viel früher gehen, aber dann hat Dustin mich geküsst und ich habe alles andere vergessen.«

Als sie zurückkam, bot sich ihr im Gruppenraum ein Bild des Schreckens. Devin mit blutigem Gebiss, Lokman mit Verletzungen übersät, die anderen Kinder starr vor Angst.

Die Erzieherin muss sich wegen fahrlässiger Verletzung der Aufsichtspflicht vor Gericht verantworten.

»Ria Helmbeck und vor allem die ihr anvertrauten Kinder hatten gewaltiges Glück, dass nicht noch Schlimmeres passiert ist«, sagt die Richterin bei der Urteilsverkündung. »Zehn zweijährige Kinder mehr als eine halbe Stunde lang sich selbst zu überlassen ist ein schwerwiegender Verstoß gegen die Aufsichtspflicht.«
Vor Gericht stellt sich allerdings auch heraus, dass Devin Schreiner schon aus drei verschiedenen Kindergärten geflogen war. Devins Mutter hatte bei der Anmeldung verschwiegen, dass ihr Sohn ein notorisches »Beißkind« ist. Das nützt Ria Helmbeck jedoch nichts. Wäre sie zur Stelle gewesen, wie es ihre Pflicht war, dann hätte der beißwütige Junge sein Opfer höchstens ein- oder zweimal attackieren können. Die Erzieherin wird zu einer Geldstrafe verurteilt und bekommt von ihrem Arbeitgeber die Kündigung.

Gebranntes Kind

Melinda Schmittner ist Anfang zwanzig und vor sechs Monaten zum ersten Mal Mutter geworden. Sie war glücklich mit der kleinen Maddy, doch jetzt rennt sie schreiend die Straße entlang, das wie leblose Baby im Arm.
Melinda ist verheiratet. Ihr Mann Maurice ist zwei Jahre älter als sie und arbeitet in einer betreuten Werkstatt. Melinda wollte ihn anrufen, als das mit dem Baby passiert war, aber sie war so durcheinander, dass sie ihr Handy nicht fand. So konnte sie auch nicht den Notarzt rufen, und deshalb rennt sie jetzt im Bademantel eine belebte Straße im Berliner Norden entlang.
»Hilfe!«, schreit Melinda. »Mein Baby!«
Glücklicherweise wird eine Polizeistreife auf sie auf-

merksam. Die Beamten fragen Melinda Schmittner, was denn passiert sei, aber aus ihren Antworten werden sie nicht schlau. Doch dann streift einer von ihnen die Kapuze vom Köpfchen des Babys und vergisst vor Schreck zu atmen.

Der Kopf des Babys sieht aus, als hätte ihn jemand in einen glühenden Holzkohlengrill gesteckt.

Die Polizisten bringen Mutter und Kind auf dem schnellsten Weg in die Uniklinik. Maddy kommt sofort auf die Kinderintensivstation. Die Kopfschwarte des Säuglings ist verbrannt, die Verbrennung reicht bis in den Schädelknochen hinein. Dem Kinderchirurgen bleibt keine Wahl: Er muss das verbrannte Gewebe großflächig herausschneiden. Maddy hat eine lebensgefährliche Verletzung erlitten. Und nach wie vor ist aus der vollkommen konfusen Mutter nicht herauszubekommen, was passiert ist.

»Ruft Ines oder Lara an«, wiederholt sie nur immer wieder. »Und sagt Maurice Bescheid!«

Schließlich stellt sich heraus, dass Ines und Lara zwei Familienhelferinnen sind, die Melinda Schmittner und ihre Familie seit einem Jahr betreuen. Melinda ist geistig behindert, genauso wie ihr Mann Maurice. Ines Müller und Lara Maske sind speziell für die Arbeit mit geistig behinderten Eltern ausgebildet. Wochenlang haben sie mit Melinda und Maurice Schmittner geübt, um sie für die Betreuung ihres Babys fit zu machen.

Die Klinik verständigt das Jugendamt. Der zuständige Sachbearbeiter weist Lara Maske an, direkt in die Klinik zu fahren. Ines Müller soll Maddys Vater an seiner Arbeitsstätte abholen und gleichfalls ins Krankenhaus bringen. Zusätzlich macht der Jugendamtsmitarbeiter Meldung beim LKA 125, das uns um ein rechtsmedizinisches Gutachten bittet.

Die Befragung der jungen Mutter durch Kriminalkommissarin Emma Drillich gestaltet sich mühsam. Melinda Schmittner ist uneingeschränkt kooperationswillig, aber mit einem IQ von 59 kann sie nur einfachste Sachverhalte verbalisieren. Außerdem ist sie vor Angst um Maddy noch immer außer sich.

Mithilfe der Sozialarbeiterin Lara Maske gelingt es schließlich, zumindest grob zu rekonstruieren, was laut Melinda Schmittner am frühen Nachmittag in ihrer Wohnung passiert ist.

Die Familienhelferinnen haben den jungen Eltern eingeschärft, das Baby »nicht einfach irgendwo herumliegen zu lassen«. Sie sollen Maddy zum Schlafen in ihr Bettchen oder auf eine Matratze legen, die im Kinderzimmer auf dem Boden liegt. Melinda Schmittner beteuert, diese Regeln beachtet zu haben. Zuerst habe sie mit Maddy auf der Matratze gekuschelt. Dann sei die Kleine eingeschlafen und sie selbst sei ins Bad gegangen, um Badewasser für ihr Baby einzulassen. Um Maddy nicht zu stören, habe sie die Tür geschlossen und dann erst das Transistorradio eingeschaltet.

So bekam sie allerdings auch nicht mit, was im Kinderzimmer nebenan passierte. Wie sich das Baby im Schlaf umdrehte und in die Ritze zwischen Matratze und Wand rutschte. Dorthin, wo die Heizungsrohre knapp über dem Boden auf Putz verlaufen.

»Ich hatte die Heizung im Kinderzimmer gar nicht an! Nur im Badezimmer, ich wollte doch Maddy baden, und da sollte es doch warm sein im Bad!«, ruft Melinda außer sich. »Nach ein paar Minuten bin ich zu Maddy zurück und habe sie erst gar nicht gesehen. Es hat nur so komisch gerochen. Und dann habe ich meine Maddy entdeckt. In der Spalte neben der Matratze, mit dem Kopf am Rohr – und das war glühend heiß!«

Kriminalkommissarin Emma Drillich hat ihre Zweifel an dieser Geschichte. Auch die Familienhelferin Lara Maske kann nicht glauben, dass Maddy sich auf diese Weise ihre lebensgefährlichen Verletzungen zugezogen hat.
»Wenn die Heizkörper nicht angedreht sind«, sagt sie zu ihrer Kollegin Ines Müller, »müssen die Rohre doch auch kalt gewesen sein.«
Mittlerweile haben wir Maddys Verbrennungen begutachtet. »Der Kopf des Babys muss wenigstens mehrere Sekunden lang mit einem glühend heißen Gegenstand in Kontakt gewesen sein«, erklären wir. »Aber allein aufgrund des Verletzungsbildes lässt sich nicht klären, was genau mit Maddy passiert ist.«
Kommissarin Emma Drillich bittet uns daraufhin, mit ihr zusammen den Geschehensort zu begehen.
Die Drei-Zimmer-Wohnung der Familie Schmittner liegt im Erdgeschoss eines sanierungsbedürftigen Altbaus. Selbst am hellen Tag ist es im Kinderzimmer so düster, dass wir das Licht einschalten. Wir finden alles so vor wie von Melinda Schmittner geschildert: Die Matratze liegt neben der Wand, vor der das Heizungsrohr verläuft. Die Wanne im Badezimmer ist mit Wasser gefüllt, das mittlerweile kalt geworden ist. Aus dem Transistorradio plärrt Schlagermusik.
»Das Heizungsrohr neben der Matratze ist kalt«, meldet einer der Ermittler, die die Wohnung nach Hinweisen durchsuchen. »Die Heizkörper sind alle abgedreht. So wie die Mutter es geschildert hat, kann es also nicht passiert sein.«
Doch wir entdecken auch keine Hinweise auf einen möglichen anderen Verlauf. Der Herd in der Küche ist ausgeschaltet. Töpfe und Pfannen stehen ordentlich abgespült im Schrank. Auf den Herdplatten finden wir keinerlei Rückstände von verbranntem Gewebe.

»Dass die Mutter ihrem Kind absichtlich die Verbrennung zugefügt hat, schließe ich aus«, sagt Kriminalkommissarin Drillich. »Sie hat sich nach Aussage der Helferinnen immer liebevoll um das Baby gekümmert. Außerdem könnte sie sich eine so komplizierte Geschichte gar nicht ausdenken. Und noch weniger könnte sie alle Spuren verwischen, falls hier tatsächlich etwas anderes passiert wäre.«

Trotzdem scheint Melinda Schmittners Geschichte mit den vorgefundenen Gegebenheiten einfach nicht zusammenzupassen. Doch dann kommt uns eine Idee.

»Drehen Sie doch mal die Heizung im Badezimmer an«, bitten wir einen der Ermittler. »Vielleicht wird durch das Rohr neben der Matratze gar nicht die Heizung im Kinderzimmer, sondern die im Badezimmer gespeist.«

Genauso verhält es sich tatsächlich. Die Heizung im Badezimmer erwärmt sich, und das Rohr im Kinderzimmer wird nach kürzester Zeit glühend heiß.

Wir trauen unseren Augen nicht, als wir die Temperatur des Kupferrohrs neben der Matratze messen. Sie beträgt rund 90 Grad Celsius!

»Der Unfall ist wirklich so passiert, wie Melinda Schmittner ausgesagt hat«, fassen wir schließlich zusammen. »Das Baby ist in die Spalte gerutscht, und schon nach wenigen Sekunden muss seine Kopfschwarte verbrannt gewesen sein. Es muss wie am Spieß geschrien haben, aber die Mutter hat wegen der Radiomusik nichts gehört. So hat der Säugling mehrere Minuten in der Ritze gelegen, mit dem Kopf auf dem glühend heißen Heizungsrohr.«

Durch unsere Untersuchung wird die Mutter also von dem Verdacht entlastet, ihr Baby misshandelt zu haben. Sie hat sich im Gegenteil die größte Mühe gegeben, Maddy so zu betreuen, wie die Familienhelferinnen es ihr beigebracht haben – jedoch mit verheerendem Ergebnis. Hätten die Helfer die Familienwohnung vorher in Augenschein genommen, anstatt die Eltern lediglich theoretisch zu schulen, dann wäre dieser Unfall höchstwahrscheinlich nicht passiert.

Ob Eltern aus Nachlässigkeit, Überforderung oder Gleichgültigkeit ihre Aufsichtspflicht verletzen, die Folgen sind so oder so oftmals gravierend. Kleine Kinder werden in der Wohnung bei offenem Fenster oder auf der Straße sich selbst überlassen – das Ergebnis sind Tausende lebensgefährlicher oder tödlicher Sturzverletzungen und Verkehrsunfälle pro Jahr. Standregale werden nicht an der Wand befestigt – wenn sich ein Kleinkind daran hochzieht, fällt das Möbelstück um und begräbt das Kind unter sich. Steckdosen und stromführende Kabel bleiben ungesichert, obwohl Kinder im Krabbelalter zum Haushalt gehören. Dabei kann ein Stromschlag tödlich sein oder zumindest zum Verlust von Fingern führen.

Ein Spalt neben dem Bett kann übrigens auch dann eine tödliche Falle für Babys sein, wenn dort kein glühend heißes Heizungsrohr verläuft. Jahr für Jahr ersticken in Deutschland etliche Säuglinge qualvoll, nachdem sie mit dem Kopf voran in die Ritze zwischen Bett und Wand gerutscht sind und in dieser Kopfüberposition gefangen waren.

Auch hier gilt: Elterlichem Unwissen lässt sich durch Aufklärung abhelfen. Doch wenn Kinder durch Gleichgültigkeit oder Fahrlässigkeit der Sorgeberechtigten in Gefahr geraten, müssen die staatlichen Kinder- und Jugendschützer schnell und entschieden eingreifen. Was jedoch leider nur in seltenen Ausnahmefällen geschieht.

Angefressen

Nicole Heitkamp ist eine attraktive Frau Ende zwanzig. Ihr Mann Liam arbeitet als Handelsvertreter und ist oft tagelang unterwegs. Nicole hat Friseurin gelernt, aber seit der Geburt ihres Sohnes bleibt sie zu Hause und kümmert sich um den kleinen René.

Eines Tages erscheint sie in der Rettungsstelle einer Klinik im Berliner Süden. Der kleine Junge, den sie im Buggy vor sich herschiebt, brüllt wie am Spieß. René ist zwei Jahre alt und hat halbmondförmige Hautunterblutungen mit deutlichen Bissmarken am Penis.

Dr. Peer Habermann, der diensthabende Arzt, fragt die Mutter, was denn mit dem Jungen passiert sei. Daraufhin wartet die Friseurin mit einer haarsträubenden Geschichte auf.

»Wir haben im Wohnzimmer einen Tisch mit einer runden Glasplatte«, beginnt sie. »René hat die Platte angehoben, seinen Penis auf den Rahmen gelegt und die Platte dann fallengelassen.« Sie schlägt die Hände vors Gesicht. »Ist das nicht schrecklich?«, presst sie hervor. »Ich war nur für eine Minute im Bad – und als ich zurückgekommen bin …«

Dr. Habermann betrachtet sie mit einer Mischung aus Skepsis und Mitgefühl. Mittlerweile hat er die Verletzung untersucht und erstversorgt. Die Kreisform der Tischplatte mag zu der halbmondförmigen Hautunterblutung einigermaßen passen. Aber wie soll ein Knirps von zwei Jahren so eine Glasplatte hochstemmen? Vor allem aber: Wie passt diese Geschichte mit den deutlich sichtbaren Bissspuren zusammen?

Eigentlich gar nicht, sagt sich der Arzt. Er erklärt Nicole Heitkamp, dass René für ein paar Tage in der Klinik bleiben müsse. Die Mutter wirkt weniger besorgt als erfreut.

Da könne sie doch endlich mal wieder in Ruhe shoppen gehen und sich mit ihren Freundinnen treffen, vertraut sie dem Klinikarzt an.

Dr. Habermann ist nun doch irritiert. Noch am selben Tag ruft er bei uns im Institut an und bittet uns um Unterstützung. Tags darauf untersuchen wir René in der Kinderstation der Klinik. Bei den halbmondförmigen Hautunterblutungen handelt es sich unzweifelhaft um Bissverletzungen, die dem Jungen mit dem Gebiss eines erwachsenen Menschen beigebracht wurden.

»Eines Menschen?«, wiederholt Dr. Habermann und sieht uns erschrocken an. »Sie nehmen doch nicht etwa an …« Er unterbricht sich mitten im Satz und schüttelt den Kopf.

»Die Bissmarke stammt eindeutig von einem erwachsenen Menschen«, antworten wir. »Ob es sich bei dem Täter um einen Mann oder eine Frau handelt, lässt sich leider nicht mehr feststellen. Die Verletzung wurde gesäubert und versorgt, ein Abstrich zur Untersuchung auf DNA des Verursachers ist daher aussichtslos.«

Dr. Habermann schüttelt erneut den Kopf. Er scheint zu bereuen, dass er uns hinzugezogen hat. »Liam Heitkamp war vorhin hier«, murmelt er vor sich hin. »Der Vater des Jungen, ein Hüne von Mann.«

Er besteht darauf, Nicole Heitkamp allein mit unseren Ergebnissen zu konfrontieren.

»Das Ganze muss ein Missverständnis sein«, sagt er. »Das ist doch eine vernünftige Frau. Bestimmt kann sie mir alles erklären.«

In der Tat liefert Nicole Heitkamp aus dem Stegreif eine neue Erklärung ab. Die Glasplatte ist Vergangenheit, der neue Übeltäter ist ein Spielzeug namens Fangbecher. Dabei handelt es sich um einen trichterförmigen Becher mit Griff, an dem sich ein Druckknopf befindet. Drückt man

darauf, wird ein kleiner Ball hinauskatapultiert, den man mit dem Trichter wieder auffangen muss.
Aber das Spielzeug lässt sich auch zweckentfremden, führt Mutter Heitkamp weiter aus. »René hat seinen Penis hineingesteckt und dann auf den Knopf gedrückt – und da hat er sich gequetscht!«
»Und die Bissspuren?«, fragen wir, nachdem uns Dr. Habermann in die neuesten Erklärungsversuche der Mutter eingeweiht hat. »Der Fangbecher hat doch keine Zähne, oder?«
Der Klinikarzt beißt seinerseits die Zähne aufeinander.
»Für uns sieht das nach sexueller Misshandlung aus«, haken wir nach. »Sie sollten das LKA 125 verständigen. Oder zumindest das Jugendamt.«
Doch Dr. Habermann hat nun genug von unseren Befunden und Bedenken. »Ich habe Frau Heitkamp natürlich auch gefragt, wie sich die Bissmarken erklären«, gibt er zurück. »Sie hat eingeräumt, dass die von ihr stammen. Aber Frau Heitkamp hat mir versichert, dass es ihr nur um die Sauberkeitserziehung ihres Jungen ging!«
Er ist sichtlich angefressen. Wenn auch nicht annähernd so sehr wie René.

Von anderen Ländern können wir lernen, wie man kleine Kinder besser vor Misshandlung und Vernachlässigung bewahren kann. In Schweden beispielsweise werden Kleinkinder fünf Tage pro Woche ganztags in staatlichen oder privaten Einrichtungen mit optimalem Personalschlüssel betreut.
In Deutschland kann ein Kind wie René über Monate von seinen Eltern misshandelt werden, ohne dass irgendjemand Alarm schlägt. In Schweden dagegen stehen die hochqualifizierten Erzieherinnen in ständigem engen Austausch mit den Eltern ihrer Schützlinge. Ihnen wür-

de es gewiss nicht verborgen bleiben, wenn ein Kind aus ihrer Gruppe Hämatome oder gar Bisswunden aufweisen würde.

Einige erfolgreiche Ansätze zur Entlastung »überforderter« Eltern und vor allem zur angemesseneren Betreuung und Förderung der Kinder stellen wir in Kapitel 10 vor.

8
Der Elterntest – Wunschbild und Wirklichkeit

Das Gesetz stellt strenge Anforderungen an die Eltern: Sie müssen nachweisen, dass sie ihrem Kind angemessene Wohnverhältnisse bieten können. In psychologischen Tests werden die Stabilität ihrer Partnerschaft, ihre Konfliktfähigkeit und Erziehungsziele, Impulskontrolle und emotionale Ausdrucksfähigkeit akribisch geprüft. Fallen sie bei einem Test durch, händigt die strenge Behörde ihnen das Kind keinesfalls aus.

Überdies müssen die Eltern ein Gesundheitszeugnis präsentieren. Leidet einer von ihnen an lebensverkürzenden Krankheiten, an psychischen Störungen oder an Suchterkrankungen? Dann brauchen sie bei diesen unnachsichtigen Wächtern des Kindeswohls gar nicht erst vorstellig zu werden.

Auch ein polizeiliches Führungszeugnis ist für beide Elternteile selbstverständlich Pflicht. Mit einer Vorstrafe wegen Gewaltdelikten oder gar wegen Sexualvergehen haben sie keine Chance, das Kind zu bekommen.

Wovon ist hier die Rede? Sicher nicht von den Anforderungen, die Kinderschutzrecht und Jugendämter an leibliche Eltern, Stiefmütter oder Patchwork-Väter stellen. Bei den Bilderbucheltern, die derart strenge Kriterien erfüllen müssen, handelt es sich vielmehr um adoptionswillige Paare.

Nach aktuellem Adoptionsrecht sollten sie möglichst verheiratet sein und über ein geregeltes Einkommen verfügen. Keiner der beiden sollte älter als vierzig Jahre sein. Nur einer von ihnen darf voll berufstätig sein, der oder die andere sollte sich überwiegend um die Betreuung des Kindes kümmern. Gleichwohl sollte die Familie über ein solides Einkommen verfügen, um dem Adoptivkind eine angemessene Entwicklung und soziokulturelle Teilhabe zu ermöglichen.

Zweifellos sind einige der geltenden Kriterien für adoptionswillige Paare krass überzogen. Nicht allzu viele leibliche Eltern würden die Tests und Durchleuchtungsprozeduren der deutschen Adoptionsbehörden bestehen. Teilweise gehen die Anforderungen auch schlicht an der heutigen Lebenswirklichkeit vorbei. So leuchtet es beispielsweise nicht ein, warum Paare, bei denen ein Partner fünfundvierzig oder fünfzig Jahre alt ist, nach aktuellem Adoptionsrecht kein Kleinkind oder Baby mehr adoptieren können. Trotzdem wünschen wir uns oftmals, dass Jugendämter und Familiengerichte einige der für Adoptiveltern gültige Kriterien zumindest in abgeschwächter Form auch bei leiblichen Eltern oder deren jeweiligen Lebensgefährten anlegen würden.

Doch die Realität sieht leider ganz anders aus. Von potenziellen Adoptiveltern wird – nur leicht überspitzt formuliert – erwartet, dass sie in immerwährender Harmonie leben, auf gesunde Ernährung schwören und ihr künftiges Kind möglichst bereits in der örtlichen Waldorf-Schule angemeldet haben. Leibliche Eltern aber bekommen »ihre« Kinder selbst dann wieder ausgehändigt, wenn sie nachweislich Junkies und seelisch gestört, einschlägig vorbestraft und chronische Kindesmisshandler sind.

Vom Recht der Misshandler auf ihre Opfer

Lilly Fischer, 25, ist seit zehn Jahren heroinsüchtig und fast genauso lange in psychiatrischer Behandlung. Im Drogenrausch hat sie schon mehrfach ihre drei Kinder schwer misshandelt.
Nach einem besonders gravierenden Vorfall schaltet das Jugendamt die Polizei ein. Wir untersuchen die Kinder, die zwei, drei und fünf Jahre alt sind. Das älteste Kind, ein Mädchen, hat Verbrennungen durch glühende Zigarettenkippen an beiden Armen und diverse Knochenbrüche. Die kleineren Brüder sind grün und blau geprügelt.
Lilly Fischer wird wegen Misshandlung von Schutzbefohlenen zu 14 Monaten Freiheitsstrafe verurteilt und erhält die Auflage, einen Entzug zu machen; die Kinder werden bei Pflegeeltern untergebracht. Und kaum hat die Mutter ihre Strafe abgesessen, da bekommt sie die Kinder mit einigen geringfügigen Auflagen zurück.
Schließlich sind es »ihre« Kinder. Dass die sich bei den Pflegeeltern gut entwickelt haben, nur noch selten einnässen, nicht mehr jede Nacht schreiend aus Albträumen aufschrecken – das alles spielt bei der Entscheidung der zuständigen »Kinderschützer« keine Rolle.
Natürlich ist Lilly Fischer nach wie vor drogensüchtig, »überfordert« und durch eigene Gewalterfahrungen traumatisiert. Und so spritzt sie sich erneut Heroin, misshandelt und vernachlässigt weiterhin ihre Kinder – und wiederum schauen Jugendamt und Familienhelfer tatenlos zu.

Jenny Birkner, drei Jahre, ist als Säugling von ihrem Vater in die Behinderung geschüttelt worden. Das Mädchen hat sozusagen Glück gehabt: Es hat den Schüttelangriff überlebt und liegt auch nicht wie Lukas Helmholtz (siehe Kapitel 5) für den Rest seines Lebens im Wachkoma. Aber Jenny leidet seitdem an Seh- und Bewegungsstörungen, und ihre geistige Entwicklung ist erheblich verzögert.

Der Vater, Jeff Birkner, wurde wegen Misshandlung des kleinen Mädchens zu einer zweijährigen Freiheitsstrafe verurteilt. Britta, die Mutter, hat sich mittlerweile von ihm getrennt – sie will mit dem Mann, der ihr Kind so schwerwiegend geschädigt hat, nichts mehr zu tun haben. Und vor allem will sie, dass er Jenny nie mehr gefährlich werden kann.

Doch kurz nach Jennys drittem Geburtstag hat Jeff Birkner seine Freiheitsstrafe abgesessen. Er verlässt die Haftanstalt als freier Mann, sucht umgehend seine Ex-Frau auf und will Jenny sehen. Britta weigert sich, ihn zu dem Mädchen zu lassen. »Nach dem, was du ihr angetan hast«, sagt sie zu ihm, »hast du kein Recht mehr darauf.« Jeff sagt nur: »Das werden wir ja sehen«, dreht sich auf dem Absatz um und geht.

Nicht lange danach treffen sich Jeff und Britta Birkner beim Familiengericht wieder. Jeff will sein Recht auf Umgang mit »seinem« Kind einklagen. Schließlich ist er der Vater! Und das Gericht gibt ihm recht: Britta muss ihm den begleiteten Umgang mit Jenny erlauben.

Nach Ansicht der Familienrichterin spricht überhaupt nichts dagegen, dass Jeff seine Tochter trifft. Ganz im Gegenteil: Damit er nach den Jahren der Trennung eine angemessene Beziehung zu seiner Tochter entwickeln kann, ist es sogar erforderlich, dass die beiden Zeit miteinander verbringen.

Der Einwand, dass Jenny dadurch dem Mann ausgeliefert wird, der sie für ihr Leben geschädigt hat, ist für das Gericht nicht stichhaltig. Schließlich habe der Vater da-

mals nur »aus Überforderung« das Baby misshandelt. Im Übrigen habe er seine Strafe abgebüßt und somit das unzweifelhafte Recht, sein Kind zu sehen.
Das Recht bzw. der mutmaßliche Wille des Kindes spielt bei der Urteilsfindung keine Rolle.

Beobachter der Kindeswohlgefährdung

Um es nochmals deutlich zu sagen: Wir plädieren nicht dafür, an leibliche Eltern die gleichen Maßstäbe anzulegen, die für adoptionswillige Paare gelten. Dann nämlich müsste ein großer Teil der Kinder hierzulande umgehend aus den Familien genommen und fremduntergebracht werden.
Wir sprechen uns auch keineswegs dafür aus, die Anforderungen an Adoptiveltern auf das äußerst bescheidene Niveau abzusenken, mit dem sich deutsche Jugendämter und Familiengerichte bei leiblichen Eltern regelmäßig zufriedengeben. Dann nämlich dürften fortan verurteilte Gewalttäter und Geisteskranke, Drogensüchtige, Verwahrloste und nachweislich Erziehungsunfähige ohne größere Umstände Kinder adoptieren – und sie anschließend nach Gutdünken vernachlässigen und misshandeln. Die Anforderungen des gegenwärtigen Adoptionsrechts sind so absurd überzogen, dass nur eine verschwindende Minderheit der potenziellen Adoptiveltern sie erfüllen kann. Mit der Folge, dass unzählige Kinder hierzulande in Heimen aufwachsen müssen oder zwischen leiblichen und Pflegeeltern hin- und hergeschoben werden, obwohl sie bei Adoptiveltern viel besser aufgehoben wären. Die abgewiesenen Paare dagegen erfüllen sich unter teilweise abenteuerlichen Umständen in Osteuropa, Asien oder

Lateinamerika ihren Kinderwunsch – mit Adoptionspraktiken, die sich vom Menschenhandel nicht immer deutlich unterscheiden.

Gleichzeitig stellen Jugendämter und Familiengerichte an die leiblichen Eltern sehr häufig viel zu niedrige Anforderungen. Hierzu ein weiteres Beispiel: Wenn ein psychologisches Gutachten vorliegt, das einer Mutter »Erziehungsunfähigkeit« bescheinigt, bleibt selbst den engagiertesten Elternrechtlern im Jugendamt keine Wahl mehr: Sie müssen das in aller Regel bereits schwer geschädigte Kind dauerhaft in einer Pflegefamilie unterbringen. Doch wenn nun dieselbe Mutter ein weiteres Kind zur Welt bringt, dann begnügen sich die amtlichen Kinderschützer wiederum damit, die Lage erst einmal zu »beobachten«.

Man könnte auf den Gedanken kommen, dass viele Jugendamtsmitarbeiter etwas grundsätzlich missverstanden haben: Von Gesetzes wegen sollen sie Wächter des Kindeswohls sein – und nicht tatenlose Beobachter der Kindeswohlgefährdung.

Während sie Mutter und Kind »beobachten«, tritt unweigerlich das altbekannte »Problem« wieder auf: An der Erziehungsunfähigkeit der Frau hat sich ja durch die erneut erwiesene Gebärfähigkeit nichts geändert. Das zweite Kind wird also wie sein älteres Geschwister von der Mutter vernachlässigt und misshandelt. Nachdem er das eine Weile »beobachtet« hat, gibt der Jugendamtsmitarbeiter ein weiteres psychologisches Gutachten in Auftrag. Wie sonst soll er schließlich feststellen, wie es aktuell um die Erziehungsfähigkeit der Mutter bestellt ist? Der Psychologe prüft also erneut – und bevor er sein Gutachten nach vielen Wochen oder sogar erst nach Monaten fertiggestellt hat, ist in vielen Fällen auch das zweite Kind schwerstgeschädigt oder tot.

Wer nun glaubt, dass damit der makabren Beweise genug vorliegen würden, der irrt. Beim dritten und bei jedem weiteren Kind handeln die »Wächter des Kindeswohls« wieder auf die gleiche Weise.

Besser gesagt: Sie handeln eben nicht oder jedenfalls viel zu spät. Ob sie das Kind rechtzeitig vor chronisch gewalttätigen Eltern in Sicherheit bringen können, scheint für viele Jugendamtsmitarbeiter nebensächlich zu sein. Hauptsache, die Rechte der Eltern werden gewahrt.

Bei der Umsetzung des Adoptionsgesetzes wird der »Kinderschutz« dagegen in absurder Weise übertrieben. Doch entgegen dem Anschein stehen auch hier keineswegs die Rechte und Bedürfnisse der Kinder im Vordergrund. Das zeigt sich schon daran, dass die Kinder vom Radarschirm des Jugendamtes verschwinden, sobald die Adoptionsprozedur abgeschlossen ist. Nachbetreuung der adoptierten Kinder ist schlichtweg nicht vorgesehen. Dabei haben sie in aller Regel traumatische Erfahrungen hinter sich und leiden häufig an gravierenden Folgen wie Panikattacken oder ADHS.

9
Nicht nur Misshandler haben Rechte: das Opfer-Entschädigungsgesetz

Misshandelte Kinder tragen in vielen Fällen bleibende Schäden davon. Die Betroffenen sind oft lebenslang auf kostenintensive Förderung und Pflege angewiesen – und die Familienangehörigen können die erforderlichen Mittel nur in den seltensten Fällen aus eigener Kraft aufbringen.
Wer beispielsweise als Säugling ein Schütteltrauma erlitten hat, benötigt meist sein Leben lang bestimmte Therapien oder Hilfsgeräte, etwa eine Logotherapie oder einen Sportrollstuhl. Die Krankenkasse übernimmt die immensen Kosten in der Regel nur für einen begrenzten Zeitraum. Doch für die Anschlussfinanzierung können Angehörige oder Vormünder von Misshandlungsopfern Gelder nach dem Opfer-Entschädigungsgesetz (OEG) abrufen.
Dieses Gesetz und der von Bund und Ländern finanzierte Opfer-Entschädigungsfonds sind in der Öffentlichkeit viel zu wenig bekannt. Im Jahr 2008 stellten von 210000 Anspruchsberechtigten nur 10,5 Prozent einen Antrag auf Entschädigung nach dem OEG. Dabei ist gerade bei Kindesmisshandlungsdelikten die Wahrscheinlichkeit hoch, dass die Opfer Versorgungsleistungen nach dem OEG erhalten.
Bei diesen Zahlungen handelt es sich keineswegs um Almosen. Vielmehr ist der Entschädigungsanspruch der Gewaltopfer eine direkte Folge des staatlichen Gewaltmonopols.

Misshandlungsopfer haben Anspruch auf Entschädigung

Als Träger des Gewaltmonopols ist der Staat verpflichtet, jede Person, die sich rechtmäßig auf seinem Hoheitsgebiet aufhält, vor Gewalttaten zu beschützen. Wird sie dennoch zum Gewaltopfer, hat der Staat in seiner Schutzpflicht versagt. Grundsätzlich hat das Opfer dann Anspruch auf Entschädigung. Dieser wurde erstmals 1979 durch das Bundessozialgericht bestätigt, die höchste Instanz der deutschen Sozialgerichtsbarkeit.
Das OEG ist Bestandteil des Ersten Sozialgesetzbuchs. Dort sind auch die Voraussetzungen für einen Entschädigungsanspruch geregelt:

- Es wurde eine Gewalttat begangen, also ein vorsätzlicher, rechtswidriger, tätlicher Angriff gegen eine Person.
- Die Gewalttat wurde im Bundesgebiet, auf einem deutschen Schiff oder in einem deutschen Flugzeug verübt.

Einen Anspruch auf Versorgung nach dem OEG haben die Gewaltopfer selbst oder ihre Hinterbliebenen, also Witwer, Waisen oder Eltern. Die Versorgung wird nur auf Antrag gewährt. Die Leistungen umfassen u. a.

- Heil- und Krankenbehandlung einschließlich Rehabilitation
- Beschädigtenrente
- Hinterbliebenenversorgung
- Bestattungs- und Sterbegeld
- Renten- und Fürsorgeleistungen

Bei lebenslang geschädigten Opfern von Kindesmisshandlung steht meist die Finanzierung von Therapien und Hilfsgeräten im Vordergrund. Die Krankenkasse trägt die Kosten in der Regel nur für einen begrenzten Zeitraum. Damit der Opfer-Entschädigungsfonds die Anschlussfinanzierung übernimmt, muss eine hinreichend ausführliche ärztliche Dokumentation der bisherigen Therapien eingereicht werden.

Strafanzeige stellen!

Wie lässt sich nachweisen, dass die geschädigte Person Opfer einer Gewalttat wurde? Hierfür ist im Regelfall eine Strafanzeige erforderlich. Diese muss zeitnah nach der Tat gestellt werden, also spätestens nach einigen Wochen oder Monaten. Das ist den Betroffenen meist nicht bekannt, und wenn sie davon wissen, schrecken sie vor diesem Schritt oftmals zurück. Dabei ist es keineswegs nötig, dass das Opfer selbst die Anzeige erstattet. Es muss auch kein Tatverdächtiger benannt werden – eine Anzeige gegen unbekannt genügt. Selbst wenn die Ermittlungen eingestellt werden und die Staatsanwaltschaft keine Anklage erhebt, ist damit die formale Voraussetzung erfüllt. Ganz auf der sicheren Seite sind die Antragsteller, wenn eine Gerichtsverhandlung stattgefunden hat und der Täter verurteilt worden ist. Aber auch ein »Freispruch zweiter Klasse« ist äußerst hilfreich, um den Anspruch des Opfers zu beweisen: Bei diesen Freisprüchen »aus Mangel an Beweisen« wird richterlich festgestellt, dass die Tat verübt worden ist. Nur kann sie keinem der Tatverdächtigen mit der nötigen Sicherheit zugeordnet werden (siehe Kapitel 4).

Wenn ein Kind von seinen Eltern misshandelt wurde und daraufhin fremduntergebracht wird, erhält es einen gesetzlichen Vormund. Dieser prüft in der Regel, ob ein Anspruch nach dem OEG besteht, und leitet die nötigen Schritte ein. Doch in den meisten Fällen bleibt das misshandelte Kind in der Familie, weil der Täter nicht festgestellt werden konnte. Dann wird leider meist versäumt, eine Strafanzeige und einen Antrag auf Entschädigung zu stellen.

Die Ärzte in den Kliniken, in denen die Eltern mit dem verletzten Kind vorstellig werden, wissen oftmals selbst nicht, dass eine Strafanzeige erforderlich ist, damit die Opfer entschädigt werden können. Und auch wenn sie es wissen, zögern sie nicht selten, die Polizei einzuschalten. Das gilt in noch höherem Maß für die nichtärztlichen Mitarbeiter sozialmedizinischer Einrichtungen.

In den 1990er-Jahren hat eine Studie gezeigt, dass *»ca. 70 % der Mitarbeiter medizinischer Einrichtungen, 86 % der Mitarbeiter sozialpädagogischer Dienste und 98 % der Mitarbeiter von Beratungs- und Therapieeinrichtungen eine strafrechtliche Verfolgung der Täter für ein inadäquates Vorgehen«* hielten (*Kindesmisshandlung*, S. 235). Als Gründe gaben die Befragten überwiegend an, dass sie den Opfern die Belastung durch ein Strafverfahren ersparen wollten. Auch wollten sie nicht das Risiko eingehen, dass das Verfahren ergebnislos eingestellt oder der Täter gar freigesprochen werden könnte. Dann nämlich stünde das Opfer als vermeintlicher Lügner dar und wäre »sekundär viktimisiert«, also ein zweites Mal zum Opfer gemacht worden.

Auch heute noch bekommen wir solche Bedenken häufig von Klinikärzten oder Sozialpädagogen zu hören. Wenn sie jedoch von uns erfahren, dass die Anzeige auch gegen *unbekannt* gestellt werden kann und dass die Op-

fer ohne Strafanzeige nicht entschädigt werden können, dann schmilzt ihr Widerstand oft dahin.
Mittlerweile gibt es zumindest an Berliner Kliniken etliche Ärzte, die in solchen Fällen von sich aus Anzeige erstatten oder die Angehörigen über die Notwendigkeit dieses Schrittes informieren. Doch das geschieht noch immer zu selten.
Das folgende Fallbeispiel zeigt, wie wichtig es gerade bei lebenslang schwerstgeschädigten Misshandlungsopfern ist, dass sie durch den Opfer-Entschädigungsfonds unterstützt werden.

Hin- und hergerissen

Luisa Bürgel und Hendrik Petzold kannten sich ein halbes Jahr, als sie einen folgenschweren Entschluss fassten: Sie wollten eine Familie gründen und mindestens drei Kinder bekommen. Jedenfalls wollte Luisa das, und Hendrik stimmte ihr zu.
Gemeinsam bezogen sie eine geräumige Wohnung. Luisa wurde schwanger, und sie richteten das Kinderzimmer ein. Das *erste* Kinderzimmer, wie Luisa bei jeder Gelegenheit betonte. Nach der Geburt würde sie zu Hause bleiben und sich um das Kind kümmern. Hendrik würde für den Lebensunterhalt der Familie sorgen. Sie hatte gelesen, dass der ideale Altersabstand zwischen Geschwistern eineinhalb bis zwei Jahre betrug. Und so stand für Luisa schon mehr oder weniger fest, wann sie das zweite und das dritte Kinderzimmer einrichten würden.
Ihr erstes Kind war ein Junge, Konstantin. Eigentlich hatten sie geplant, dass Luisa nach der Geburt ihre Arbeitsstelle aufgeben würde. Aber zwischenzeitlich war

das Catering-Unternehmen, in dem Hendrik als Einkaufsleiter beschäftigt war, in wirtschaftliche Turbulenzen geraten. So behielt Luisa vorsichtshalber ihren Job als Sachbearbeiterin bei einer Versicherungsagentur. Hendrik ging in Elternzeit und kümmerte sich um Konstantin. So richtig glücklich waren sie beide nicht mit dieser Regelung. Aber es sollte ja nur ein Provisorium sein, bis sich Hendriks Firma wieder stabilisiert oder er selbst eine bessere Stelle gefunden hätte.
Konstantin war sechs Wochen alt, als die Catering-Firma in Konkurs ging. Aus der Elternzeit heraus bewarb sich Hendrik bei diversen Unternehmen, doch er bekam eine Absage nach der anderen.
Luisa ging jeden Morgen zur Arbeit, und Hendrik kümmerte sich um das Kind. Er war der Hauptverdiener gewesen, und nun waren sie ständig knapp bei Kasse. Er schrieb Bewerbungen am Fließband, aber es kam nichts dabei heraus. Hendrik fühlte sich zunehmend in der Falle. Auch Luisa wurde immer unzufriedener. So hatten sie sich das beide nicht vorgestellt mit ihrem Familienglück. Konstantin war anfangs ein friedliches und zufriedenes Baby gewesen. Doch das änderte sich, als seine Eltern immer frustrierter wurden. Der Kleine bekam Schreianfälle und war kaum mehr zu beruhigen. Abends kam es immer öfter vor, dass sich Luisa und Hendrik stritten. Dann schrien sie mit dem Säugling um die Wette.
Hendrik kam sich wie ein Gefangener vor. Er steigerte sich regelrecht in diese Vorstellung hinein: Nicht er passte auf Konstantin auf, sondern der Kleine war sein Wächter, der ihn wie mit unsichtbaren Ketten gefesselt hielt.
Eines Tages klingelte das Telefon. Am Apparat war der Personalchef eines Unternehmens, bei dem sich Hendrik beworben hatte. Als derzeitige Beschäftigung hatte er bis dahin immer angegeben: *»Hausmann in Vaterzeit«*. Aber

mittlerweile war er sicher, dass er genau deshalb laufend Absagen bekommen hatte. Also hatte er diesmal geschrieben: *»Kreative Auszeit/Fortbildung«*.

Das war zwar knapp an der Wahrheit vorbei, denn seit Konstantin diese Schreianfälle bekam, war Hendrik ständig so ausgepumpt, dass er sogar beim Fernsehkrimi einschlief. Aber der Trick schien zu funktionieren: Am Telefon war der Personalchef und befragte ihn in jovialem Plauderton nach seinen »Potenzialen, Visionen und Entwicklungszielen«.

Hendrik gab sich alle Mühe, gleichfalls locker zu wirken. Er spürte schon, wie angetan sein Gesprächspartner war, da begann nebenan Konstantin zu schreien.

Hendrik sprach lauter und schneller. Schlaf wieder ein!, beschwor er den Kleinen, aber Konstantin legte gleichfalls noch ein paar Dezibel zu. Hendrik verhaspelte sich, und der Personalchef schien nun gleichfalls irritiert.

»Ist das bei Ihnen, Herr Petzold«, fragte er, »dieses nervtötende Geplärr?«

Hendrik verneinte und hasste sich dafür. Konstantin schrie jetzt ohrenbetäubend, und Hendrik hasste ihn noch mehr.

»Entschuldigen Sie, ich bin gleich wieder da«, stotterte er und rannte ins Nebenzimmer, wo Konstantin aus Leibeskräften schrie. Das Telefon hatte er nebenan zurückgelassen und sogar ein Sofakissen daraufgelegt, um das »nervtötende Geplärr« zu dämpfen. Er nahm den Kleinen auf und wiegte ihn in seinen Armen.

»Sei still«, zischte er Konstantin zu. »Sei um Himmels willen still!«

Das Baby schrie einfach weiter, den kleinen Mund weit aufgerissen, das ganze Köpfchen feuerrot. Aber länger durfte er den Personalchef nicht warten lassen!

»Sei still! Hörst du nicht?«, schrie Hendrik. Er packte

das Baby um den Oberkörper und schüttelte es, bis Konstantin tatsächlich abrupt verstummte. »Na, Gott sei Dank!«, stieß er hervor, legte den Jungen wieder in seine Wiege und rannte zurück zum Telefon.
Konstantin hatte sich irgendwie schlapp angefühlt, als wäre ihm die Luft herausgelassen worden. Hendrik schnappte sich das Telefon, und dann blieb vor Enttäuschung auch ihm die Luft weg.
Der Personalchef hatte aufgelegt. Und Hendrik hatte auf einmal ein ganz mieses Gefühl.
Er rannte wieder ins Nebenzimmer. Konstantin lag auf dem Rücken, wie er ihn eben hingelegt hatte. Seine Augen reagierten nicht, als Hendrik sich über ihn beugte. Er atmete, aber seltsam flach und unregelmäßig.
Hendrik getraute sich nicht, das Baby erneut aus seinem Bettchen zu nehmen. Er spürte, dass er in dem Kleinen irgendetwas unwiderruflich zerstört hatte. Aber er würde es nicht zugeben, das beschloss er im gleichen Augenblick. Es war einfach so passiert. Der Kleine hatte so wie jetzt in seinem Bettchen gelegen, als Hendrik nach ihm gesehen hatte, und basta. Wer sollte ihm schließlich das Gegenteil beweisen?
Er rief den Notarzt an, und Konstantin wurde auf dem schnellsten Weg in die Unfallklinik gebracht. Das Baby wies die typischen Schütteltrauma-Symptome auf. Retinale und subdurale Blutungen. Sein Hirn war durch Nervenfaserzerreißungen irreversibel geschädigt. Es würde bleibende geistige und körperliche Behinderungen zurückbehalten.
Beim Konfrontationsgespräch leugnete Hendrik so beharrlich, wie er es sich vorgenommen hatte. Wieder und wieder beteuerte er, dass er den Kleinen zum Schlafen hingelegt habe. Als er nach etlichen Stunden nach ihm gesehen habe, hätte Konstantin wie leblos in seinem Bett

gelegen. Er habe sofort den Notarzt gerufen, das Ganze sei schrecklich, aber ihn treffe keine Schuld.
Luisa schien genau zu spüren, dass er nicht die Wahrheit sagte. Sie starrte ihn die ganze Zeit nur fassungslos an. Aber sie sagte kein Wort, jedenfalls nicht an diesem Tag. Während Konstantin auf der Intensivstation lag, schien sie mit einem Entschluss zu ringen. Erst als sich der Zustand des Babys so weit stabilisiert hatte, dass es in eine Reha-Einrichtung verlegt werden konnte, stellte sie Hendrik zur Rede.
»Ich weiß, dass du das warst«, sagte sie. »Ich habe es dir sofort angesehen. Mittlerweile weiß ich auch, wie das heißt, was du mit Konstantin gemacht hast: Schütteltrauma.«
Er machte einen schwachen Versuch, sich zu verteidigen. Aber Luisa ließ ihn nicht zu Wort kommen.
»Ich will, dass du aus meinem und Konstantins Leben verschwindest«, sagte sie. »Wenn ich mit ihm aus der Reha zurückkomme, musst du ausgezogen sein.«
Mit den Sozialdienst-Mitarbeiterinnen in der Reha-Einrichtung beratschlagte Luisa, wie es nun weitergehen sollte. Sie war entschlossen, ihre Arbeitsstelle aufzugeben und sich nur noch um ihren schwerbehinderten Sohn zu kümmern. Aber wie sollte sie das alles bezahlen? Sie machte sich Vorwürfe, weil sie nicht rechtzeitig reagiert hatte. Sie hatte ja gesehen, wie frustriert Hendrik war, seit er seinen Job verloren hatte. Doch sie hatten sich nur gestritten, anstatt gemeinsam nach einer Lösung zu suchen.
»Sie können Versorgungsleistungen aus dem Opfer-Entschädigungsfonds für ihren Jungen beantragen«, erklärten ihr die Sozialarbeiterinnen. »Aber dafür müssen Sie Strafanzeige bei der Polizei erstatten.«
»Das kann ich nicht«, sagte Luisa. »Ich kann Hendrik nicht anzeigen.«

Glücklicherweise kannten sich die Sozialarbeiterinnen mit der Gesetzeslage aus. Sie erklärten der jungen Mutter, dass es ausreiche, wenn sie »Anzeige gegen unbekannt« erstatte. Aber daran komme sie nicht vorbei.
»Spätestens in ein paar Jahren weigert sich die Krankenkasse, all die teuren Therapien und Zusatzleistungen für Konstantin zu bezahlen«, erläuterten sie. »Nur wenn Sie möglichst bald Anzeige erstatten, kann der Opfer-Entschädigungsfonds die Kosten übernehmen.«
Es war eine schwere Entscheidung für Luisa. Aber noch ehe die dreimonatige Reha-Maßnahme beendet war, stand ihr Entschluss fest. Sie erstattete Strafanzeige – nicht gegen »unbekannt«, sondern gegen den Vater ihres Kindes. Sie war zu dem Schluss gelangt, dass es auch für ihren Sohn besser war, wenn sie für klare Verhältnisse sorgte.
Hendrik wurde im LKA 125 vernommen und stritt weiterhin alles ab. Doch unser rechtsmedizinisches Gutachten ließ keinen Zweifel daran, dass Konstantin ein Schütteltrauma erlitten hatte. Da der Vater am fraglichen Tag allein bei dem Baby gewesen war, kam außer ihm niemand als Täter in Betracht.
Hendrik Petzold wurde zu einer zweijährigen Freiheitsstrafe auf Bewährung verurteilt.
Konstantin ist mittlerweile sechs Jahre alt. Er befindet sich geistig auf dem Stand eines Kleinkindes und leidet unter dauerhaften Sprach-, Seh- und Bewegungsstörungen. Doch dank der speziellen Sprachtherapie, die seit Jahren vom Opfer-Entschädigungsfonds bezahlt wird, kann er sich immer besser verständlich machen. Der Fonds hat auch die Kosten für den Sportrollstuhl übernommen, den der Junge braucht, um an Sportkursen für Schwerbehinderte teilzunehmen.
Luisa Bürgel kümmert sich aufopfernd um ihren Sohn.

Konstantin wird niemals ein normales Leben führen können, aber dank der Unterstützung durch den Opfer-Entschädigungsfonds bekommt er die bestmöglichen Therapien und Zusatzleistungen.

Zum Schluss noch eine Handlungsempfehlung für unsere Leser: Wenn Sie glaubhaft davon erfahren, dass ein Kind Opfer eines Gewaltdelikts geworden ist – erstatten Sie Strafanzeige gegen den mutmaßlichen Täter oder gegen unbekannt.

Dazu sind Sie nicht nur laut Strafgesetzbuch (§ 138 StGB) verpflichtet – bei Unterlassen droht eine Freiheitsstrafe bis zu fünf Jahren. Durch Ihre Anzeige tragen Sie entscheidend dazu bei, dass der Gesundheitszustand und die gesellschaftlichen Teilhabechancen des Misshandlungsopfers im Rahmen des therapeutisch Möglichen verbessert werden können.

Wer dagegen wegschaut und sein Wissen verschweigt, schützt den Täter, vergrößert das Leid des Opfers und macht sich unter Umständen mitschuldig an dessen Tod.

10
Rechtzeitig helfen – nicht nachträglich reparieren

Ein Großteil der Misshandlungsfälle, von denen wir in diesem Buch berichtet haben, hätte sich in vielen anderen europäischen Ländern so nicht ereignen können. In Schweden oder in Finnland, in den Niederlanden und in Frankreich werden junge Eltern bei der Betreuung und Erziehung ihrer Kinder von Anfang an unterstützt. Insbesondere in den skandinavischen Ländern könnte es kaum passieren, dass Kinder über Monate oder Jahre hinweg in ihren Familien unbemerkt misshandelt werden. Auch das Risiko von »Kurzschluss«-Misshandlungen durch akut überforderte Eltern ist in diesen Ländern weit geringer, da die Familien durch ein engmaschiges Hilfsangebot entlastet werden.

Beispiel Schweden: Fast 90 Prozent aller zweijährigen Kinder werden in der *Dagis*, der Kindertagesstätte, professionell betreut. Ähnlich sieht es in Finnland aus – dort sind die Kitas für Unterdreijährige zehn Stunden täglich geöffnet, auch während der Schulferien.

Beim Ausbau des Kinderkrippensystems holt Deutschland derzeit zwar rapide auf – doch leider nur, was die Quantität des Betreuungsangebots angeht. In qualitativer Hinsicht hinken deutsche Kitas dem skandinavischen Vorbild meilenweit hinterher.

Die Erzieherinnen in finnischen und schwedischen Kitas haben ein dreijähriges, von Anfang an stark praxisorientiertes Hochschulstudium hinter sich. Während des Studiums wird ihnen pädagogisches und entwicklungspsychologisches Wissen vermittelt. Auch eine Schulung in Familiensoziologie und der Förderung kreativer Fähigkeiten gehört zu ihrer Ausbildung.

Ähnlich sieht es in Frankreich aus: Dort entspricht die Hochschulausbildung der Erzieherinnen weitgehend der Qualifikation von Primarschullehrerinnen. Entsprechend ist dieser Berufsstand etwa in Schweden oder Finnland nicht nur weit besser angesehen als bei uns – seine Angehörigen werden auch deutlich besser bezahlt.

Neben Ausbildung und Engagement der Fachkräfte ist der Personalschlüssel entscheidend für die Qualität des Angebots. In finnischen Krippen betreut eine Erzieherin maximal vier Kinder unter drei Jahren. Ähnlich sieht es in Schweden aus: Selbst bei den Kindergartenkindern zwischen drei und sechs Jahren kümmern sich jeweils drei hochqualifizierte Erzieherinnen um Gruppen von höchstens zwanzig Kindern.

Dagegen ist in Deutschland nicht einmal das Berufsbild der Erzieherin bzw. des (in der Realität kaum anzutreffenden) Erziehers einheitlich definiert. In manchen Bundesländern wird der berufliche Nachwuchs seit einigen Jahren gleichfalls an Fachhochschulen unterrichtet. Doch vielerorts genügt noch immer die einfache Ausbildung an einer Fachschule.

Auch der Betreuungsschlüssel in deutschen Kitas variiert von einem Bundesland zum anderen. Obwohl hierzulande Kinderpflegerinnen und sogar Praktikantinnen mitgezählt werden, wird der von Experten empfohlene Betreuungsschlüssel von 1:2 bis 1:4 bei Unterdreijährigen meist nicht erreicht. Bei den größeren Kindergartenkindern sieht es noch düsterer aus: Dort kommen oftmals zehn oder mehr Kinder auf eine – meist schlecht ausgebildete – Erzieherin.

Aufgrund des bundesweit forcierten Kita-Ausbaus mangelt es derzeit sogar an gering qualifizierten Fachkräften. Also werden arbeitslose Discountmarkt-Verkäuferinnen im Hauruckverfahren zu »Erzieherinnen« umgeschult – »Verwahrerinnen« wäre wohl die treffendere Bezeichnung. Selbst die Rekrutierung langzeitarbeitsloser Hartz-IV-Bezieher wurde bereits angeregt, um die Lücke irgendwie zu schließen.

Durch derart grotesken Aktionismus ist den Kindern, die in ihren Familien von Misshandlung bedroht oder bereits betroffen sind, gewiss nicht gedient. Ganz zu schweigen von einer adäquaten Förderung der individuellen Entwicklungspotenziale, die von hastig umgeschulten Supermarkt-Kassiererinnen wohl kaum erwartet werden kann. Dabei bräuchten gerade die Kinder aus bildungsfernem Milieu besonders dringend gut ausgebildete Kita-Erzieherinnen, um die Fertigkeiten zu entwickeln, die ihnen zu Hause niemand beibringt.

Zum Schreien!

Als Sabrina Gerlicher schwanger wurde, zeigte sich ihr Lebensgefährte Sascha wenig angetan. »Lass es wegmachen«, war sein Vorschlag, aber das kam für Sabrina nicht in Frage. Stattdessen war dann Sascha ein halbes Jahr später weg.

Sabrina beschloss, ihr Kind allein aufzuziehen. Sie war 25 und freute sich seit Jahren darauf, Mutter zu werden. Ihrer Tochter gab sie den Namen Alina.

Zur Taufe reisten die stolzen Großeltern aus Süddeutschland an. Danach war Sabrina auf sich gestellt.

Anfangs ging alles gut. Sie war glücklich mit ihrem Baby,

auch wenn Alina ein schwieriges Kind war. Die Kleine quengelte und schrie viel, wollte nicht trinken und konnte dann vor Hunger nicht schlafen. »Regulationsstörungen«, sagte die Kinderärztin, »das gibt sich.« Doch es gab sich nicht.

Sabrina kam sich mehr und mehr wie eine Versagerin vor. Die Babys anderer Mütter lagen friedlich schlafend oder selig lächelnd im Kinderwagen. Alina aber brüllte sich die Seele aus dem Leib.

»Ein Schreikind«, sagte die Kinderärztin mittlerweile. »Da braucht man gute Nerven. Haben Sie denn jemanden, der Sie unterstützt?«

Doch da war niemand weit und breit. Sabrina war erst ein knappes Jahr vor der Geburt nach Berlin gezogen. Seit Sascha ausgezogen war, hatte sie in der ganzen Stadt keine engeren Freunde mehr.

Jetzt hätte sie gerne ihre Mutter oder eine Tante in der Nähe gehabt, damit die ihr ab und zu einen Ratschlag geben oder einfach mal auf Alina aufpassen konnten. Aber ihre Familie lebte siebenhundert Kilometer entfernt im Allgäu. Auch professionelle Unterstützung durch eine Kinderfrau oder Tagesmutter wäre hilfreich gewesen, doch mit dem Elterngeld, das sie vom Staat erhielt, kam Sabrina so schon kaum über die Runden.

Also versuchte sie weiter, allein zurechtzukommen. Alina schrie jetzt praktisch immer, wenn sie wach war. Erst wenn sie völlig erschöpft war, fiel sie in unruhigen Schlaf. Doch nach einer Stunde war sie wieder wach und fing aufs Neue an zu schreien.

Ein halbes Jahr nach der Geburt hatte sich Sabrinas Leben in einen Albtraum verwandelt. Sie liebte ihre Tochter, aber sie war mit ihren Kräften am Ende. Sie wusste genau, dass Alina nicht schrie, um sie zu ärgern. Aber genauso deutlich spürte sie, wie Wut, Frust und

Erschöpfung sich in ihr zu etwas Explosivem vermischten.

Nach einer weiteren Nacht ohne Schlaf waren Mutter und Tochter gerade weggedämmert, als es an der Wohnungstür klingelte. Sofort war auch Alina wieder wach und schrie, als sollte es ihr ans Leben gehen. Sabrina nahm sie auf den Arm und wankte todmüde zur Tür.

Es war fünf Uhr früh. Vor ihr stand der Nachbar aus der Wohnung gegenüber. Das war eigentlich ein ganz netter junger Mann, aber heute machte er ein finsteres Gesicht. Er sagte etwas zu ihr, doch Alina schrie so laut und sie selbst war so müde, dass sie ihn nicht gleich verstand.

Also bat sie ihn, seine Worte zu wiederholen. Und da fing auch der Nachbar an zu schreien. »Bringen Sie das verdammte Balg zur Ruhe!«, brüllte er sie an. »Oder noch besser, ziehen Sie endlich aus! Sie terrorisieren das ganze Haus mit diesem Höllengeschrei!«

Sabrina blieb vor Schreck die Luft weg. Sie starrte den Nachbarn eine halbe Minute lang an und knallte die Tür dann wieder zu.

Alina schrie, als ob sie bei lebendigem Leib geröstet würde.

»Sei doch still«, flüsterte Sabrina. »Alle hassen uns schon. Der Vermieter setzt uns vor die Tür, wenn du so weitermachst! Willst du das, Alina?«

Sie packte die Kleine unter den Armen und hielt sie so vor sich, dass Alina sie ansehen musste. Aber das Baby schrie einfach weiter, und Sabrina spürte, wie in ihrem Kopf etwas leise peng! machte.

Eine Sicherung, dachte sie noch, in meinem Kopf ist eine Sicherung durchgeknallt.

Mit dem schreienden Baby im Arm ging sie ins Kinderzimmer. Sie legte Alina in ihr Gitterbettchen, und das Baby schrie immerzu weiter.

»Sei still!«, rief Sabrina. »Sei doch endlich still!«

Die Kleine hielt ganz kurz inne und schrie dann umso schriller weiter. Plötzlich machte sich Sabrinas Hand selbstständig. Sie schoss auf das Baby hinab und kniff ihm kräftig in den Arm.

Alina wurde schlagartig leise. Sie starrte ihre Mutter an und wimmerte nur leise vor sich hin.

Mein Gott, dachte Sabrina, was habe ich gemacht? Fassungslos starrte sie auf das gut gepolsterte Ärmchen ihrer Tochter, das sich sofort klatschrot verfärbte.

Sie war so übermüdet, dass sie sich wie unter einer Glocke aus Milchglas fühlte. Trotzdem spürte sie, dass sie gerade den ersten Schritt in eine furchtbar falsche Richtung gemacht hatte. Und dass sie alles tun musste, damit es ein einmaliger Ausrutscher blieb.

Sie zog Alina an und machte sich auf den Weg zur Klinik. Wie durch ein Wunder schlief die Kleine die ganze Zeit, während Sabrina sie im Kinderwagen durch die erwachende Stadt schob.

Sie meldete sich bei der Notaufnahme der Klinik. »Schauen Sie sich das bitte an«, sagte sie zu Dr. Hilda Petersen, der diensthabenden Ärztin. Sie schob den Ärmel an Alinas rechtem Arm hoch. »Das habe ich gemacht, verstehen Sie? Ich habe Alina gekniffen, weil ich die Nerven verloren habe. Und ich befürchte, dass über kurz oder lang noch etwas Schlimmeres passiert, wenn ich nicht sofort Hilfe bekomme.«

Sie bekam einen Weinkrampf. Wie zur Bestätigung ihrer Worte begann Alina aus Leibeskräften zu schreien.

Dr. Petersen machte Meldung beim Jugendamt, und der zuständige Sachbearbeiter bat uns um ein Gutachten. Wir untersuchten Alina und stellten fest, dass das Hämatom an ihrem Oberarm in der Tat durch kräftiges Kneifen hervorgerufen worden war.

Doch ansonsten wies das Baby keinerlei Misshandlungsspuren auf. Alina war ein gepflegtes Kind, altersgerecht entwickelt und körperlich gesund. Abgesehen von den »Regulationsstörungen«, denen das Baby durch zermürbendes Dauerschreien Ausdruck verlieh.

»Wir raten in diesem Fall von einer Meldung bei den Ermittlungsbehörden ab«, schrieben wir in unserem Gutachten. *»Dagegen empfehlen wir, Sabrina Gerlicher umgehend die Hilfe zu geben, um die sie so dringend gebeten hat.«*

Wäre der Mann im Jugendamt der üblichen Logik des deutschen Kinderschutzsystems gefolgt, dann wären Sabrina Gerlichers Hilfeschrei und unsere Empfehlung mit Sicherheit ungehört verhallt. Aber der zuständige Sachbearbeiter in diesem Fall war Meik Simmering (siehe Kapitel 1).

Natürlich kann und soll das Jugendamt nicht jedes Kind, das von entnervten Eltern in den Arm gekniffen worden ist, unter seine Fittiche nehmen. Aber von den Verantwortlichen kann erwartet werden, dass sie jeden Einzelfall aufmerksam und mit der gebotenen Ernsthaftigkeit prüfen. Und in diesem Fall sprach alles dafür, dass Alina Gerlicher in akuter Gefahr schwebte, von ihrer Mutter folgenschwer misshandelt zu werden.

Meik Simmering dachte kurz nach und traf eine unbürokratische Entscheidung. »Wir greifen der jungen Mutter für ein Vierteljahr mit einer Familienhelferin unter die Arme.«

Zwei Monate später war Alinas Schreikind-Phase endlich vorbei. Anschließend hatten Mutter und Tochter jede Menge Schlaf nachzuholen.

Sabrina und Alina Gerlicher machten einen glücklichen und entspannten Eindruck, als sie Meik Simmering im Jugendamt besuchten, um ihm für sein Engagement zu danken.

Erweiterte Elternschaft

Alinas und Sabrinas Geschichte hat nur zufällig ein Happy End. Statistisch gesehen hatten die beiden kaum eine Chance, die dringend nötige Hilfe zu erhalten, *bevor* es zu einer schwerwiegenden Misshandlung gekommen war.

In der meist anonymen Wohnumgebung unserer heutigen Großstädte sind, wie schon gesagt, Kinder ressourcenarmer junger Eltern besonders gefährdet, Misshandlungsopfer zu werden. Zu diesen knappen Ressourcen gehören nicht nur finanzielle Mittel, sondern mehr noch ein tragfähiges soziales Netzwerk, das die Eltern mit Rat und Tat unterstützt. Wer weder über die einen noch über das andere verfügt, gerät sehr schnell an seine Grenzen. Das gilt in nochmals gesteigertem Ausmaß für alleinerziehende Elternteile – in aller Regel junge Mütter. Wie Sabrina Gerlicher.

Ganz anders in Frankreich oder Skandinavien: Dort ist es weithin selbstverständlich, dass sich Eltern mit qualifizierten Kita-Erzieherinnen die Betreuung und Förderung der Kinder teilen. Die Erzieherinnen übernehmen dabei gleichsam die Aufgaben, die in den Großfamilien und dörflichen Gemeinschaften früherer Zeiten den Großmüttern, Tanten und Nachbarinnen zugefallen war. Wäre Alina Gerlicher in Schweden zur Welt gekommen, so hätte sich Sabrina die Betreuung ihrer Tochter von Anfang an mit gut ausgebildeten Krippen-Erzieherinnen teilen können.

Durchaus nicht alle Menschen, die Mutter oder Vater werden, sind fähig und willens, Kinder angemessen zu betreuen und zu erziehen. In Ländern mit hochwertigem Kita-System muss diese mangelnde Eignung und/oder Bereitschaft der leiblichen Eltern nicht von den Kindern ausgebadet werden. Denn die bestens ausgebildeten Erzieherinnen gleichen etwaige elterliche Defizite mühelos aus.

Gerade in Deutschland bekommt man oftmals den Einwand zu hören, dass die Erziehung der Kinder allein Sache der Familien sein müsse. Wohin es führe, wenn man dem Staat die Kinderbetreuung anvertraue, zeigten die Erfahrungen in der DDR oder im Nazireich, heißt es immer wieder.

Dazu ist zu sagen, dass wir in einem demokratischen Rechtsstaat leben. Die Gefahr, dass Kinder in heutigen deutschen Kitas mit extremistischer Ideologie infiltriert werden, ist gleich null. Außerdem besteht zumindest in den Städten schon derzeit die Möglichkeit, zwischen kommunalen Kitas und Angeboten freier oder auch kirchlicher Träger zu wählen.

Das schwedische Beispiel zeigt im Übrigen, dass die Eltern sich durch die Erzieherinnen nicht etwa bevormundet, sondern in aller Regel entlastet fühlen. Die Erzieherinnen sind tagtäglich mit den Eltern im Kontakt, tauschen sich mit ihnen über die Entwicklung der Kinder und individuell geeignete Fördermaßnahmen aus. Die Eltern bleiben so aktiv an der Erziehung ihrer Kinder beteiligt, obwohl diese meist viel mehr Zeit in der Kita als zu Hause verbringen.

Aber die Erzieherinnen sind auch aufmerksam und selbstbewusst genug, um Probleme und Fehlentwicklungen frühzeitig zu erkennen und anzusprechen. Dass Kinder in der Familie unbemerkt misshandelt werden, ist in Ländern mit gesellschaftlich verankertem Erziehungsnetzwerk kaum vorstellbar.

Die Präventions- und Frühfördermaßnahmen erschöpfen sich keineswegs in der Vermeidung bzw. Früherkennung häuslicher Gewalt. Bei Kindern mit Migrationshintergrund etwa wird in Schweden großer Wert darauf gelegt, dass sie in beiden Kulturen verwurzelt sind – in ihrer neuen Heimat, aber auch in ihrer Herkunftskultur. Polnischstämmige Kinder beispielsweise erhalten im Vorschulalter, falls erforderlich, schwedischen Sprachunterricht – aber auch Nachhilfe in polnischer Sprache und Landeskunde, damit sie nicht die Verbindung zu ihrer Ursprungskultur verlieren.

Investment mit Traumrendite

Das alles klingt, gemessen an der deutschen Kinderverwahrungs-Tristesse, nahezu utopisch. Und unbezahlbar. Doch das Gegenteil trifft zu.
Durch gut ausgebildete Krippen- und Kita-Erzieher/innen, die sich in kleinen Gruppen um Kinder spätestens ab dem dritten Lebensjahr intensiv kümmern, kann ein großer Teil der Probleme entschärft oder präventiv vermieden werden, die hierzulande immer größere Sprengkraft entwickeln:

- mangelnde Sprachkenntnisse und allgemeine Wissensrückstände der Kinder aus sozial benachteiligten Familien mit oder ohne Migrationshintergrund,
- wachsende Gewalt und Kriminalität in ghettoähnlichen Brennpunktvierteln,
- rapider Anstieg von Alkoholismus und anderen Suchterkrankungen, psychischen und psychosomatischen Krankheiten in bildungsfernen Haushalten,
- immer krassere Chancenungleichheit der auseinanderdriftenden sozialen Gruppen und Schichten mit der Folge von »vererbter« Gewalt (»transgenerationale

Vermittlung« – siehe Kapitel 1), Verwahrlosung und Arbeitsunfähigkeit über Generationen hinweg.

Seit Jahrzehnten liegen wissenschaftliche Studien vor, die den immensen volkswirtschaftlichen Schaden beziffern, der durch derlei soziale Verwerfungen entsteht. Es geht um Milliardenkosten, die Staat und Gesellschaft durch frühzeitig einsetzende Förder- und Erziehungsprogramme einsparen könnten. Wer ohne häusliche Gewalterfahrung aufwächst, sich in die Gesellschaft integriert, einen qualifizierten Schulabschluss macht, eine gute Berufsausbildung bekommt und in der Folge einen interessanten und einträglichen Job findet, der wird in aller Regel weder kriminell noch drogenabhängig, weder gewalttätig noch langzeitarbeitslos werden. Was dagegen im Kleinkindalter an förderlichen Maßnahmen versäumt wurde, lässt sich durch spätere »Reparaturprogramme« selbst mit hohem Aufwand nur noch eingeschränkt beheben.

Länder mit schwindender Bevölkerungszahl können sich solche »Ressourcenvergeudung« immer weniger leisten – und weltweit altern nur wenige Gesellschaften so rapide wie die deutsche. Schon das schlichte volkswirtschaftliche Kalkül lässt es also ratsam erscheinen, Kindern aus sozial schwachen Familien den kostenlosen Besuch von Kitas und Vorschulen zu ermöglichen.

Wir sind keineswegs dafür, eine allgemeine Kita-Pflicht einzuführen, wie das von manchen Politikern gefordert wird. Der Staat sollte sich darauf beschränken, bundesweit gültige Standards nach skandinavischem Vorbild festzulegen und den kostenlosen Kita-Besuch für alle Kinder zu ermöglichen. Wenn Eltern für ihre Kinder zwischen hochwertigen Angeboten wählen können, wird sich – ähnlich wie in Schweden oder Finnland –

über kurz oder lang nur noch eine kleine Minderheit verweigern. Diese Eltern sollten allerdings nicht durch eine »Fernhalteprämie« belohnt werden. Vielmehr müssen sie es sich gefallen lassen, dass der Gesundheitszustand und die Entwicklung ihrer Kinder durch entsprechend geschulte Fachkräfte in geringen Zeitabständen überprüft werden.

Die Organisation *Prevent Child Abuse America* hat errechnet, wie hoch die gesellschaftlichen »Reparaturkosten« nach Kindesmisshandlungen in absoluten Zahlen im Jahr 2001 waren. Die direkten Folgen der verübten Misshandlungen *(»medizinische Behandlung, psychische Erkrankungen, Kinder- und Jugendhilfe, Rechtssystem«)* beliefen sich demnach in den USA auf *»mehr als 24 Milliarden Dollar«*, *»die indirekten Kosten (Betreuung behinderter Opfer, Kriminalität, verlorene Produktivität und Steuerausfälle) auf knapp 70 Milliarden Dollar, zusammen also auf etwa 94 Milliarden Dollar«*. Das entspricht, auf die Bevölkerungszahl Deutschlands heruntergebrochen, jährlich etwa 30 Milliarden Euro (*Kindesmisshandlung*, S. 4).

Dagegen zahlen sich nach verschiedenen Langzeitstudien vor allem Investitionen in die Frühförderung von Kindern auch volkswirtschaftlich aus – laut der High-Scope Perry Preschool Study (www.highscope.org) sogar mit traumhafter Rendite: Für jeden Dollar, der in das Förderprogramm investiert wurde, konnten 17 Dollar an »Reparatur«-Kosten eingespart werden.

Doch diese Kostenersparnis wird leider erst mit einem Abstand von mehreren Legislaturperioden wirksam. So steht zu befürchten, dass sich die Familienpolitiker hierzulande weiterhin mit Symbolpolitik begnügen werden, die am hunderttausendfachen Leid der misshandelten Kinder wenig ändert. Es sei denn, wir alle machen den

Regierenden unmissverständlich klar, wofür wir das deutsche Volksvermögen verwendet sehen möchten: nicht für die Hunderte Milliarden teure »Rettung« unrettbar bankrotter Finanzsysteme, sondern für unser aller Zukunft – also vor allem anderen für Schutz, Förderung und Ausbildung unserer Kinder.

11
Was sich ändern muss

In den voranstehenden Kapiteln haben wir auf zahlreiche gravierende Missstände aufmerksam gemacht. An einigen Stellen haben wir auch bereits Verbesserungsmöglichkeiten angedeutet, aber dabei wollen wir es nicht belassen. In diesem abschließenden Kapitel präsentieren wir einen Katalog an Forderungen und Lösungsvorschlägen, durch die das deutsche Kinder- und Jugendschutzsystem aus unserer Sicht wesentlich wirkungsvoller werden kann.

Kinder schnell von ihren Misshandlern trennen!

Seit vielen Jahren steigt die Zahl der »Langzeitfälle«, die von den Jugendämtern über Jahre »beobachtet« und von den Helfern der freien Träger »betreut« werden, mit alarmierenden Zuwachsraten an. Die große Mehrzahl dieser Fälle verbleibt im Aktenstapel auf dem Schreibtisch des zuständigen Jugendamtsmitarbeiters, bis die betreffende Familie umzieht oder die gewährten Hilfsmaßnahmen aus formalen Gründen nicht mehr verlängert werden können. Und das bedeutet eben: Die misshandelten Kinder bleiben in der Gewalt ihrer Misshandler.

Auf diese Weise werden Lösungen zum Wohl der Kinder nur immer weiter verschleppt und hinausgezögert – bis es in vielen Fällen buchstäblich zu spät ist, weil Kinder durch Misshandlung schwerstgeschädigt oder zu Tode gekommen sind.

Wir fordern, dass die Jugendämter von ihrer gesetzlichen Rolle als *»Wächter des Kindeswohls«* endlich Gebrauch machen: Wenn Eltern gegen das Recht eines Kindes *»auf gewaltfreie Erziehung«* verstoßen (§ 1631 BGB), wenn sie *»das körperliche, geistige oder seelische Wohl des Kindes (...) durch missbräuchliche Ausübung der elterlichen Sorge, durch Vernachlässigung des Kindes«* gefährden und *»nicht gewillt oder nicht in der Lage sind, die Gefahr abzuwenden«*, dann muss das zuständige Jugendamt das Familiengericht auffordern, *»die zur Abwendung der Gefahr erforderlichen Maßnahmen«* zu treffen (§ 1666 BGB). Doch in aller Regel werden lediglich unerfahrene, rechtsmedizinisch ungeschulte und überdies unterbezahlte »Helfer« für ein paar Stunden pro Woche zu den Familien geschickt. Dabei handelt es sich eben nicht um die *»zur Abwendung der Gefahr erforderlichen Maßnahmen«*, sondern um bloße Augenwischerei, die kein einziges Misshandlungsopfer vor Knochenbrüchen und Schlimmerem bewahrt.

Anstatt sich in derlei symbolischen Ersatzhandlungen und – überdies kostspieligen – Verschleppungsmaßnahmen zu erschöpfen, müssen die Jugendämter endlich zu Anwälten des kindlichen *»Rechts auf gewaltfreie Erziehung«* werden. Sie müssen dafür sorgen, dass misshandelte und vernachlässigte Kinder umgehend und nachhaltig vor ihren Peinigern geschützt werden. Hierfür müssen sie das Familiengericht anrufen, damit dieses die betroffenen Kinder erforderlichenfalls auch dauerhaft bei Pflegeeltern unterbringt.

Wir fordern null Toleranz gegenüber Kindesmisshandlung – und hundertprozentiges Engagement der Jugendämter in ihrer gesetzlich vorgesehenen Rolle als Wächter und Beschützer des Kindeswohls.

Helfer schulen und stärken!

Sowohl die Sachbearbeiter in den Jugendämtern als auch die Helfer, die von den Trägern zu den Familien geschickt werden, verfügen derzeit nur in seltensten Ausnahmefällen über rechtsmedizinisches Grundwissen. So können sie die typischen Misshandlungssymptome nicht erkennen und fallen oftmals auf die haarsträubendsten Schutzbehauptungen der elterlichen Misshandler herein. Dringend nötig ist daher, dass alle Fachkräfte, die im Kinder- und Jugendschutz mit potenziellen Opfern und Tätern zu tun haben, eine gründliche rechtsmedizinische Schulung erhalten. Damit ist nicht gemeint, dass dieser Personenkreis zu rechtsmedizinischen Sachverständigen ausgebildet werden soll. Gedacht ist vielmehr an die Vermittlung rechtsmedizinischen Grundwissens und eine Schärfung des Blicks für typische Misshandlungsverletzungen.
Oftmals wollen oder können die Helfer allerdings auch aus subjektiven Gründen das Naheliegende nicht sehen: Sie sind psychisch blockiert, weil durch eigene Kindheitserfahrung belastet, und/oder erleben sich selbst und ihre Klienten in wirklichkeitsfernen Szenarien. Daher benötigen die Helfer zudem psychologische Schulung und Supervision, die ihnen einen realistischen Blick auf die betreuten Familien und professionellen Umgang mit der komplexen Problematik ermöglicht.
Bei ihrer Schulung müssen die Helfer zudem darüber informiert werden, wie sie vorgehen sollen, wenn sie in

»ihren« Familien Hinweise auf Kindesmisshandlung bemerken. Jeder Helfer muss eine erfahrene Kinderschutzfachkraft als Ansprechpartner haben, die ihn im Verdachtsfall über den weiteren Prozess berät.
Überdies müssen Position und Kompetenzen der Helfer deutlich gestärkt werden – sowohl gegenüber den Jugendamtsmitarbeitern als auch gegenüber Eltern, die das Wohl ihrer Schützlinge gefährden.
Erfahrene, qualifizierte und engagierte Kinderschützer lassen sich schließlich nur dann gewinnen, wenn die vor Ort tätigen Familien- und Erziehungshelfer spürbar besser bezahlt werden.

Kontrolle der Kontrolleure!

Mehrfach haben wir in den voranstehenden Kapiteln über Kinder berichtet, die angeblich intensiv »beobachtet« und »betreut« wurden – und gleichwohl schwerstgeschädigt wurden oder sogar zu Tode gekommen sind. Das zuständige Jugendamt leitet in solchen Fällen eine Prüfung ein – und fast immer kommt dabei heraus, dass man sich nichts vorzuwerfen habe. Die vom Familiengericht angeregten oder angeordneten Maßnahmen seien ordnungsgemäß durchgeführt worden. Pech für die betroffenen Kinder, dass sie trotz mustergültiger Betreuung nicht überlebt haben oder den Rest ihres Lebens schwerstbehindert im Rollstuhl verbringen müssen.
Solche Katastrophenfälle erhellen schlaglichtartig einen der absurdesten Fehler des deutschen Kinderschutzsystems: Es fehlt eine unabhängige Instanz, die den staatlichen Kinder- und Jugendschützern ebenso wie den Trägern auf die Finger schaut. Diese Kontrollinstanz, die als

gleichermaßen staats- wie wirtschaftsferne Organisation nach dem Modell der Stiftung Warentest konstruiert werden könnte, muss penibel kontrollieren, ob die angeordneten Maßnahmen tatsächlich mit der gebotenen Konsequenz und Ernsthaftigkeit durchgeführt wurden – und ob sie überhaupt geeignet sind, die behaupteten Schutz- und Förderwirkungen hervorzurufen.

Dass verwahrloste, Suchtmittel missbrauchende Eltern mit der Erziehung ihrer Kinder »überfordert« sind, wird niemand in Frage stellen. Doch daraus folgt noch lange nicht, dass gelegentliche oder häufige Besuche durch einen, zwei oder auch drei Sozialpädagogen das Los der misshandelten Kinder tatsächlich verbessern.

In den meisten Fällen trifft sogar eher das Gegenteil zu: Von den Helfern über die Jugendamtsmitarbeiter bis hin zu uns allen, der bürgerlichen Zivilgesellschaft, wiegt sich jeder in der Illusion, dass ja für die betroffenen Kinder »etwas getan« werde – bis die kleinen Opfer, nach meist langem Martyrium, in die Behinderung oder ins Grab geprügelt worden sind.

Wirkungslose »Hilfen« abschaffen!

Ein großer Teil der »Hilfsmaßnahmen«, die von den Jugendämtern in Kindesmisshandlungsfällen vorgeschlagen, von den Familiengerichten angeordnet, von freien Trägern angepriesen und von deren Helfern ausgeführt werden, ist offensichtlich wirkungslos oder sogar kontraproduktiv.

Zur Erinnerung noch einmal: Kindesmisshandlung geschieht fast immer chronisch. Und Kindesmisshandler sind fast immer in irgendeiner Form psychisch gestört,

empathieunfähig und sehr häufig ihrerseits gewalttraumatisiert. Die einzige wirklich wirksame Kinderschutzmaßnahme ist daher in allen diesen Fällen die im Gesetz benannte: Man entferne das Kind aus der Gewalt seiner Peiniger und gebe es stattdessen in die Obhut fürsorglicher Pflege- oder auch Adoptiveltern.
Würden die oftmals über Jahre sich hinziehenden »Hilfsmaßnahmen« des deutschen Kinder- und Jugendschutzes auch nur ansatzweise validiert, wäre ein großer Teil des milliardenteuren »Maßnahmenkatalogs« längst auf der Abfallhalde der sozialpädagogischen Irrtümer und Illusionen entsorgt worden. Doch eine solche Validierung ist im deutschen Kinder- und Jugendschutz nicht vorgesehen. Wir fordern, sie umgehend durchzuführen und die »Hilfsmaßnahmen« bei erwiesener Wirkungslosigkeit zu stoppen.

Ahnungslose Entscheider aufklären!

Nicht nur den Helfern vor Ort und den Sachbearbeitern in den Jugendämtern fehlt es meist an elementaren rechtsmedizinischen Kenntnissen. Auch Staatsanwälte und Richter sind in dieser Hinsicht überwiegend von erschütternder Ahnungslosigkeit. Und ein Landeskriminalamt wie das Berliner LKA 125, das auf Gewaltdelikte an Schutzbefohlenen und Kindern spezialisiert ist, sucht in ganz Deutschland seinesgleichen.
Die desaströse Realität sieht meist so aus: Oft können und wollen Klinikärzte und niedergelassene Kinderärzte selbst offensichtliche Hinweise auf Kindesmisshandlung nicht erkennen. Lässt sich der Verdacht in einem konkreten Fall partout nicht verleugnen, schalten sie das Ju-

gendamt ein. Der zuständige Sachbearbeiter kennt sich mit misshandlungstypischen Symptomen jedoch auch nicht aus, und für ein rechtsmedizinisches Gutachten hat er kein Budget.

Wenn er sich überhaupt entschließt, die Polizei einzuschalten, werden mit den Ermittlungen Beamte beauftragt, die von der Thematik gleichfalls keine oder wenig Ahnung haben. Folglich wissen sie auch nicht, wie sie Tatverdächtige befragen müssen, um beispielsweise den Verdacht auf ein Schütteltrauma zu erhärten. Bei der zuständigen Staatsanwaltschaft sieht es ähnlich düster aus. Falls sie sich zur Anklageerhebung entschließt, bekommen Staatsanwalt und Verteidiger es in aller Regel mit Richtern und Schöffen zu tun, die gleichfalls von rechtsmedizinischen Kenntnissen weitestgehend frei sind.

Absurderweise gilt das sogar für die Mehrzahl der Kinderärzte, die vom Kinder- und Jugendgesundheitsdienst (KJGD) in Schulen und Kindergärten geschickt werden. Dabei handelt es sich beim KJGD um ein Instrument, das die Kommunen bundesweit einsetzen, um zum Wohl der Minderjährigen Kontrolluntersuchungen durchzuführen. Die Kinderärzte des KJGD werden daher auch von Familiengerichten regelmäßig beauftragt, Kinder und Jugendliche bei Verdacht auf Kindesmisshandlung zu untersuchen. Doch das bedeutet keineswegs, dass diese Ärzte über eine elementare rechtsmedizinische Ausbildung oder über die nötige technische Ausrüstung verfügen würden. In der Regel kennen sie nicht die typischen Verletzungsmuster, die bei den unterschiedlichen Misshandlungsformen auftreten, noch haben sie etwa Kameras oder Laptops zur Hand, um ihre Untersuchungsergebnisse zu dokumentieren.

Bis heute spielen rechtsmedizinische Aspekte in der Facharztausbildung der künftigen Kinderärzte nur eine sehr bescheidene Nebenrolle. Auch im Medizinstudium werden die Studenten mit diesem wichtigen Thema erst gegen Ende ihres Studiums im Rahmen des Fachs Rechtsmedizin konfrontiert. Erforderlich wäre jedoch ein eigenes mehrwöchiges Seminar, um den Studenten zumindest einen ersten Kontakt mit der Rechtsmedizin zu ermöglichen.

Seit 2008 halten wir in Berlin zumindest eine Vorlesung für Medizinstudenten zum Thema »Plötzlicher Kindstod und Kindesmisshandlung«. Außerdem haben wir auf Bitten des KJGD begonnen, die für ihn tätigen Kinderärzte rechtsmedizinisch zu schulen. So besteht nun zumindest in der Bundeshauptstadt die Hoffnung, dass die von Familiengerichten beauftragten Gutachter künftig wenigstens die gröbsten Anzeichen von Kindesmisshandlung erkennen können.

Doch im Großen und Ganzen gilt nach wie vor: Bei Kindesmisshandlungsfällen arbeiten im Dunkeln tappende Ermittler und »Experten« meist mit ahnungslosen Entscheidern Hand in Hand. Wir Rechtsmediziner dagegen, oftmals die einzigen Beteiligten, die mit der Materie von Grund auf vertraut sind, finden viel zu selten Gehör. Oft dürfen wir schon froh sein, wenn wir nur von Angeklagten, ihren Angehörigen und Verteidigern – und nicht auch noch von Staatsanwalt und Richter – wegen angeblich abwegiger Verdächtigungen beschimpft werden.

Selbst solche Beschimpfungen würden wir allerdings hinnehmen, wenn am Ende die Täter verurteilt und die Kinder dadurch geschützt würden. Doch ahnungslose Ankläger und von rechtsmedizinischem Wissen ebenso ungetrübte Richter bringen nur selten angemessene Urteile zustande: Viel zu oft werden Kindesmisshandler freigesprochen oder kommen mit lächerlich geringen Strafen davon, weil so gut wie keiner der Akteure im Ge-

richtssaal über das nötige Wissen verfügt. Und dann bekommen sie ihre Kinder zurück, weil das Gericht ja keine Misshandlung feststellen konnte.
Wir fordern daher, dass auch KJGD-Kinderärzte und Kripobeamte, Staatsanwälte und Richter bundesweit rechtsmedizinisch geschult werden. In Fortbildungsmaßnahmen müssen sie darüber aufgeklärt werden, wie sich Kinder bewegen, welche Unfälle zu Hause am häufigsten vorkommen, welche typischen Verletzungen dabei auftreten – und welche Verletzungen demgegenüber symptomatisch für Kindesmisshandlung sind.
Ähnlich, wie es Staatsanwaltschaften und Landeskriminalämter gibt, die auf Rauschmitteldelikte oder Kapitalverbrechen spezialisiert sind, brauchen wir bundesweit spezialisierte Ermittlungs- und Anklagebehörden für Kindesmisshandlungsdelikte. Schließlich sind es die bei weitem häufigsten Körperverletzungsdelikte, tausendfach häufiger als Mord- und Totschlagsdelikte – und für diese gibt es in jeder größeren Stadt doch auch spezialisierte Strafverfolgungsorgane.

»Begehen durch Unterlassen« statt »Freispruch zweiter Klasse«!

In Kapitel 4 haben wir dargestellt, wie deutsche Gerichte zum Dauerversagen des deutschen Kinder- und Jugendschutzsystems beitragen: Wenn Kindesmisshandlungsdelikte überhaupt zur Anklage kommen, werden die Angeklagten viel zu häufig freigesprochen. Meist nicht deshalb, weil die Richter die Tat selbst in Frage stellen, sondern weil sie diese nicht eindeutig einem der beiden Verdächtigen – meist Mutter und Vater beziehungsweise deren Lebensgefährten – zuordnen können. Fast immer kommen die Angeklagten dann »mangels Beweisen« auf freien Fuß.

Mindestens 60 Prozent der Fälle von (potenzieller) Kindesmisshandlung gelangen gar nicht erst vor Gericht: Die Staatsanwaltschaft erhebt nur dann Anklage, wenn sie schon eine Idee hat, wer der Täter sein könnte. Wenn jedoch beide Elternteile aussagen: »Ich war es nicht, und mein Partner war es auch nicht«, dann wird das Verfahren über kurz oder lang eingestellt, weil man keine Täterschaft zuordnen kann.

Dabei gibt es durchaus eine juristische Alternative sowohl zu den skandalösen Freisprüchen »zweiter Klasse« als auch zum voreiligen Anklageverzicht: Nach § 13 StGB kann wegen *»Begehens durch Unterlassen«* verurteilt werden, *»wenn das Unterlassen der Verwirklichung des gesetzlichen Tatbestandes durch ein Tun entspricht«*. Das Gericht kommt bei einem solchen Urteil also zu dem Schluss, dass einer der Angeklagten die Tat begangen haben muss, auch wenn sich nicht klären lässt, wer von ihnen der Täter war. Fest steht jedoch, dass keiner der beiden Angeklagten das Kind geschützt hat – also wären beide nach § 225 StGB wegen Misshandlung von Schutzbefohlenen schuldig zu sprechen, nur mit dem Zusatz: *»wegen Begehens durch Unterlassen«*.

Von dieser Möglichkeit machen die Richter bislang jedoch sehr selten Gebrauch – in Berlin haben wir dies in sieben Jahren nur ein einziges Mal erlebt. Wie erklärt sich diese Zurückhaltung? Traurig, aber wahr: Auch in der ständigen Rechtsprechung des Bundesgerichtshofs (BGH) wird Kindesmisshandlung tabuisiert und die »heilige Kuh« Familie allenfalls mit Samthandschuhen angefasst.

Verurteilungen wegen *»Begehens durch Unterlassen«* haben folglich in höheren Instanzen selten Bestand. Spätestens vom BGH werden sie fast durchweg aufgehoben. Und selbst wenn das Urteil einmal nicht kassiert wird, senkt der BGH das Strafmaß meist deutlich ab – im Fall der zweijährigen *Nadine Küstritz* etwa (siehe Kapitel 3), die zu Hause an den Folgen einer unbehandelten Lungenentzündung verstarb, auf gerade einmal drei Jahre pro Elternteil.

Doch oftmals liegt es auch bereits an den Richtern der ersten Instanz, wenn die Täter straffrei davonkommen. Nicht selten argumentieren sie, die Mutter solle deswegen freigesprochen werden, weil sie »durch den Tod ihres Kindes schon genug gelitten« habe – wie im Fall Kristian zu Halberstedt, der die gemeinsame Tochter unter den Augen der Mutter wochenlang misshandelte und schließlich zu Tode schüttelte (siehe Kapitel 3).

Unsere Forderung lautet daher: § 13 StGB muss konsequent in allen Kindesmisshandlungsfällen angewendet werden, in denen die Tat unzweifelhaft stattgefunden hat und keine individuelle Zuordnung möglich ist, weil sich die Tatverdächtigen gegenseitig decken. Bei einer Verurteilung wegen »Begehens durch Unterlassen« ist ein ähnlich hohes Strafmaß möglich wie bei direkter Verurteilung wegen Kindesmisshandlung – dieses Strafmaß muss dann allerdings auch ausgeschöpft werden.

Ärztliche Reaktionspflicht einführen!

In Kapitel 5 haben wir dargelegt, dass und warum wir für eine ärztliche Reaktionspflicht bei Kindesmisshandlung sind. Konkret bedeutet das: Der Gesetzgeber muss die Kinder- und Jugendärzte dazu verpflichten, bei jedem konkreten Verdachtsfall insbesondere mit einer Kinderschutzgruppe (falls in der Klinik vorhanden) zusammenzuarbeiten. Kinder mit verdächtigen Verletzungen muss er in die Klinik überweisen.

Die Rechtsmediziner oder forensisch geschulten Fachkräfte in der Kinderschutzgruppe können dort die weitere Untersuchung übernehmen. Falls sich herausstellt, dass das Kind tatsächlich misshandelt wurde, schaltet die Klinik das Jugendamt oder auch direkt die Polizei ein.

Der Kinderarzt muss allerdings auch sicherstellen, dass sein kleiner Patient tatsächlich in der Klinik ankommt. Hierfür sollte er seine Kollegen in der Klinik anrufen und ihnen bei dieser Gelegenheit erklären, dass er die Symptome des betreffenden Kindes verdächtig findet.

Falls sich der Verdacht auf Kindesmisshandlung konkretisiert, werden die Eltern von den Rechtsmedizinern und vom Psychosozialen Dienst der Kinderschutzgruppe damit konfrontiert. Auf diese Weise braucht der niedergelassene Kinder- und Jugendarzt nicht zum »Verräter« zu werden, das Vertrauensverhältnis zwischen ihm und den Eltern bleibt bestehen. So kann er sich auch weiterhin für das misshandelte Kind einsetzen: Nach derzeitiger Praxis wird es mit hoher Wahrscheinlichkeit seinen Peinigern wieder ausgehändigt, sobald seine Verletzungen in der Klinik versorgt worden sind.

Kinderschutzambulanzen einrichten!

In Berlin (und keineswegs nur hier) müssen Kinderschutzambulanzen eingerichtet werden – ein niederschwelliges Angebot, das es bereits in einigen deutschen Großstädten gibt. In Kinderschutzambulanzen können Verdachtsfälle von Rechtsmedizinern und Kinderärzten untersucht werden, ohne dass die Polizei zuvor eingeschaltet oder das Kind klinisch aufgenommen werden muss. Vorgestellt werden die Kinder von Ärzten, Jugendamtsmitarbeitern oder anderen Personen aus öffentlich-sozialen Einrichtungen.

An die Kinderschutzambulanz kann sich das Jugendamt beispielsweise im Auftrag von Erzieherinnen aus Kindertagesstätten wenden, die beim Umziehen eines Kindes verdächtige Verletzungen gefunden haben. Um die Eltern nicht in möglicherweise falschen Verdacht zu bringen, scheuen Erzieherinnen meist davor zurück, mit dem Kind gleich zur Polizei oder in die Klinik zu gehen. Doch auf diese Weise bleiben viele solcher Alarmzeichen unentdeckt – und wenn das Kind endlich einer entsprechend geschulten Fachkraft vorgeführt wird, weist es oftmals schon gravierende Schädigungen auf.

Die Kinderschutzambulanz kann überdies Prozessberatung bieten, also Wege zu anderen Hilfsinstitutionen bahnen. Das hat für Erzieher, Sozialarbeiter und sonstige Helfer einen nicht zu unterschätzenden Vorteil: Sie können die Verantwortung für die Interpretation der Symptome und für das weitere Vorgehen an die Rechtsmediziner abgeben. Diese Angebote funktionieren in der Praxis aber nur, wenn sie in der Bevölkerung bekannt und leicht erreichbar sind.

Soweit erforderlich, müssen hierfür Gesetze geändert werden: Nach derzeitiger Rechtslage dürfen Erzieher

und Familienhelfer nicht ohne weiteres in die Rechte der Eltern eingreifen, indem sie im Verdachtsfall ein Kind untersuchen lassen. Die Erzieherinnen in Kinderbetreuungseinrichtungen etwa haben zwar die Aufsichtspflicht, aber kein Sorgerecht.
In akuten Verdachtsfällen lässt sich diese Hürde auch derzeit schon durch Einschaltung des Jugendamtes umgehen: Wenn das Jugendamt das Kind in Obhut nimmt, erhält es das temporäre Sorgerecht. Allerdings verfügen die Jugendämter in der Regel nicht über das nötige Budget, um rechtsmedizinische Kindesmisshandlungs-Gutachten (Kosten: 200–400 Euro) in Auftrag zu geben. Die finanziellen Mittel sind aber durchaus vorhanden, jedoch werden sie falsch kanalisiert.

Leichenschaupflicht bei minderjährigen Verstorbenen!

Wir brauchen in Deutschland eine generelle Leichenschaupflicht bei toten Kindern und Jugendlichen. Die Leichenschau muss von Rechtsmedizinern oder zumindest von entsprechend geschulten Personen durchgeführt werden, denen auch die Krankenunterlagen des Verstorbenen zur Verfügung zu stellen sind. Nur so lässt sich sicherstellen, dass die Täter bei allen Kindesmisshandlungsfällen mit Todesfolge zur Rechenschaft gezogen werden. Davon sind wir derzeit weit entfernt (siehe Kapitel 6).

Mehr Realismus im Adoptionsrecht!

Wir sind keineswegs dafür, die Anforderungen an Adoptiveltern abzusenken. Jedoch treten wir dafür ein, die Kann-Bestimmungen des deutschen Adoptionsrechts weniger restriktiv zu handhaben. Die gegenwärtige Praxis führt dazu, dass ein Großteil der Anträge abgelehnt wird.

Überdies fordern wir, die Altersgrenze für adoptionswillige Paare deutlich anzuheben: Derzeit werden Anträge fast immer abschlägig beschieden, wenn eines der beiden Elternteile mehr als vierzig Jahre älter als das potenzielle Adoptivkind ist. Demnach dürften Vater und Mutter, die ein ein- oder zweijähriges Kind adoptieren wollen, jeweils nicht älter als einundvierzig oder zweiundvierzig sein. Diese Regelung geht vor allem an der Realität akademisch ausgebildeter Menschen vollkommen vorbei: Ärzte, Rechtsanwälte oder Wissenschaftler starten heutzutage oftmals erst in ihren Dreißigerjahren ins Berufsleben – und nur zehn Jahre später, wenn sie beruflich erfolgreich und wohlhabend sind, sind sie als Adoptiveltern angeblich schon wieder zu alt.

Würde das deutsche Adoptionsrecht den heutigen Erfordernissen und Gegebenheiten angepasst, könnten viele Kinder in Adoptivfamilien die Chance auf einen echten Neubeginn bekommen, anstatt bei Pflegeeltern oder in Heimen zu leben und zwischen diesen und ihren »überforderten« Herkunftsfamilien hin und her geschoben zu werden.

Krippen und Kitas nach skandinavischem Standard!

Wir fordern, dass der Gesetzgeber bundesweit gültige Standards nach skandinavischem Vorbild festlegt und den kostenlosen Krippen- und Kita-Besuch für alle Kinder ermöglicht. Die Erzieherinnen in den Betreuungseinrichtungen müssen zeitgemäß qualifiziert sein und eine adäquate Bezahlung erhalten. Auch bei den Öffnungszeiten und beim Personalschlüssel sollte sich Deutschland am finnischen oder schwedischen Beispiel orientieren. Wenn jede Erzieherin sich um maximal vier Kinder unter drei Jahren kümmert, wird die Krippe zur Zweitfamilie, in der alle Kinder individuell gefördert werden und garantiert kein Misshandlungssymptom mehr unentdeckt bleibt.

Wenn Eltern ihren Kindern den Besuch hochwertiger Betreuungseinrichtungen verwehren, müssen die Jugendämter den Gesundheitszustand und die Entwicklung dieser Kinder durch entsprechend geschulte Fachkräfte in geringen Zeitabständen überprüfen – auch gegen den Widerstand der Erziehungsberechtigten. Und von der »Fernhalteprämie«, euphemistisch »Betreuungsgeld« genannt, sollte der Gesetzgeber schleunigst Abschied nehmen.

Den Teufelskreis durchbrechen!

Um den Teufelskreis der transgenerationalen Gewalt-»Vererbung« zu durchbrechen, dürfen verurteilte Kindesmisshandler keine Gelegenheit mehr erhalten, ihre Opfer oder weitere Kinder zu misshandeln.

Das gilt im Prinzip auch für die jungen – meist männlichen – Misshandlungsopfer der »Generation Kevin«, die bereits ihrerseits Körperverletzungsdelikte begangen haben: Um ihre kriminelle Karriere noch zu stoppen, genügt es nicht, sie als Gewalttäter zu verurteilen und in Jugendstrafanstalten einzusperren. Erforderlich ist vielmehr eine intensive therapeutische Betreuung durch erfahrene Jugendpsychiater.

Bei schuldfähigen Tätern, die wiederholt schwere Gewaltdelikte begangen haben und sich therapeutisch nicht beeinflussen lassen, muss der Staat durch langjährige Haftstrafen dem Schutzbedürfnis der Gesellschaft und insbesondere unserer Kinder Rechnung tragen.

12
Eingreifen, nicht wegschauen

Wir alle müssen uns von einer kollektiven Selbsttäuschung verabschieden: Kindesmisshandlung ist leider nicht die seltene Ausnahme in unserer Gesellschaft, sondern ereignet sich hundertfach Tag für Tag. Solange wir diese Tatsache nicht klar benennen und entsprechend handeln, schützen wir durch Wegschauen und Beschönigen die Täter – und tragen zumindest moralisch eine gewisse Mitschuld an jedem durch Misshandlung geschädigten oder gar getöteten Kind, da wir es nicht geschützt haben.

Zu dem untauglichen »Kinderschutz«-System, das die schutzbedürftigen Kinder regelmäßig im Stich lässt, gehören nicht nur Behörden, Sachbearbeiter, private Träger und überforderte Familienhelfer – dazu gehören auch wir, die Bürger einer Gesellschaft, in der selbst Haustiere einen besseren Schutz genießen als Kinder. In der Menschen ihre Augen und Ohren vor Leid und Unrecht in ihrer nächsten Umgebung verschließen – vor dem Weinen und den Schreien der misshandelten Kinder in der Nachbarwohnung, vor dem Fenster gegenüber, das seltsamerweise seit Monaten mit schwarzer Folie zugeklebt ist, vor den Hämatomen und Knochenbrüchen des Nachbarkindes, das angeblich so ungeschickt ist, dass es andauernd hinfällt.

Wir brauchen eine Gesellschaft des offensiven Hinschauens. Die Privatsphäre der Eltern muss dort enden, wo sie für die Misshandlung von Kindern missbraucht wird.

Das ist im Grunde nicht anders als in der Beziehung zwischen Staaten: Demokratische Rechtsstaaten respektieren auch die Souveränität von Staaten, die despotisch oder chaotisch regiert werden. Aber wenn diese Regime bei der Verletzung der Menschenrechte ihrer »eigenen« Bürger eine rote Linie überschreiten – dann muss die demokratische Staatengemeinschaft eingreifen.

Beim Kinderschutz begnügen wir uns viel zu oft mit Symbolpolitik: Vor den Schulen werden Tempo-30-Zonen eingerichtet, damit kein Kind, das einem Ball hinterherrennt, zu Schaden kommt – aber in die »heilige« Sphäre der Familien, wo Kinder tatsächlich Tag für Tag massiv geschädigt werden, greifen Staat und Gesellschaft nicht genügend ein.

Wir behaupten keineswegs, dass Kindesmisshandler abgrundtief böse sind, aber wir stellen fest, dass sie Hilfe brauchen. Und wir sagen: Die Hilfsbedürftigkeit oder sogar Hilflosigkeit von Eltern darf auf gar keinen Fall zu Lasten der Kinder gehen! Fahrschüler, die ihre Prüfung nicht bestehen, müssen schließlich auch erst weitere Fahrstunden nehmen und dann nochmals zur Fahrprüfung antreten. Und erst wenn sie diese bestanden haben, dürfen sie allein das Steuer übernehmen. Es kann doch nicht sein, dass wir an Autofahrer höhere Anforderungen stellen als an diejenigen, die maßgeblich die körperliche und geistige Gesundheit und Entwicklung der Kinder steuern.

Wir alle müssen unser Verhalten ändern: Wir müssen lernen, hinzuschauen und uns notfalls auch einzumischen, wenn wir verdächtige Hinweise bemerken.

Welche Anzeichen für Misshandlung gibt es? Wie sollte man reagieren, wenn das Nachbarkind offensichtlich wieder verprügelt worden ist? An welche Stellen kann man sich wenden?

In den folgenden Abschnitten finden Sie einige praxiserprobte Tipps.

Alarmzeichen und Warnhinweise

Lokalisation der Verletzungen: Typische Verletzungen durch Kindesmisshandlung unterscheiden sich deutlich von Verletzungsmustern, die durch Spielunfälle entstehen, etwa durch einen Sturz vom Klettergerüst.
Sturztypische Verletzungen finden sich an Knien und Schienbeinen, an Ellenbogen oder Handballen, am Hinterkopf, an Stirn, Kinn und Nasenspitze. Misshandlungstypisch sind dagegen Verletzungen im oberen Kopfbereich (oberhalb der sogenannten »Hutkrempenlinie«), an Wangen und Ohren, an den Streckseiten der Unterarme, am Rücken oder am Gesäß. Sie lassen sich in aller Regel nicht mit einem einfachen Sturz oder ähnlichen Spielunfällen erklären.

Plausibilität der Erklärungen: Verletzungen an sturzuntypischen Stellen deuten nicht automatisch auf eine Misshandlung hin, aber in solchen Fällen sollte man sich aufmerksam anhören, wie die Eltern das (angebliche) Unfallgeschehen erklären. Ist die angebotene Erklärung wirklich plausibel, also vereinbar mit den sichtbaren Verletzungen?
Ob die Wucht der Gewalteinwirkung zur Schwere der Verletzungen passt, kann auch ein Laie meist abschätzen – schließlich waren wir alle einmal Kinder und kennen typische Kinderunfälle von unseren eigenen Kindern, aus der Verwandtschaft oder Nachbarschaft.
Ein Kind mit einer Schädelfraktur kann nicht einfach

gestolpert und hingefallen sein – das führt allenfalls zu Beulen und Platzwunden.

Formung der Verletzungen: Nicht selten verrät die Form der Verletzung, mit was für einem Gegenstand das Kind geschlagen wurde – mit der Hand, deren einzelne Finger sich als Striemenmuster auf der Wange abbilden, mit einem Gürtel, einer Gürtelschnalle, einem Kochlöffel und so weiter.
Auch geformte Verletzungen können in aller Regel nicht durch einfache Sturzunfälle hervorgerufen worden sein. Erst recht nicht dadurch, dass ein Kind angeblich nur auf einem Spielzeug in seinem Bett eingeschlafen ist, wie wir das häufig zu hören bekommen: Wer jemals mit der Wange auf einem Kopfkissenknopf geschlafen hat, weiß genau, dass man sich auf diese Weise keine Hämatome zuziehen kann. Und die häufig vorgeschützte Behauptung, striemenförmige Hämatome im Gesicht kämen daher, dass das Baby im Schlaf seine Wange gegen das Gitter seines Gitterbettes gedrückt habe, lässt sich schon durch eine einfache Abstandsmessung widerlegen: Doppelstriemen, die von einer Ohrfeige herrühren, weisen einen weit geringeren Abstand auf als die Gitterstäbe an Babybetten. Außerdem gilt hier das Gleiche wie für das angebliche Schlafen auf einem Spielzeug: Wir wachen auch nicht morgens auf und haben Hämatome mit dem Muster unserer Bettwäsche im Gesicht.

Mehrzeitigkeit der Verletzungen: Wenn ein Kind unterschiedlich alte beziehungsweise immer wieder neue Verletzungen aufweist, ist dies ein deutlicher Hinweis auf mögliche Kindesmisshandlung.
Wie unser früherer Chef, Prof. Klaus Püschel, Direktor des Instituts für Rechtsmedizin am Universitätsklinikum

Hamburg-Eppendorf und einer der begnadetsten Rechtsmediziner überhaupt, so treffend zu sagen pflegte: »Kindesmisshandlung ist eine chronische Erkrankung.« Sie ähnelt einer langwierigen Krankheit, die immer wieder neue Symptome hervorruft – so lange, bis das betroffene Kind alt genug ist, um sich seinem Peiniger zu entziehen. Oder bis es an den Folgen seiner »chronischen Krankheit« verstirbt.

Differenzialdiagnosen: Wenn Kinder misshandlungstypische Verletzungsmuster aufweisen, die *nicht* auf Misshandlung zurückgehen, dann bedeutet das fast immer, dass sie an schwerwiegenden Krankheiten leiden, etwa an Gerinnungsstörungen oder Leberentzündungen.
In Kapitel 6 haben wir einige Fälle geschildert: Ein Säugling, der vermeintlich an den Folgen eines Schütteltraumas verstorben war, hatte tatsächlich an einer unerkannten *Riesenzellhepatitis* gelitten, die genau die gleichen Symptome wie ein Schütteltrauma hervorrufen kann *(Guddat u.a.).* Ebenso können Knochenbrüche, die scheinbar auf brutale Kindesmisshandlung zurückgehen, in seltenen Fällen die Folge einer *Osteogenesis imperfecta* sein, der sogenannten Glasknochenkrankheit. In allen diesen Fällen ist es extrem wichtig, dass die Kinder medizinisch untersucht werden, damit rechtzeitig eine Therapie ihrer schwerwiegenden Erkrankung eingeleitet werden kann.
Folglich handeln Sie aus doppeltem Grund richtig, wenn Sie Eltern auf die Verletzungen ihrer (vermeintlich) misshandelten Kinder ansprechen. Dadurch helfen Sie den Kindern in jedem Fall.

Wohin kann man sich wenden?

Nicht immer und für jeden ist es der richtige Weg, Eltern direkt auf Verletzungen ihrer Kinder anzusprechen. Wer beispielsweise nicht riskieren möchte, es sich mit seinen Nachbarn durch eine möglicherweise falsche Verdächtigung zu verderben, sollte sich stattdessen an das zuständige Jugendamt wenden – oder auch direkt an die Polizei.

Da es sich bei Kindesmisshandlung um sogenannte Offizialdelikte handelt, müssen die Ermittlungsbehörden tätig werden, wenn sie von dem Verdacht der Kindesmisshandlung erfahren. Ferner muss das Jugendamt reagieren, wenn ihm eine akute Kindeswohlgefährdung gemeldet wird. Es ist also keineswegs erforderlich, dass Sie namentlich Anzeige erstatten – ein anonymer Anruf bei der Polizei genügt.

Bei einer Meldung an das Jugendamt sollten Sie deutlich darauf hinweisen, dass Sie das Wohl des betroffenen Kindes akut gefährdet sehen, und diese Einschätzung auch entsprechend begründen können – etwa mit kindlichen Schmerzensschreien oder Hilferufen, die Sie (möglicherweise wiederholt) aus der Nachbarwohnung gehört haben. Bei einer solchen Kinderschutzmeldung muss das Jugendamt aktiv werden: Zwei Mitarbeiter aus dem zuständigen Akutteam müssen sich persönlich von den Gegebenheiten vor Ort überzeugen. Und Sie selbst haben sich dann nicht etwa als »Denunziant« erwiesen, sondern sich vorbildlich für das Wohl eines Kindes in Not eingesetzt.

Wenn Sie es vorziehen, unmittelbar die Polizei zu alarmieren – weil Sie beispielsweise Schreie oder Hilferufe hören und eine akute Gefahr für Leib und Leben des betroffenen Kindes befürchten –, dann wählen Sie den

Notruf 110. Auch hierbei können Sie, falls gewünscht, anonym bleiben.
Wenn Sie fachkundigen kriminalpolizeilichen Rat suchen und in Berlin leben, können Sie sich hier direkt an das LKA 125 wenden. Die Spezialisten für Kindesmisshandlungsdelikte helfen Ihnen abzuklären, ob von Ihnen beobachtete verdächtige Hinweise tatsächlich auf Kindesmisshandlung deuten könnten, und sie geben Ihnen praxisnahe Tipps für das weitere Vorgehen.
Wenn Sie sich finanziell engagieren möchten: Der Kinderschutzbund und zahlreiche andere Kinderschutzorganisationen freuen sich über Ihre Spende, ebenso Kinderschutzambulanzen oder auch die Träger von Zufluchtswohnungen, in denen Mütter und Kinder Schutz finden können.

Eine Bitte zum Abschluss

Man kann es gar nicht oft genug wiederholen: Jedes Kind hat ein Recht auf gewaltfreie Erziehung. Gewalt gegen Kinder ist kein Kavaliersdelikt und schon gar kein »Elternrecht«, sondern ein strafbares Vergehen – nicht anders als Gewalt gegen erwachsene Menschen.
Wir bitten Sie herzlich, nicht wegzuschauen, sondern couragiert zum Wohl der Kinder einzugreifen.
Für den Schutz und die Förderung der Kinder in diesem Land sind zuerst und zuletzt wir selbst verantwortlich – die bürgerliche Zivilgesellschaft.

Literaturnachweis

Bayer-Gewaltstudie 2013: Sozialwissenschaftliche Studie der Universität Bielefeld im Auftrag der Bepanthen-Kinderförderung. (http://kinderförderung.bepanthen.de/de/kinderarmut/index.php)

Brinkmann B / Madea B (Hrsg.): Handbuch gerichtliche Medizin. Berlin 2003. Band 1, Teil D, Kapitel 26, S. 1157

Deutscher Kinderschutzbund: Stellungnahme des Deutschen Kinderschutzbundes (sic!) *Bundesverbandes e.V. v. 14.11.2012* (http://www.dksb.de/images/web/PDFs/SN%20Gewalt%20gegen%20Kinder%20Entwurf%202012-11-14%20CLT.pdf)

Deutsches Ärzteblatt: »Unfälle und Misshandlung häufigste Todesursache von Kleinkindern«, in: ärzteblatt.de, 7.6.2013

Ellsäßer, G (2012): Unfälle, Gewalt, Selbstverletzung bei Kindern und Jugendlichen 2012. Ergebnisse der amtlichen Statistik zum Verletzungsgeschehen 2010. Fachbericht. Statistisches Bundesamt (Hrsg.), Wiesbaden

Etzold SS, Tsokos M (2014): Parallel verlaufende Striemen am Rücken eines 14jährigen Jungen: Differentialdiagnosen. In: Riepert T (Hrsg.), Klinische Rechtsmedizin, Schmidt-Römhild, Lübeck, S. 177–181

Etzold SS, Tsokos M (2015): Tödliches Schütteltrauma. Notfall und Rettungsmedizin 18: S. 22–26

Freisleder FJ: Forensisch-psychiatrische Aspekte. In: Das Kind in der forensischen Medizin. Festschrift für Wolfgang Eisenmenger, hrsg. v. Dr. Oliver Peschel, Dr. Elisabeth Mützel und Prof. Dr. Randolph Penning. Landsberg a. L. 2009, S. 337 ff.

Guddat SS / Ehrlich E / Martin H / Tsokos M: Fatal spontaneous subdural bleeding due to neonatal giant cell hepatitis: a rare differential diagnosis of shaken baby syndrome, in: Forensic Sci Med Pathol 7 (2011), S. 294 ff.

Hennig C, Tsokos M (2007): Retrospektive Analyse von 5108 pädiatrischen Krankenakten unter traumatologischen und rechtsmedizinischen Aspekten. Archiv für Kriminologie 220, S. 129–140

Herrmann B/Dettmeyer R/Banaschak S/Thyen U: Kindesmisshandlung. Medizinische Diagnostik, Intervention und rechtliche Grundlagen. Heidelberg 2008

HighScope Perry Preschool Study: www.highscope.org

Kierdorf J, Buschmann CT, Etzold SS (2014): Körperliche Gewalt gegen Kinder in Familien – Kindesmisshandlung. Der Notfallsanitäter 3, S. 56–61

Pfeiffer Ch/Wetzels P/Enzmann D: Innerfamiliäre Gewalt gegen Kinder und Jugendliche und ihre Auswirkungen. Kriminologisches Forschungsinstitut Niedersachsen, 1999 (http://www.kfn.de versions/kfn/assets/fb80.pdf)

Mannheimer Risikokinderstudie: Längsschnittstudie von der Geburt bis zum Erwachsenenalter, Leitung: Prof. Dr. Manfred Laucht, (http://www.gaimh.de/files/downloads/287bb0818802ef02af680af5e4b9ffa0/laucht_gaimh_wien_180211_pr%C3%A4s_sw.pdf)

Riße M, Rummel J, Tsokos M, Dettmeyer R, Büttner A, Lehmann H, Püschel K (2010): Verhungern und Verdursten. Rechtsmedizin 20, S. 211-218

Robins L: Deviant Children Grown Up. New York 1974

Tsokos M, Etzold SS (2014): Das institutionelle Versagen des Kinderschutzes in Deutschland. Beispiele von überlebten und tödlichen Kindesmisshandlungen aus der rechtsmedizinischen Praxis. Trauma – Zeitschrift für Psychotraumatologie und ihre Anwendungen 12, S. 12–24

Tsokos M, Etzold SS (2015): Diagnostische Kriterien der Hautverletzungen bei Kindesmisshandlung. Systematik, Befunde, Interpretation. Notfall und Rettungsmedizin 18: S. 8–16

Tsokos M, Kot J, Böttner A (2015): Kindliche Gewaltopfer: Analyse der Polizeilichen Kriminalstatistik 1995–2010 vor dem Hintergrund der demographischen Entwicklung der Bundesrepublik Deutschland. Teil 1: Tödliche Kindesmisshandlungen. Rechtsmedizin 25: in Druck

Tsokos M, Kot J, Böttner A (2015): Kindliche Gewaltopfer: Analyse der Polizeilichen Kriminalstatistik 1995–2010 vor dem Hintergrund der demographischen Entwicklung der Bundesrepublik Deutschland. Teil 2: Überlebte Kindesmisshandlungen. Rechtsmedizin 25: in Druck

Danksagung

Wir danken den folgenden Personen für wertvolle Anregungen und tatkräftige Unterstützung:

Erste Kriminalhauptkommissarin Gina Graichen,
Kriminaloberkommissar Dirk Hädrich,
Kriminaloberkommissarin Kathrin Kröhl
und allen übrigen Mitarbeitern des Berliner *LKA 125 – Delikte an Schutzbefohlenen.*

Loretta Ihme, *Kinderschutzkoordinatorin der Charité – Universitätsmedizin Berlin.*

Unserem Literaturagenten Roman Hocke, *AVA international, München,* der Verlagsleiterin Frau Margit Ketterle und dem Lektor Dr. Thomas Tilcher von der *Verlagsgruppe Droemer Knaur, München,* danken wir herzlich für ihr großartiges Engagement.

Andreas Böttner, Institut für Biometrie und Klinische Epidemiologie der Charité – Universitätsmedizin Berlin, danken wir für die statistische Auswertung der Polizeilichen Kriminalstatistik und der Zahlen des Statistischen Bundesamtes zur Bevölkerungsstruktur der Bundesrepublik Deutschland. Jessica Kot danken wir für ihre Unterstützung dabei.

Gunnar Schupelius, Chefkolumnist und Mitglied der Chefredaktion der B.Z. Berlin, danken wir für seinen Gastbeitrag über die Opfer des Kinderschutzsystems.

Besonderen Dank schulden wir Dr. Andreas Gößling für die hervorragenden Hintergrundrecherchen und die brillante Umsetzung des Themas.